鼇頭改癈沿革索引伺指令内訓
現行類聚改正大日本六法類編
行政法　上巻〔第一分冊〕

磯部四郎訂正
矢代操編纂
島巨邦校正

明治十九年出版

鼇頭改癈沿革索引 現行
伺指令内訓 類聚

改正大日本六法類編

行政法 上巻
〔第一分冊〕

日本立法資料全集 別巻 1247

信山社

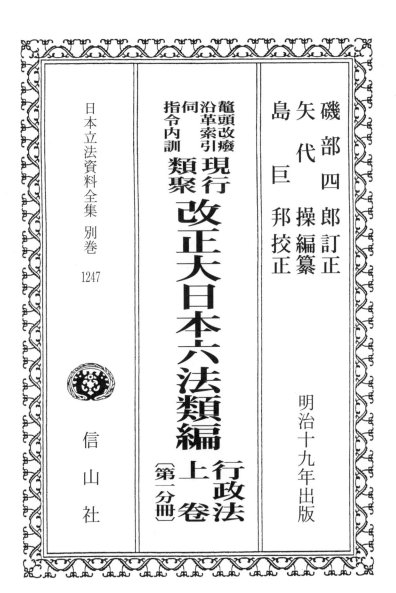

注　記

一　磯部四郎訂正・矢代操編纂・島巨邦挍正『鼇頭改廢伺指令内訓 現行類聚 大日本六法類編 行政法 上巻』（花井卯助、一八八六〔明治一九〕年）は、その紙幅が多いため、第壹類「官制」のうち、第一章〔布告布達〕から第六章〔懲罰〕までを第一分冊、第壹類「官制」第七章〔雜〕から第三類「教育宗教」までを第二分冊、第四類「會議」以降を第三分冊として、復刻することとした。

一　本書では、類・章の終わりで改頁等の処理がされていないため、第壹類第六章の末尾及び同第七章の冒頭に当たる四三〇頁については、第一分冊と第二分冊の双方に、また、第三類の末尾及び第四類の冒頭に当たる一〇三一頁については、第二分冊と第三分冊の双方に収録することとした。

一　序文、例言、目次等については、第二分冊・第三分冊においても、第一分冊所載のものをご参照いただきたい。

〔信山社編集部〕

日本佛國法學士正六位磯部四郎訂正
日本法學士正七位矢代操編纂
日本法律學士島巨邦挍正

行政法 上巻

鼇頭改癈 沿革索引 現行
伺 指令内訓 類聚

改正大日本六法類編

大阪 積善館出版部

積善館律書出版之印

積善館律書刊行之章

法令規
畏不可

項劉難爲

故大審院長高等法院裁判長正四位勳二等玉乃世履公題辭

明治乙酉年月書於
熱海之寓舎
五龍玉田逸履

五龍道人

正直法律之
精神便益

帝國大學總長從四位勲三等渡邉洪基公序文

法律之目的

昭和十九年十月

清浦奎吾題

大日本六法類編序

六法者何。曰行政民商訴訟刑治罪是也。法律盡於此乎。曰否。然則其概要如何。曰。國之所以爲國。人之所以爲人。未嘗不由法律。何則無主權無政權。不可謂之國矣。失自主失自由。不可謂之人矣。故立主權定政權。保自主護自由。是謂之法律。而其出于性理者。曰天然法。成于社約者。曰人定法。蓋人之天性。必與人相倚相資。爲之社會。賴其保護。遂其生育。人各

内閣法制局參事官正六位廣瀨進一君序

欲伸我身之自主自由。則必不可不重他人之自主自由。若不然。而各縱其自主自由。則弱肉強食相奪相殺而止。何得賴其保護遂其生育乎。於是天然之道理在焉。示人以其必不可爲與不可不爲。是爲不易法。所謂天然法也。人不能悉從道理之所示。則必不可不以威力服從之。於是乎國始立焉。國者人之聚也。人之聚必有政府執主權以裁制萬機。使人各賴其保護遂其生育。既有保護者。與被保護者。則不可聯法律於其間。於是乎政法起焉。而其被保護者。之間。亦不可無法律。於是乎民法起焉。與地之大人民之多。既有國與國對峙。則不可無法律於其間。於是乎國際法起焉。是為隨意法。所謂人定法也。人定法分為二。曰公法。曰私法。公法又分為二。曰外。曰内。外則國際法。内則有憲法政法刑法治罪法之別。私法亦有民法商法訴訟法之別。是為天然人定二法之差。然人定法必以天然法為基礎。若不由其基礎。

内閣法制局參事官正六位廣瀬進一君序

則不過一時之隨宜耳。夫法律之區分概如此。而其所要。則在于定權利義務之關係。以保護所謂性命財產名譽而已。且法律上所尚在于內外上下能遵守之矣。乃至國際法無制裁。姑置之焉。至國法。則凡住其國之人。必有可遵守之義務。故其効亦不出于曰命曰禁曰許曰罰之外。是以苟犯其命禁。則不得諉之於不知其法以免責罰也。如是編所聚六法。最為國民須知之法律。故能讀是編者。即國民之本分也。編中曰民事。曰商事。曰訴訟。姑錄現行之法律命令。以俟各法頒布云。顧我大日本帝國。明治維新。文化日開。刑法治罪法向已頒布。聞民法商法訴訟法亦草按已成。則其頒布當不在遠矣。且期明治二十三年。以開國會議院。則國憲法之成。亦當不在遠矣。又聞締盟各國條約之改正。已就其緒。則其事之成。亦當不在遠矣。夫法律已整焉。國會已開焉。條約已改焉。國與國對峙。人與人平等。苟任我帝國之人。不

內閣法制局參事官正六位廣瀬進一君序

問其種族如何皆能遵守同一法律。而共享康福安寧。是我國民之所刮目而待也。果然則是編亦當改其面目。而集大成。予將竢其集大成而更作之序。

明治十九年十一月十五日

正六位廣瀬進一撰

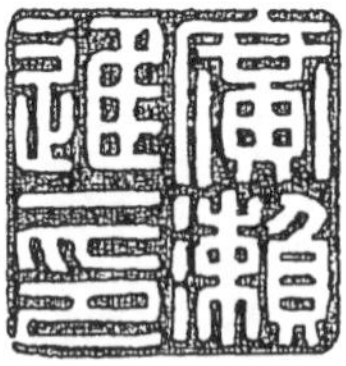

三宅敬謹書

大日本六法類編序

西哲曾テ曰ク順序ハ學問ノ半ナリト書ヲ以テ之ヲ論スル蓋シ編輯ノ順序其宜シキヲ得レハ事理貫徹意味明瞭讀者ヲシテ彼此捜索ノ勞ヲ免カレ以テ學途困難ノ半ヲ減セシムル之ノ謂ヒナラン歟是ニ由リ之ヲ觀ル著書ノ要其順序ヲ失ハサルヲ以テ首ト為ス矣夫レ法律ノ邦國ニ於ケル時ヲ逐ヒ勢ニ從ヒ以テ之ヲ制定シ固ヨリ一定不動ノ

司法省權大書記官兼民法編纂委員正六位磯部四郎君序

モノニ非ス、故ニ年ヲ経ルノ久キ、其沿革無キ能ハザルナリ、我邦明治維新ヨリ以来、政務多端、法ヲ布キ令ヲ出ス、而シテ足ラズ、先後錯雑、人皆亡羊岐路ニ迷フノ患アリ、余ヤ澐學ニ従事スル茲ニ年アリ、因テ其順序ヲ整理シ學者ノ勞ヲ助ケント欲スル久シ、而シテ身公事ニ鞅掌シ加之塵務蝟集シ、復タ其志ヲ果スニ暇アラザルナリ、頃日友人矢代操君、六法類編ノ纂アリ、一日携ヘ来リテ余ニ囑シ之レヲ訂正シ、且ツ其序ヲ乞フ余取リ而シテ之レヲ閲スルニ、行政、民事、商事、訴訟、刑事、治罪ノ六灋ヲ別記シ、体例簡明、其要ヲ漏サズ、所謂順序ヲシテ整然紊亂セザラシム、豈ニ一部ノ最良書ト謂ハザル可ン哉、矢代君年高ク學博ク而シテ是編アリ、余固リ文字ニ乏シ、豈ニ敢テ其望ニ副フニ足ランヤ、然ト雖モ其曾テ自ラ志アリ而シテ果ス能ハザル所ニシテ、今友人ニ因テ之レヲ果スヲ得ルヲ喜ヒ、乃チ訂正一過、并セテ其意ヲ書シ、以テ序言ト為ス

司法省權大書記官兼民法編纂取調委員正六位磯部四郎君序

之レヲ返ス、而今以往法令ヲ學フノ人、我必ス其學途困難ノ半ヲ减スル有ルヲ知ルナリ、

明治十九年十月

日本佛國法律學士　磯部四郎誌

例言

一凡ソ法令ハ時務ノ變遷ト人智ノ進度ニ隨ヒ之ヲ新設改廢セラル、ハ蓋シ自然ノ數ナリ之ヲ既往ニ徵シ以テ將來復タ此ノ如クナルヲ知ル可シ夫レ然リ故ニ曩ノ六法類編ノ如キモ當時ニ在テハ現行ノ者タリト雖𪜈今日ニ在テハ改廢加除セラル、モノ少ナカラズ因テ此書ヲ編シ以テ時勢ノ遷ル所ト人智進步ノ程度ニ後クレザランヿヲ是レ期ス

一前編ニ在テ明治初年ヨリ十八年九月ニ至ルノ布告達ヲ收錄スト雖𪜈其間遺漏ノアルアリ加之ナラス客歲政府ノ一大變動ニ依リ官制規程モ加除改正セラル、モノ多ケレハ本編亦重復ヲ厭ハス明治元年ニ起リ今茲ニ十九年九月三十日ニ終ル其間勅令閣令省令訓令布告布達達

告示等最モ官民百般ノ事ニ須要ナルモノヲ採リ以テ之ヲ編纂ス

一本編其主トスル所本ト現行ニ在ルヲ以テ既已ニ廢止セラレタル所ノ布告達ニ及ハストモ雖モ法律規則中政治上ノ改革或ハ官制規程ノ變更等ニ依リ其名ノ既ニ改廢ニ歸シ而シテ其實ノ存在シ因循現行ニ係ルモノハ悉ク其類ニ從フテ收錄シ敢テ省削セス現行ノ布告達ト雖モ或ハ改正シ或ハ追加シ削除シタルモノハ其條項ニ就テ直チニ改正加除シ而シテ終ニ其年月番号且ツ變更セシ事由ヲ附記シ又條項中ニ三文字ノ改廢增減ハ直チニ其條項ニ就テ削正ヲ下シ圈點ヲ附シテ其旨ヲ明示ス

一本編尤モ意ヲ用ユル所ハ舊規ノ既ニ改廢消滅ニ屬スルモノヲ詳ニ調ベ其類ニ從ヒ本文ノ欄上ニ記載シ沿革ヲ

知ラシム（例ヘハ明治何年何月第何号布告達何々ノ件ハ何年何月何号布告達ニ依テ廢止若クハ消滅改正）ト標記スルノ類ナリ

一全編別チ六編トナス曰ク行政曰民事曰商事曰訴訟曰刑法曰治罪法、行政別ツテ二十三類トシ民事別ツテ八類トシ商事別ツテ十類トシ訴訟別ツテ五類トシ刑法別ツテ三類トシ治罪法別ツテ四類ト爲ス類ヲ分テ章トシ又小別シテ節トナス

一規則ニシテ二類若クハ數類ニ渉ルモノハ則チ其ノ主眼トスル所ニ隨テ編纂ス例ヘハ船税規則ヲ船舶ノ部ニ入レスシテ租税ノ類ニ從ヒ火藥類鐵道運送條規ヲ滊車ノ部ニ入レスシテ銃炮彈藥ノ類ニ從フカ如シ又タ主眼トスル所ハ全ク他ニアリト雖モ密接牽聯分離シ難キモ

ノハ則編類如何ニ拘ハラズ其本源タル者ニ從テ合載スル例ヘハ鈌道犯罪罰令ヲ刑事諸罰令ノ中ニ收メスシテ鐵道略則ニ從ヒ賣藥印紙稅則ヲ行政印紙ノ部ニ載セスシテ賣藥規則ニ從ハシムルカ如シ要スルニ皆ナ索引ニ便ヲ圖レハナリ

一伺指令內訓ヲ中欄ニ揭ケ法理ノ解釋ニ苦シムモノヲシテ詳ニ法理ノ在ル所ヲ知ラシメント欲ス然レ𪜈一時ニ止マリ他日ノ考照ニ要セサルモノハ之ヲ取ラス讀者其レ之ヲ諒セヨ

明治十九年十一月

編　者　識

鼇頭沿革 改廢索引 伺 指令內訓

現行類聚

改正大日本六法類編目次

第壹編 行政法上卷

○第壹類 官制

●第一章 [布告布達]

●第二章 [官規]

○第五節　交際官並領事費用條例細則

明治十九年七月外務省令第一號

交際官弁領事費用條例細則ヲ定ムルコト左ノ如シ

交際官並領事費用條例細則

第一章　在勤年俸

第一條　條例第一條ニ載スル在勤年俸日割支給ノ計算ハ其年ノ現日數ヲ以テ除シ割リ得タル額ヲ日數ニ乘シ支給スヘシ

第二條　妻携帶ノ公使領事參事官書記官等御用有之歸朝被命任地出發ノ際其妻病氣其他不得已事故有之同伴シ難キトキハ其事情ヲ具シ其妻ノ出發延期ヲ外務省ヘ申請スヘシ外務省ニ於テ右ノ申請ヲ至當ト認ルトキハ其夫任地出發スルモ妻尙滯在スルトキハ妻携帶費ヲ支給スルコアルヘシ

第二章　出發前俸給

第三條　條例第三條出發前俸給ハ始テ在勤ヲ命セラレタル者ニ限リ支給シ歸朝中他所ヘ在勤替ヲ命セラルヽモノハ滯京日給ノ外ニ海外移轉費ヲ給シ出發前俸給ヲ給セス尤歸朝滯京中奏任ヨリ勅任ニ轉シ再ヒ赴任スル者ハ始メテ在勤ヲ命セラレタルモノヽ例ニ依リ

出發前ノ俸給ヲ支給スヘシ

第四條　公使領事參事官書記官在勤中許可ヲ得テ妻ヲ呼寄スル者ハ官等相當ノ出發前俸給ノ二割增ヲ支給ス可シ

第三章　旅中俸給

第五條　條例第九條ノ塲合ニ於テ旅中ノ日數定期ヲ超ユルトキハ外國ニ在テハ乙號表旅行雜費內國ニ在テハ本例第四號表御用滯京ノ日給ヲ其日數ニ應シ支給スヘシ

第四章　任所替移轉諸費

第六條　在勤先ニ於テ任所替ヲ命セラレタル者ハ條例第十條俸給ノ外移轉諸費トシテ丙號表ノ金額ヲ支給スヘシ

第五章　交際費及事務所費渡切

第七條　參事官書記官等ニテ公館事務ヲ擔任スルトモ臨時代理公使ノ名義ナキ者ハ代理年俸ヲ賜ハラス交際費トシテ公使館ハ一箇年六百圓又領事館書記生ニテ領事館ノ事務ヲ擔任スルモ領事代理ノ名義ナキ者ハ手當トシテ同三百圓月割（十五日前後ヲ區別ス）ヲ以テ支給ス其他公館ノ費用ハ總テ官金ヲ以テ現費仕拂フヘシ尤モ公使領事不在中ト雖モ公館ノ費用ヲ公使領事ニテ擔任スルトキハ此限ニア

○第二類　敍勳褒賞

●第一章〔敍勳〕

○第三類　教育宗教

●第一章［教育］

○第五類　土地

●第三章 〔雜〕

○第六類　稅租

●第一章〔地租〕

第一編行政法上卷目次終

沿革改廢索引	
伺指令及請訓內訓	

鼇頭沿革改廢索引伺指令內訓 現行類聚

改正大日本六法類編 行政法上卷

日本佛國法學士 正六位 磯部四郎 訂正
日本法學士 正七位 矢代操 編纂
日本法律學士 島巨邦 校正

第壹編 行政法

第一類 [官制]

●第一章 布告達

○第一節 公文式

明治十九年二月廿四日

勅令

朕法律命令ノ格式ヲ制定スルノ必要ヲ認メ茲ニ公文式ヲ裁可シ之ヲ公布セシム

御名 御璽

勅令第一號

公文式

第一　法律命令

第一條　法律勅令ハ上諭ヲ以テ之ヲ公布ス

法律ノ元老院ノ議ヲ經ルヲ要スルモノハ舊ニ依ル

第二條　法律勅令ハ內閣ニ於テ起草シ又ハ各省大臣案ヲ具ヘテ內閣ニ提出シ總テ內閣總理大臣ヨリ上奏裁可ヲ請フ

第三條　法律勅令ハ親署ノ後御璽ヲ鈐シ內閣總理大臣之ニ副署シ年月日ヲ記入ス其各省主任ノ事務ニ屬スルモノハ內閣總理大臣及主任大臣之ニ副署ス

第四條　內閣總理大臣及各省大臣ハ法律勅令ノ範圍內ニ於テ其職權若クハ特別ノ委任ニ依リ法律勅令ヲ施行シ又ハ安寧秩序ヲ保持スル爲メニ閣令又ハ省令ヲ發スルヿヲ得

第五條　閣令ハ內閣總理大臣之ヲ發シ省令ハ各省大臣之ヲ發ス

第六條　閣令ハ年月日ヲ記入シ內閣總理大臣之ニ署名ス

第七條　省令ハ年月日ヲ記入シ主任大臣之ニ署名ス

第八條　各官廳一般ニ關スル規則ハ內閣總理大臣之ヲ定メ各廳處務細則ハ其主任大臣之ヲ定ム

第九條　內閣總理大臣及各省大臣ノ所轄官吏及其監督ニ屬スル官吏

ニ達スル訓令モ又第六條第七條ノ例ニ依ル

第二　布告

第十條　凡ソ法律命令ハ官報ヲ以テ布告シ官報各府縣廳到達日數ノ後七日ヲ以テ施行ノ期限トナス但官報到達日數ハ明治十六年五月二十六日第十四號布達ニ依ル

第十一條　天災時變ニ依リ官報到達日數内ニ到達セサルトキハ其到達ノ翌日ヨリ起算ス

第十二條　北海道及沖繩縣ハ官報到達日數ヲ定メス現ニ道廳又ハ縣廳ニ到達シタル翌日ヨリ起算ス
島地ハ所轄郡役所ニ官報ノ到達シタル翌日ヨリ起算ス

第十三條　法律命令ノ發布ノ當日ヨリ施行セシムルコトヲ要シ又ハ特ニ施行ノ日ヲ揭ケタルモノハ第十條第十一條第十二條ノ例ニ依ラス

第三　印璽

第十四條　國璽御璽ハ内大臣之ヲ尙藏ス
國璽御璽ハ親署ノ後内大臣之ヲ鈐ス

第十五條　法律勅令ハ親署ノ後御璽ヲ鈐ス

第十六條　國書條約批准外國派遣官吏委任狀在留各國領事證認狀及三等以上勳章ノ勳記ハ親署ノ後國璽ヲ鈐ス
四等以下勳章ノ勳記ハ國璽ヲ鈐ス
第十七條　勅任官ノ任命ハ其辭令書ニ御璽ヲ鈐シ奏任官ノ任命ハ其奏薦書ニ御璽ヲ鈐ス

○第二節　布告布達告示發行

明治十四年十二月太政官第百一號達

本年十一月第九十四號ヲ以テ諸省事務章程通則相達候ニ付テハ法律規則ハ布告ヲ以テ發行シ從前諸省限リ布達セル條規ノ類ハ自今總テ太政官ヨリ布達ヲ以テ發行候條此旨相達候事
但太政官及ヒ諸省ヨリ一時公布スルニ止ルモノハ告示ヲ以テ發行シ諸省卿ヨリ府縣長官ヘ達ノ儀ハ從前ノ通

○第三節　布告布達施行期限

明治十六年五月太政官第十七號布告

布告布達ノ施行期限左ノ通制定ス
第一條　布告布達ハ各府縣廳到達日數ノ後七日ヲ以テ施行ノ期限トス但到達日數ハ布達ヲ以テ之ヲ定ム
天災時變ニ因リ到達日數内ニ到達セサル件ハ其到達ノ翌日ヨリ起算ス

明治六年二月十日大藏省第十二號達
港内取締幷地所質入書入及銃獵規則等總テ人民樞要ノ布告類ハ便宜重刻布達シテ苦シカラス（同年同省九十五號達參照スヘ

八年第百六十三號及第百六十四號達ニ係テ消ル

●内務省伺　明治十六年六月廿一日
布告布達施行期限ノ儀ニ付別紙寫ノ通函館縣令時任爲基ヨリ伺

七年第四十八號布告ニ依テ消ル

同年司法省第百十二號達ヲ以テ廢ス

シ）

明治六年二月十四日司法省第十七號達

五年當省第四十六號布達ノ儀ハ人民周知ノ爲メ自今地方裁判所前并ニ戸長宅前ヘ屹度掲示セシム

明治六年三月廿九日司法省第四十九號達布告達類地方官ヨリ管下ヘ布達ノ月日屆出シム

明治六年六月八日大藏

函館縣沖繩縣札幌縣根室縣ハ到達日數ヲ定メス現ニ縣廳ニ到達シタル翌日ヨリ起算ス

凡嶋地ハ所轄郡役所ニ到達ノ翌日ヨリ起算ス

第二條　布告布達ノ特ニ急施ヲ要シ即日ヨリ施行セシムル者及特ニ施行ノ日ヲ掲ケル者ハ總テ前條ノ例ニ在ラス

出右奥尻郡ノ儀ハ本郡役所ヲ隔ツ一孤島ニシテ冬春ニ至リテハ海路危險ノ爲メ航通相絶候次第モ有之趣ニ付實際他郡ト同視難致場所ト被存候條申出ノ通聞屆候樣致度別紙圖面一葉（略之）相添此段相伺候也

追テ本文御允可ノ上ハ以後他府縣ヨリ同樣ノ儀申出候節ハ當省限リ取計候樣致度添テ此段相伺候也

○大政官指令　明治十六年七月十六日

伺之通

但追書ノ趣ハ難聞屆候事

（別紙）布告布達施行期限ノ儀ニ付伺

布告布達施行期限ノ儀今般第十七號告布ヲ以テ制定相成候處其第一條第四項ニ凡嶋地ハ所轄郡役所ニ到達ノ翌日ヨリ起算スト有之然ルニ當管下久遠郡役所所轄奥尻郡ノ儀ハ本郡ヨリ十五海里ヲ隔テタル一孤嶋ニシテ常ニ小艇ヲ浮ヘ往復ニ便スルヲ以テ晴朗順風ノ日ニ在テハ數時間ニシテ達スルヲ得ルト雖モ偶風浪アルニ際シテハ數日阻滯スルヿモ往々有之殊ニ冬春二季ニ至リテハ海路危險ノ爲メ從來十一月ヨリ春

八年百六十三號及百六十四號ニ依テ消ル

仝年敎部省達書四十號達ニ係テ消ル

八年敎部省達乙三號

省第九十五號達 本年當省第十二號布告諸規則其他樞要ノ公布類重刻可致分其部度可相達ニ付右達無之分ハ重刻ニ及ハス明治七年三月五日敎部省第四號達書 府縣各管內官國幣社ヘ公布類通達方無遺漏樣致サシム 明治七年六月十三日敎部省乙三十五號達當省

彼岸マテハ航通相絶候次第ニテ實際他郡ト同一視難致場所ニ付該嶋ニ限リ戶長役場へ到達ノ翌日ヨリ起算候樣仕度爲御參考別紙船路略圖(略之)相添此段相伺候也

明治十六年六月一日

函館縣令時任爲基

內務卿山田顯義殿

●內務省伺 明治十六年八月廿日

布告布達施行期限ノ義ニ付嶋根縣令幷ニ鹿兒嶋縣令ヨリ夫々別紙之通伺出(鹿兒嶋縣第二條ハ伺ノ通ト存候)何レモ絕海ノ嶋嶼ニシテ每嶋地ニ郡役所設置無之內地又ハ他嶋郡役所ヨリ管轄候儀ニテ他ノ郡制ト同一視難致場所ト被存候尤本件同樣ノ儀ニ付テハ曩ニ函館縣具狀ニ依リ經伺ノ上御許可相成候適例モ有之旁此段相伺候條至急御裁可有之度候也

○大政官指令 明治十六年九月十八日

伺之趣戶長役場到達ノ翌日ヨリ起算スル儀ト可相心得事

(別紙)布告布達施行期限ノ儀ニ付伺

布告布達施行期限制定ノ儀本年第十七號ヲ以テ公布相成候處右公布第一條中ニ凡ソ島地ハ所轄郡役所ニ到達ノ翌日ヨリ起算スト有之候處管下隱岐國海士知夫ノ兩郡ハ所轄郡役所ト隔海ノ地ニシテ數日間航海難相成事每ニ有之候右兩郡ノ如キハ如何相心得可然哉至急何分ノ御指揮有之度此段相伺候也

明治十六年七月十四日

嶋根縣令境二郎代理

嶋根縣大書官星野輝賢

內務卿山田顯義殿

號達々書東京府下中敎院ノ部ハ大敎院ヘ相廻シ達方取計ハシム
ヲ以テ廢ス

明治七年六月十五日敎部省二十四號達書官國幣社ヘ公布類及當省達書通達ノ儀取計方ヲ示ス
同年敎部省達書四十號達ニ依テ消ル

明治六年十一月廿二日太政官三百九十三號達諸布告達書刷印發行ノ分自今永ク遵守スヘキモノハ輪廓
十六年太政官第三十號達ヲ以テ廢

布告布達施行期限ノ儀ニ付伺

第一條　本年五月第十七號布告ヲ以テ布告布達施行期限制定セラレ候處其第一條第三項ニ凡嶋地ハ所轄郡役所ニ到達ノ翌日ヨリ起算スト有之本縣之儀ハ嶋嶼殊ニ多ク熊毛郡種子嶋馭謨郡屋久嶋等ハ海路數十里ヲ隔ツト雖𪜈毎郡々役所ヲ設置シ難キヲ以テ在鹿兒嶋郡役所ニ於テ之レヲ所轄セシム又在知覽郡役所々轄川邊郡ノ十嶋即チ硫黃島竹嶋黑島口之島臥蛇嶋平嶋中ノ嶋要石島諏訪ノ瀨島寶嶋及ヒ在大嶋郡役所々轄德、喜界、沖永良部、與論、ノ四嶋ノ如キハ皆ナ郡役所々在地ヲ距ル遠キハ七十里近キモ拾里ヲ隔テ各所ニ碁布シ又在川內郡役所々轄甑嶋郡ノ儀モ陸地ヲ距ル殆ント拾里出水郡長嶋モ亦タ絕海ノ嶋地ニシテ往復不便ノ地ニ有之故ニ前顯ノ如ク施行期限ヲ起算スルニ所轄郡役所到達ノ翌日ヨリスル𪜈ハ未タ法律ノ該地ニ達セサルニ早ク既ニ實施ノ日トナリ若シ他日之ヲ論スルニ當テハ恰モ律法ノ既往ニ遡ルカ如キ姿ニ相成嶋民等ノ不幸實ニ難默止儀ト存ラレ候條右大嶋郡大嶋ヲ除ク其他ノ嶋地ハ到達ノ日數ヲ定メス現ニ該嶋戶長役場ニ到達ノ翌日ヨリ起算シ可然哉

第二條　凡嶋地ハ所轄郡役所ニ到達ノ翌日ヨリ起算スト有之候ニ付其到達日數無論定メサル儀ト心得可然哉右兩條相伺候條至急何分ノ御指揮相成度此段相伺候也

明治十六年七月十四日　鹿兒島縣令渡邊千秋

內務卿山田顯義殿

●內務省伺　明治十六年十月十六日

布告布達施行期限ノ儀ニ付別紙寫ノ通山口縣ヨリ伺出右取調候處本年七月十七日伺濟函館縣管下奧尻郡一孤島ノ狀況ト均一ニ相見ヘ實際無餘儀次第ト被存候間該島ニ

止シ

ヲ附シ一時心得ヘキモノハ輪廓ヲ附セス。

限リ申出ノ通聞屆候樣致度別紙圖面相添此段相伺候也

○太政官指令　明治十六年十一月二十二日

伺之通

（別紙）布告布達施行期限ノ儀ニ付伺

本年第十七號布告ヲ以テ布告布達施行期限制定相成凡嶋地ハ所轄郡役所ニ到達ノ翌日ヨリ起算スヘキ筋ニ有之候處本縣下見嶋郡ノ儀ハ北海中ノ一孤嶋ニシテ其地價戸數ノ僅少ナルヲ以テ郡區編制ノ節阿武郡ト合併シ役所ヲ同郡萩地ニ設置セリ然ルニ本地ヨリ海路十八里ヲ隔テ常ニ渡航自由ナラス殊ニ秋冬ノ氣節ニ向ヘハ風波ノ平穩ヲ虞リ幸ニ航海候都合ニ付數十日間航行相絶候場合モ有之實際期日ヲ限リ施行不相成右ハ他郡ト難同視場所ニ候間何卒該島ニ限リ戸長役場ヘ到達ノ翌日ヨリ算起候樣御特許相成度別紙繪圖面相添略之此段相伺候也

明治十六年九月十七日　山口縣令代理

山口縣大書記官近藤幸正

内務卿山田顯義殿

●内務省伺　明治十六年九月十三日

布告布達施行期限ノ儀ニ付山形縣令折田平内ヨリ別紙之通伺出候處該飛嶋三村ノ儀ハ陸地ヲ去ル十餘里以外ノ北海ニ孤在スル一小嶋嶼ニシテ其往復ハ小船ニヨルノ外無之故ヲ以テ風濤危嶮ノ場合ニ在テハ爲メニ通航數十日間モ相絶候事往々有之趣ニ付テハ實際他ノ郡村ト同視難相成ハ曩ニ函館縣伺ニ對シ御允許ノ儀ト同樣ニ相考候間該嶋ニ限リ申出ノ通聞屆候樣致度依テ別紙寫幷ニ略圖添此段相伺候條至急仰御裁

決候也

○太政官指令　明治十六年十月十二日

伺之通

（別紙）布告布達施行期限ノ儀ニ付伺

布告布達施行期限ノ儀本年第拾七號ヲ以テ公布相成候處管下飽海郡役所所轄飛島浦村勝浦村法木村三ケ村ノ如キハ該郡役所ヨリ陸路吹浦村ニ至リ同所ヨリ海上十一里三十六丁一里ヲ隔テ北海ニ孤立スル一小島ニテ小船ニ依リ往復致候事故季候ニ寄リ風浪ノ爲メ數十日通航相絶候儀モ往々有之布告布達期限內ニ施行難相成候間戶長役場ニ到達ノ翌日ヨリ起算シ施行セシメ候樣致度略圖略之相添此段相伺候條何分ノ御指揮有之度候也

明治十六年八月十一日　山形縣令折田平內

內務卿山田顯義殿

○第四節　布告布達到達日數

明治十六年五月太政官第十四號布達

今般第十七號ヲ以テ布告布達施行期限ヲ改定シタルニ付到達日數左ノ通之ヲ定ム

	到達日數		
京都府	四日	大坂府	四日
神奈川縣	即日	兵庫縣	四日

長崎縣	十一日	新潟縣	五日
埼玉縣	即日	群馬縣	即日
千葉縣	即日	茨城縣	二日
栃木縣	二日	三重縣	四日
愛知縣	三日	靜岡縣	二日
山梨縣	二日	滋賀縣	四日
岐阜縣	四日	長野縣	四日
宮城縣	五日	福嶋縣	四日
岩手縣	七日	青森縣	十日
山形縣	五日	秋田縣	八日
福井縣	八日	石川縣	七日
富山縣	六日	鳥取縣	七日
嶋根縣	八日	岡山縣	六日
廣嶋縣	七日	山口縣	八日
和歌山縣	六日	徳嶋縣	六日
愛媛縣	九日	高知縣	八日
福岡縣	九日	大分縣	十一日

佐賀縣	十一日	熊本縣	十一日
宮崎縣	十一日	鹿兒嶋縣	十二日

但富山佐賀宮崎ノ三縣ハ開廳ノ日マテ舊管廳ノ到達日數ニ依ル

○第五節　法律規則施行方法

明治十五年二月太政官第九號布告

今般北海道ニ函館札幌根室ノ三縣ヲ被置候處法律規則ノ從前北海道ニ施行セサルモノハ當分ノ內仍ホ從前ノ通タルヘシ

右奉　勅旨布告候事

○明治九年三月第二十八號(院省使廳府縣へ)達

自今布告達布達ノ內規則條例等別ニ冊子表圖ヲナシタルモノハ其表紙又ハ紙端ニ何年(何月)第何號(布告)(達)(布達)(制定)(改正)何々ト標記可致此旨相達候事

○明治八年二月第十七號(院省使廳府縣へ)達

諸布達ノ儀ハ事理辨知シ易キヲ旨トシ可成丈平易ノ文字相用候樣注意可致此旨相達候事

○第六節　布告布達頒布員數

明治十二年二月太政官第九號達

布告達類頒布員數ノ儀明治八年(九月)第百六十三號ヲ以テ相達置候

處自今左ノ通改定候條此旨相達候事
布告
本廳拾部　支廳貳部宛　郡區役所貳部宛
警察所壹部宛　但警察分署ト稱スル分ハ之ヲ除ク
達
本廳拾部　支廳貳部宛　郡區役所壹部宛
右ノ外各郡區ニ於テ謄寫或ハ飜刻シテ適宜頒布ノ分ハ官費ニ不相立候事
○明治十四年十二月司法省丁第廿四號(大審院裁判所へ)達
布告布達配布ノ部數自今左ノ通相定候條此旨相達候事
但印刷ニ付セサルモノハ各壹部宛配布候事
大審院　四部　控訴裁判所　四部　始審裁判所　三部
治安裁判所　二部
○第七節　告示達宣布公式
明治十六年五月
太政官第廿三號達
今般官報發行候ニ付從前官省院廳ノ達幷ニ告示ノ儀ハ官報ニ登載スルヲ以テ公式トシ別ニ達書又ハ告示書ヲ發行スルニ不及候但內達ノ類ハ從前ノ通可相心得此旨相達候事

○第八節　內訓條例

明治十五年五月司法省丙第十九號達

內訓條例別紙ノ通大審院諸裁判所ヘ相達置候處其廳府縣ニ於テモ法律上ノ疑義ニ付テハ該達ニ照依シ內訓ヲ請フヿヲ得ヘシ此旨相達候事

大審院長諸裁判所長各撿事

今般內訓條例別紙ノ通リ相定候條此旨及內達候事

內訓條例

第一條　凡內訓條例ハ司法卿ト各裁判所（裁判官撿事）トノ間ニ於テ用ユル所ノ內規ニシテ專ラ情實疏通事理伸暢ノ爲メニ設クルモノナリ故ニ此條例ニ從フモノハ尋常伺指令ノ効力アラサルモノトス但伺指令ハ各其職務ノ權限ニヨリ發令スルモノナリ該條例ハ職權ニ不拘唯其注意ヲ要スル爲ニ發スルモノナルニヨリ必シモ準據セサルヘカラサルノ効力アラストス

第二條　凡民刑上疑問疑讞且裁判百般ノ事情其注意ヲ要スルモノハ總テ此條例ニ從フヘシ

第三條　凡此條例ニ從テ裁判官ヨリ司法卿ニ請フモノハ末文內訓ヲ請フト書シ尋常伺文ニ殊別スヘシ

第四條　凡此條例ニ從テ司法卿ヨリ各裁判所ヘ致スモノハ末文內訓ニ及フト書シ尋常ノ指令ニ殊別ス

第五條　凡裁判所ニ於テ尋常ノ伺トシテ出スモノト雖𪜈司法卿ニ於テ內訓トナスヘク見込ム𪜈ハ末文內訓ニ及トナシ又內訓ヲ請フトシテ出スモ指令トナスヘシト見込ム𪜈ハ末文指令ニ及トナシ還付ス必ラスシモ原文ヲ改作セシムルヲ要セス簡便ニ從フヲ以テ旨トスレハナリ

第六條　內訓ハ指令ノ効力ナシト雖モ其從フ可カラサルモノハ其事理ヲ詳悉シ再ヒ之ヲ請ヒ反覆數回妨ケナキヲ以テ其定ムル所ヲ待ツヘシ亦事理申暢ノ意ナリ

●第二章　官規

○第一節　內閣組織

明治十八年十二月
太政官第六拾九號達

今般太政大臣左右大臣參議各省卿ノ職制ヲ廢シ更ニ內閣總理大臣及宮內外務大藏陸軍海軍司法文部農商務遞信ノ諸大臣ヲ置ク
內閣總理大臣及外務內務大藏陸軍海軍司法文部農務遞信ノ諸大臣ヲ以テ內閣ヲ組織ス

○第二節　宮中官制

明治十八年十二月
太政官第六十八號達

六年二百五十號布告ヲ以テ廢ス
仝上

明治三年三月廿八日宮内省ヘ達
宮内省ニ内膳司ヲ置ク
明治四年七月廿四日宮内省ヘ達
宮内省中内

宮中ニ內大臣并宮中顧問官及內大臣秘書官ヲ置キ官制ヲ定ムルコト
左ノ如シ

內大臣　一人

一御璽國璽ヲ尙藏ス

二常侍輔弼シ及宮中顧問官ノ議事ヲ總提ス

宮中顧問官　十五人以內　自一等官至三等官

帝室ノ典範儀式ニ係ル事件ニ付諮詢ニ奉對シ意見ヲ具上ス

內大臣秘書官　一人又ハ二人　奏任

內大臣ニ專屬ス

○第三節　宮內省官制

明治十九年二月宮內省第一號達

宮內省官制ヲ定ムルコト左ノ如シ

宮內省官制

宮內大臣

帝室ノ事務ヲ總判シ宮中職員皇族職員ヲ統督シ華族ヲ管理ス
ルコトヲ掌ル

宮內次官　一人　勅任

大臣ヲ輔ケ省務ヲ整理ス大臣事故アルトキハ之ヲ代理スルコ

匠調度二司ヲ置ク

明治十一年六月廿日二十四號達宮內省中皇后宮大夫皇后宮亮ヲ置キ官等ヲ定ム

明治十一年九月二日三十七號達八月廿九日式部寮中一等伶人以下ヲ廢シ更ニ伶人伶員ヲ置キ官等月俸ヲ定ム

明治十一年十二月二十四日五十四號達宮內省

トヲ得

書記官　六人　奏任

秘書官　一人　奏任

屬　判任

內事課

課長　一人　書記官ヲ以テ之ニ充ツ

省內庶務ヲ掌ル

課次長　一人　書記官ヲ以テ之ニ充ツ

外事課

課長　一人　書記官ヲ以テ之ニ充ツ

帝室外交ノ事ヲ掌ル

課次長　一人　書記官ヲ以テ之ニ充ツ

侍從職

侍從長　一人　勅任

常侍奉仕シ及侍從內豎ヲ監督スルコトヲ掌ル

侍從　奏任

常侍奉仕ス

中侍補ヲ廢シ更ニ侍補幷侍從長ヲ置キ官等職制ヲ定ム明治十二年十月十三日四十號達

宮內省中侍補ヲ廢ス明治十三年十二月二十八日六十七號達。

宮內省職制ヲ改正ス明治十四年三月廿一日二十號達

宮內省中門監長以下ヲ置キ官等俸給ヲ定ム明治十五年

侍從試補　　奏任

內豎　　奏任

屬　　判任

式部職

長官　一人　勅任

　帝室ノ祭典儀式雅樂ノ事ヲ總掌ス

次官　一人　勅任

式部官　　奏任

　禮式ヲ掌ル

屬　　判任

掌典長　一人　勅任

掌典　　奏任

　祭典ヲ掌ル

掌典補　　判任

雅樂長　一人　式部官掌典ノ內ヨリ之ヲ兼ヌ

　式部長官ニ屬シ雅樂師長以下ヲ監督ス

雅樂師長　一人　奏任

九月十二日五十三號達宮內省中消防長以下ヲ置キ官等ヲ定ム
明治十五年十一月十五日宮內省乙一號達東西京華族部長局ヲ廢シ當省中ニ華族局ヲ設置ス

雅樂師副長　一人　奏任
雅樂師　判任
雅樂手　判任
雅樂生　等外
皇太后宮職
大夫　一人　勅任
亮　一人　奏任
屬　判任
皇后宮職
大夫　一人　勅任
亮　一人　奏任
屬　判任
大膳職
大夫　一人　勅任
御膳及宴饗賜饌ノ事ヲ掌ル
亮　一人　奏任
屬　判任

內藏寮
頭　一人　勅任
帝室財務ノ事ヲ掌ル
權頭　奏任　頭アレハ之ヲ置カス
助　一人　奏任
權助　奏任　助アレハ之ヲ置カス
屬　判任

主殿寮
頭　一人　勅任
宮殿洒掃鋪設器具及宮門管鑰防火警戒ノ事ヲ掌ル
權頭　奏任　助アレハ之ヲ置カス
助　一人　奏任
權助　奏任
助權助ノ內一人京都出張所長ニ充ツ
屬　判任
舍人　省中判任官ノ內ヨリ之ヲ兼ヌ
式場ノ使役ニ服ス

内舍人　判任
宮中ノ使役ニ服ス
仕人　等外
門監　判任
宮門ノ開閉ヲ監ス
門監補　判任
門部　等外
門監ノ指揮ヲ受ケ宮門ノ出入ヲ撿察ス
消防監　判任
宮中防火ノ事ヲ掌ル
消防監補　判任
消防嚮導　等外
消防手　等外
圖書寮
頭　一人　勅任
帝室ノ記錄圖書及寶器美術保存ノ事ヲ掌ル
權頭　奏任　頭アレハ之ヲ置カス

助　一人　奏任
權助　奏任　助アレハ之ヲ置カス
屬　判任
內匠寮
頭　一人　勅任
帝室ノ土木工匠及庭園ノ事ヲ掌ル
權頭　奏任　頭アレハ之ヲ置カス
助　一人　奏任
權助　奏任　助アレハ之ヲ置カス
屬　判任
匠師　奏任
匠手　判任
匠手補　等外
主馬寮
頭　一人　勅任
馬匹ノ調習飼養車駕乘具ノ事ヲ掌ル
權頭　奏任　頭アレハ之ヲ置カス

助　一人　奏任

權助　奏任　助アレハ之ヲ置カス

屬　判任

馭者　判任

馬醫　判任

諸陵寮

頭　一人　勅任

諸陵ノ事ヲ掌ル

權頭　奏任　頭アレハ之ヲ置カス

助　一人　奏任

權助　奏任　助アレハ之ヲ置カス

屬　判任

守長　等外

守部　等外

御料局

長官　一人　勅任

帝室財産ノ事ヲ掌ル

主事　一人　奏任
主事補　二人　奏任
屬　判任
侍醫局
長官　一人　勅任
侍醫局ノ事務ヲ總掌ス
侍醫　勅任又ハ奏任
診候及宮中衞生ノ事ヲ掌ル
醫員　判任
藥劑師　判任
屬　判任
調度局
局長　一人　奏任
御服調度及宮中需用物品ノ事ヲ掌ル
次長　一人　奏任
屬　判任
華族局

長官　一人　勅任
華族管理ノ事ヲ掌ル
主事　一人　奏任
主事補　二人　奏任
屬　判任
皇族職員　親王家別當　一人　勅任　親王ノ家事ヲ掌ル
家令　一人　奏任　家扶　判任
家從　判任

○第四節　各省官制

明治十九年二月
勅令第二號

朕各省ノ官制ヲ裁可シ茲ニ之ヲ公布セシム

勅令第二號　各省官制通則

第一條　此命令中各省トアルハ外務省内務省大藏省陸軍省海軍省司法省文部省農商務省遞信省ヲ合稱ス
此通則ニ依リ難キモノハ其省ノ部ニ就テ之ヲ定ム
第二條　各省大臣ハ其主任ノ事務及今後法律勅令ニ依リ主任ニ屬スル事務ニ付其責ニ任スヘシ
主任ノ事務兩省以上ニ關渉スルトキハ關渉ノ各省大臣ノ間ニ協議

ヲ經テ其主任ヲ定メ上奏スヘシ若シ各省大臣ノ間協議決定セサルトキハ之ヲ閣議ニ提出スヘシ

第三條　各省大臣事故アルトキハ臨時命ヲ承テ他ノ大臣其事務ヲ代理スルコトアルヘシ

第四條　凡ソ法律勅命ノ各省大臣主任ノ事務ニ屬スルモノハ各省大臣内閣總理大臣ト均シク之ニ副署ス若シ両省以上ニ關渉スルモノアルトキハ内閣總理大臣及關渉ノ各省大臣均シク之ニ連署スヘシ

第五條　各省大臣ハ其主任ノ事務ニ付法律勅令ノ制定廢止及改正ヲ要スルコトアルトキハ案ヲ具ヘ閣議ニ提出スルコトヲ得

第六條　各省大臣ハ其主任ノ事務ニ付其職權若シクハ特別ノ委任ニ依リ法律勅令ノ範圍内ニ於テ法律勅令ヲ施行シ又ハ安寧秩序ヲ保持スル爲ニ省令ヲ發スルコトヲ得

第七條　各省大臣ノ命令ニハ罰金二十五圓以下又ハ禁錮二十五日以内ノ罰則ヲ附スルコトヲ得

第八條　各省大臣ハ法律勅令ノ範圍内ニ於テ其省中各局課及其所轄官廳ノ處務細則ヲ定ムルコトヲ得

第九條　法律勅令ニ副署シ省務ヲ敷奏シ内閣ノ議ニ列シ及其省令ヲ

發スルコトヲ除クノ外各省大臣ハ其職務ヲ次官ニ代理セシメ又ハ其職務ノ一部ヲ次官ニ委任スルコトヲ得

第十條　各省大臣ハ其主任ノ事務ニ付警視總監北海道廳長官府知事縣令ニ指令又ハ訓令ヲ下スコトヲ得

第十一條　各省大臣ハ其主任ノ事務ニ付警視總監北海道廳長官府知事縣令ヲ監督スヘシ若シ警視總監北海道廳長官府知事縣令ノ處分又ハ指令ノ成規ニ違ヒ公益ヲ害シ又ハ權限ヲ犯スモノアリト認ムルトキハ其處分指令ヲ停止シ又ハ取消スコトヲ得

第十二條　各省大臣ハ所部ノ官吏ヲ統督シ奏任官以上ノ進退ハ內閣總理大臣ヲ經テ之ヲ上奏シ判任官以下ハ之ヲ專行ス

第十三條　各省大臣ハ內閣總理大臣ヲ經テ所部官吏ノ敍位敍勳及恩給ヲ上奏スヘシ

第十四條　各省大臣ハ閣議ノ後裁可ヲ經ルニ非サレハ局課ヲ廢置分合シ又ハ定限ノ外新ニ勅奏任官ヲ增加スルコトヲ得ス

第十五條　各省大臣ハ豫算決定後臨時ニ增額又ハ別途支出ヲ請求スルコトヲ得ス但シ臨時ノ事變及他ノ成規ニ依リ止ムヲ得ザルモノハ此限ニアラズ

第十六條　各省大臣ハ俸給豫算額內ニ於テ其省限リ定員ヲ設ケ判任官ヲ任用スルコトヲ得

第十七條　各省大臣ハ臨時ノ須要ニ依リ判任官定員ノ外ニ俸給豫算定額內ニ於テ雇員ヲ使用スルコトヲ得

第十八條　各省大臣ハ其主任ノ事務ニ付時々ノ狀況ヲ內閣總理大臣ニ報告スヘシ

第十九條　各省大臣ハ每會計年度末ニ於テ前年ノ功程ヲ具ヘ內閣總理大臣ヲ經テ報告書ヲ上奏スヘシ

第二十條　各省大臣ハ每會計年度末ニ於テ判任官以下使用ノ狀況ヲ具ヘ臨時事務ノ爲ニ使用シタル雇員ノ日數人員及金額ヲ細分統計シ內閣總理大臣ニ報告スヘシ

第二十一條　各省大臣ハ一周年末ニ其省ノ豫算定額內ニ於テ奏任官以下特別ノ勤勞アル者ヲ賞與シ之ヲ官報ニ公錄スルコトヲ得

第二十二條　各省大臣ハ所部ノ官吏ヲシテ他省ニ渉リ又ハ他省ヨリ兼官セシムルコトヲ得ズ若シ止ムヲ得ザル要用アルトキハ之ヲ閣議ニ提出シテ裁可ヲ請フヘシ

第二十三條　各省大臣ハ臨時審査ノ爲メ省中定員ノ內ヲ以テ便宜委

員ヲ設クルコトヲ得

第二十四條　各省大臣ハ法律勅令ノ定ムル所ニ從ヒ部下官吏ヲ懲戒ス

第二十五條　各省職員ヲ置ク左ノ如シ

次官

秘書官

書記官

局長

參事官

局次長

試補

屬

第二十六條　前條ノ外各省特別ノ職員ヲ置クモノハ各省ノ部ニ就テ之ヲ定ム

第二十七條　各省次官一人ヲ置ク勅任トス

第二十八條　次官ハ主任大臣ノ命ヲ承ケ第九條ノ範圍內ニ於テ大臣ノ職務ヲ代理シ又ハ大臣ノ指命シタル範圍內ニ於テ委任ヲ受ク

次官事故アルトキハ大臣其省中ノ官吏ヲシテ臨時其職務ヲ代理セシムルコトヲ得

第二十九條　次官ハ大臣ノ代理トシテ公文ニ署名スルコトヲ得

第三十條　次官ハ總務局長トナリ命ヲ大臣ニ承ケ各局課ノ事務ヲ監督シ省務ノ全部ヲ整理スルノ責ニ任ス

第三十一條　各省ニ大臣官房ヲ置ク大臣官房ハ機密文書ヲ掌リ大臣次官ノ官印及省印ヲ管守ス

第三十二條　大臣官房ハ大臣親展ノ文書機密事務所部官吏ノ進退身分ニ關スル事務及大臣ニ屬スル一切ノ事務ヲ掌ル

所部官吏ノ進退身分ニ關スル事務ハ各省ノ便宜ニ從ヒ總務局中ノ一課ニ於テ處理スルコトヲ得

第三十三條　秘書官ハ奏任トス大臣ニ專屬シテ官房ノ事務ヲ掌ル

秘書官ノ定員ハ各省ノ部ニ就テ之ヲ定ム

第三十四條　秘書官ハ臨時命ヲ承ケ書記官及各局課ノ事務ヲ助クルコトアルベシ

各省ノ便宜ニ依リ特ニ秘書官ノ所掌ニ屬セシムルモノハ各省ノ部ニ就テ之ヲ定ム

第三十五條　各省中省務ノ全部ヲ統轄スル爲ニ總務局ヲ置キ省務ヲ分掌スル爲ニ各局ヲ置ク
第三十六條　各省總務局ニ文書課往復課報告課及記錄課ヲ置キ其事務ヲ分掌セシム
第三十七條　文書課ハ省中各局成案ノ回議ヲ審査シ諸文案ヲ起草スル事ヲ掌ル
第三十八條　往復課ハ凡テ各省ニ到達スル公文書類及成案文書ヲ接受シ並發送ノ事ヲ掌ル
第三十九條　報告課ハ各局課ニ就キ統計報告ノ材料ヲ採輯シ統計報告ヲ調整シテ大臣ノ查閲ニ供シ官報掲載ノ事項ヲ官報局ニ送致スル事ヲ掌ル
第四十條　記錄課ハ其省及省中各局課一切ノ公文書類ヲ編纂保存ス各省中記錄局ノ設ケアルモノハ別ニ記錄課ヲ置カズ
第四十一條　各省ノ便宜ニ依リ特ニ總務局ノ所掌ニ屬セシムルモノハ各省ノ部ニ就テ之ヲ定ム
第四十二條　書記官ハ奏任トス大臣又ハ總務局長ノ命ヲ承ケ各局ノ成案ヲ審查シ文書ヲ掌リ又ハ總務局中諸課ノ長ヲ兼ヲ課務ヲ掌理

ス
書記官ノ定員ハ各省ノ部ニ就テ之ヲ定ム
第四十三條　總務局ノ外各局ニ局長局次長各一人ヲ置ク局長局次長ハ奏任トス各局ニ局長アレハ局次長ヲ置カス局次長アレハ局長ヲ置カザルヿアルヘシ
第四十四條　局長ハ大臣又ハ總務局長ノ命ヲ承ケテ其主務ヲ掌理シ及各課ノ事務ヲ指揮ス
第四十五條　局長又ハ局次長ハ其主任ノ事務ニ付其職權ニ屬シ又ハ特別ノ委任ヲ受クル ノ事項ハ之ヲ專行スルコトヲ得
第四十六條　局次長ハ局長ノ事務ヲ佐ク若シ局長ナキトキ又ハ局長事故アルトキハ大臣ノ命ニ依リ局長ノ事務ヲ掌理ス
第四十七條　參事官ハ奏任トス大臣又ハ次官ノ諮詢ニ應シ意見ヲ具ヘ及審議立案ヲ掌ル
參事官ノ定員ハ各省ノ部ニ就テ之ヲ定ム
第四十八條　參事官ハ其省ノ便宜ニ從ヒ局課ノ事務ヲ兼任シ若シクハ臨時命ヲ承ケテ其事務ヲ助クルコトアルヘシ
各省ノ便宜ニ依リ特ニ參事官ノ所掌ニ屬セシムルモノハ各省ノ部

ニ就テ之ヲ定ム

第四十九條　試補ハ奏任ニ准シ定期間大臣ノ指命スル處ニ就キ事務ヲ練習シ任官ヲ待ツモノトス

各省試補ノ規則ハ別ニ勅命ヲ以テ之ヲ定ム

第五十條　局中各課ニ課長一人ヲ置キ判任官ヲ以テ之ニ充ツ課長ハ命ヲ局長ニ承ク

各省中特ニ奏任官ヲ以テ課長ヲ兼子シムルモノハ各省ノ部ニ就テ之ヲ定ム

第五十一條　屬ハ判任トス各上官ノ指揮ヲ承ケ書記簿記及計算ノ事ニ從フ

第五十二條　各省中特ニ補助員ヲ要シ又ハ顧問員ヲ要スルトキハ毎次狀ヲ具ヘテ閣議ニ提出シ裁可ヲ請フベシ

第五十三條　各省處務規程中公文ノ取扱順序ハ左ノ條項ニ依ラシム

第五十四條　各省ニ到達スル文書ハ凡テ總務局往復課ニ接受シ課長之ヲ取纏メ開封シ件名番號等ヲ簿冊ニ記入シテ總務局長ノ査閲ニ供スベシ

第五十五條　總務局長ハ其文書ヲ査閲シ事例規ナキカ又ハ重要ナリ

ト認ムルモノハ之ヲ大臣ノ査閲ニ供シ其他尋常ノ件ハ主務ノ處ヲ指示シ之ニ檢印シテ往復課長ニ下付シ直ニ之ヲ配付セシム往復課長ヨリ各局ニ配付スル文書ハ之ヲ各局往復主任ノ屬ニ配付ス

第五十六條　大臣親展ノ文書ハ封皮ノ上ニ記號シ記簿ノ後直ニ大臣又ハ秘書官ニ送付スベシ

第五十七條　秘書官ハ大臣親展ノ文書及往復課ヲ經ズシテ各局課ヨリ送付スル文書ヲ受領シタルトキハ其番號ヲ簿冊ニ記シ直ニ之ヲ大臣ニ提出ス決裁濟ノ文書ハ其主務ノ處ニ送付シ受領者ノ撿印ヲ要スベシ

第五十八條　凡ソ送付ノ文書ハ送付記銘簿ニ受領者ノ檢印ヲ要スベシ

第五十九條　各局長ハ大臣又ハ次官ヨリ事務ノ處分方ヲ受ケ又ハ往復課長ヨリ文書ノ配付ヲ受ケタルトキハ各其主務ニ從ヒ各課長ニ文書ヲ配付シ其緩急ヲ示シ其處分方ヲ授ケテ速ニ之ニ從事セシムベシ

第六十條　各局課長ハ受領ノ文書ノ處理スルニ當リ定期ヲ經過スルヲ得ズ若シ事件ノ錯綜スルカ或ハ數局課ニ聯帶シテ時日ヲ要スル

ノ見込アルトキハ凡ソ其時日ヲ定メ豫メ次官ノ允許ヲ受クルヲ要ス但文書ヲ處理スルノ定期ハ各省ノ定ムル所ニ依ル

第六十一條　事ノ數局課ニ聯帶スル文書ハ主務ノ局課ニテ處分案ヲ起草シ關係局課ノ檢印ヲ要スヘシ若シ彼此見ヲ異ニスルトキハ面議商量シ尙ヲ決セザルトキハ直ニ大臣又ハ次官ニ面陳シテ決裁ヲ請ヒ附箋ヲ以テ應答スルヲ許サズ

第六十二條　各局課調査濟ノ成案ハ往復主任ノ屬ヨリ之ヲ往復課ニ回付シ往復課ハ直ニ之ヲ總務局長ニ提出シ總務局長ハ査閲ノ上大臣ノ決裁ヲ請フベシ總務局長大臣ノ代理ヲ爲シ又ハ委任ヲ受クル事件ハ査閲ヲ經テ直ニ施行スベシ

第六十三條　總務局長ニ於テ各局課ノ成案ニ異議アルトキハ各局長ニ命シテ之ヲ修正セシメ又ハ大臣ノ旨ヲ承テ各局長ニ指揮ヲ爲スコトアルベシ

第六十四條　大臣及次官ノ決裁ヲ經タル文書ハ往復課ニ於テ淨書シ秘書官ニ就キ大臣ノ印ヲ鈐シ件名番號等ヲ簿冊ニ記入メ直ニ發送ス其原文書ニハ交付發送ノ年月日ヲ記シ往復課長之ニ檢印シテ主務ノ處ニ返付スヘシ

各局課長ノ名ヲ以テ施行スルモノハ其局課ニ於テ淨寫押印シ之ヲ往復課ニ移ス往復課ハ其件名番號等ヲ簿冊ニ記入シテ之ヲ發送ス

第六十五條　總務局ニ於テ起草シタル文案ハ總務局長直ニ大臣ニ提出シ決裁ヲ請フベシ

第六十六條　事ノ急施ヲ要シ又ハ機密ニ係ルモノハ通常ノ手續ニ依ラス直ニ大臣ノ決裁ヲ請フコトアルベシ

第六十七條　至急又ハ機密ノ文書ハ通常ノ手續ニ依ラス便宜主任者ニ於テ自ラ携帶シテ諸局ノ議ヲ取リ幷官房ニ提出スルコトヲ得其決裁濟施行ニ至ル迄ノ順序モ亦便宜ニ從ヒ別ニ至急機密文書ノ件名簿ヲ調製シテ之ヲ登錄スルコトヲ得

第六十八條　文書調査ノ爲メ他ノ官署ニ照會ヲ要スルトキハ往復課ヲ經ズ各局課長ノ名ヲ以テ往復スルコトヲ得

第六十九條　往復課長ハ各局課ニ配付シタル文書ノ日限ヲ計算シ若故ナクシテ日限內ニ往復課ニ回付セザルモノアルトキハ其件名及局名ヲ總務局長ニ報告スベシ

第七十條　大臣ノ命ニ依リ一時處分ヲ爲スヲ要セズシテ留置クベキ文書ハ總テ總務局ニ於テ之ヲ保管スベシ

第七十一條、各局課ノ文書處分濟ノモノハ之ヲ記錄局又ハ記錄課ニ送付ス其機密ニ屬スル文書ハ別ニ大臣ノ命ズル所ニ依リ秘書官之ヲ保管スルコトアルベシ

第七十二條　各省ノ會計事務ニシテ別段ノ法律命令ニ依テ定メタルモノヲ除クノ外金錢出納ニ關シテハ左ノ條項ニ依ラシム

第七十三條　各省會計局ハ其省及所轄廳費ノ豫算決算省中ノ會計事務及所轄ノ地所建物ニ關スル事務ヲ掌ラシム局中出納課檢查課及用度課ヲ置キ其事務ヲ分掌セシム

第七十四條　出納課ハ其省及所轄廳費ノ豫算決算金錢ノ出納諸帳簿ノ整頓幷計算表ノ調整ヲ掌ル

第七十五條　檢查課ハ金錢出納ノ當否及各般ノ證書ヲ檢查スルコトヲ掌ル

用度課購入ノ物品ハ臨時局長ノ命ヲ承ケテ檢查スルヿアルヘシ

第七十六條　用度課ハ所轄ノ地所建物其他一切ノ需用品ニ關スル事務ヲ掌ル

第七十七條　俸給並旅費其他一切ノ經費幷收入ニ關スル事ハ出納課ニ於テ之ヲ管理シ其都度支出文書ニ依リ出納傳票ニ事由ヲ摘要シ

ヲ局長ニ差出シ局長ニ於テ相當ナリト思惟スルトキハ檢査課ヲシテ檢査セシメ然ル後大臣又ハ次官ノ決裁ヲ請ヒ收入及支出ノ手續ヲ爲サシムヘシ

第七十八條　出納課ニ於テハ出納傳票ニ捺スル局長幷各課經由ノ檢印ヲ認メテ其出納ヲ帳簿ニ登記シ毎日殘額表ヲ製シテ局長ノ査閲ニ供スヘシ

第七十九條　凡ソ記簿上ニ誤寫脫字アルモ一切改描塗抹スルコトヲ許サズ其事由ヲ詳記シテ主務者之ニ捺印スヘシ

第八十條　檢査課長ハ局長ノ命ヲ承ケ臨時局中各般ノ帳簿證書ヲ檢査スルコトアルヘシ

第八十一條　凡ソ金錢出納ニ關スル仕出文書ハ定期間ニ於テ之ヲ處理スヘシ其錯綜スル事件ト雖モ豫メ局長ノ許可ヲ得ズシテ定期ヲ經過スルコトヲ得ズ但仕出文書ヲ處理スルノ定期ハ各省定ムル所ニ依ル

第八十二條　營繕ハ用度課ヨリ其申立ヲ爲シ局長ニ於テ相當ナリト思惟スルトキハ檢査課ノ檢査ヲ經大臣又ハ次官ノ許可ヲ得タル後用度課ニ於テ之ヲ掌理セシム但從前閣議ヲ經テ施行スルモノハ仍

明治三年五月七日外務省布告外務省中ニ文書司ヲ置ク

四年八月十日布告ヲ以テ廢ス

明治三年閏十月二日外務省達辨務使ヲ歐米各國ヘ遣ハシ交際事

五年三百八號布告ヲ以テ廢ス

ホ舊ニ依ル

第八十三條　廳中日常須要ノ物品ハ總テ用度課ニ於テ管守シ需用アル毎ニ各局課長ノ證票ヲ以テ之ヲ請求セシムヘシ

第八十四條　用度課ハ省中取締ニ關スル事務ヲ掌リ及各種ノ物品ニ關スル出入帳簿ヲ製シ其出入ヲ明確ナラシムヘシ

第八十五條　前條揭クル外特ニ會計局ノ所掌ニ屬セシムルモノハ各省ノ部ニ就テ之ヲ定ム

外務省

第一條　外務大臣ハ外國ニ對スル政略ノ施行及外國ニ於ケル我國貿易ノ保護ニ關スル事務ヲ管理シ交際官及領事ヲ監督ス

第二條　外務大臣官房ニ秘書官三人ヲ置ク

第三條　外務省ニ翻譯官五人ヲ置ク奏任トス

第四條　外務省總務局ニ書記官四人ヲ置キ通則ニ揭グルモノヽ外政務課人事課及電信課ヲ置ク

第五條　政務課ニ於テハ左ノ事務ヲ掌ル

一　政務ニ關スル訓令書及往復通信書ノ起案

二　條約ノ施行及注釋ニ關スル事項

七年七月十二日琉球藩ヘ達ニ依テ廢ス
二年七月廿七日民部省ヘ達ヲ以テ廢ス
二年七月八日布告ヲ以テ廢ス
三年七月十日
廿二日

務及留學生ヲ管轄セシム
明治五年九月廿七日外務省ヘ達
外務省官員琉球藩在勤セシム
明治元年十一月六日布告
治河使ヲ設ケ水利ヲ起サシム
明治二年四月八日布告
民部官ヲ置ク
明治二年八月十一日民部省達
租稅監督商鑛山ノ四司

三　在外我國臣民ニ關スル事項及外國旅行券ニ關スル事項
四　外國臣民ノ携帶スベキ內地旅行免狀ニ關スル事項
五　交際官及領事ノ任免黜陟ニ關スル事項
六　交際官ノ委任狀赴任及再任國書解任狀及御親翰ニ關スル事項

第六條　人事課ニ於テハ左ノ事務ヲ掌ル
一　外國交際官ノ謁見及其禮遇ニ關スル事項
二　本邦ニ駐剳スル外國交際官並領事ノ氏名爵位勳等及其赴任就職解任ノ年月日ヲ名簿ニ詳記シ及外國官吏並人民ノ叙勳ニ關スル事項
三　本邦ニ駐在スル各國領事ノ認可狀ニ關スル事項

第七條　電信課ニ於テハ省中ヨリ發送シ及省中ニ接受スル一切ノ電信ヲ取扱フ
通常電信ノ往復ハ課長ノ見込ニ依リ其課員ヲシテ處理セシムルコトヲ得ベシト雖ヒ暗號電信ノ往復ハ課長自ラ之ヲ取扱フベシ

第八條　外務省參事官ハ無任所外交官ヲ以テ之ニ充ツ

第九條　外務省左ノ諸局ヲ置ク
通商局

及閏十月廿日達ニ依テ消ル
三年七月十日達ニ依テ消ル
四年七月廿七日布告チ以テ廢ス
四年七月廿七日布告ヲ以テ廢ス
同年七月廿七日布告ニ依テ廢ス
同年七

自今民部省ノ管轄トス　明治二年八月十二日達
民部大藏二省ヲ合併ス　明治三年七月十日達
民部大藏二省ヲ分チ民部省ニ土木驛遞鑛山通商聽訟五司及社寺鐵道電信機燈明臺橫須賀製鐵所諸掛チ管セシム　明治三年閏十月廿日民部省達
民部省中寺院寮チ置ク　明治四年四

取調局
翻譯局
記錄局
會計局

第十條　通商局ニ於テハ左ノ事務ヲ掌ル
一　通商航海條約ノ締結ニ關スル事項
二　領事權限ニ關スル事項
三　萬國ニ關渉スル電信郵便
四　前數項ニ關シ在外交際官領事及主務ノ各省ト商議スル事
五　外國ニ於ケル我國ノ貿易ニ關スル事項
六　領事管掌ノ事務施行ニ關スル事項
七　領事館ニ於テ徴收スベキ手數料ニ關スル事項
八　領事ノ委任及解任ニ關スル事項

第十一條　取調局ニ第一課及第二課ヲ置キ其事務ヲ分掌セシム

第十二條　第一課ニ於テハ萬國公法ニ關スル事項ヲ審按シ第二課ニ於テハ萬國私法ニ關スル事項ヲ審按ス

第十三條　第一課及第二課ニ於テ審按ヲ要スル事項ハ大臣ノ時々指

月八日布告ヲ以テ廢ス

民部官廢ニ依テ消ル

十年三號達ヲ以テ廢ス

月廿五日辨官達寺院寮ヲ民部省內ヘ引移ス
明治二年六月四日達民部官職制ヲ定ム
明治二年七月廿七日達民部省規則ヲ定ム
明治七年一月九日布告一號內務省中六寮、勸業、警保、戶籍驛遞、土木、地理一司測量ヲ置ク（七年八月三十日達ヲ以テ測量司ヲ廢シ九

命スル所ニ依ル

第十四條　翻譯局ニ於テハ法律命令ノ發布アル每ニ之ヲ外國文ニ翻譯シ又ハ本省ノ公文ヲ國文若クハ外國文ニ翻譯スル事ヲ掌ル

第十五條　會計局ハ通則ニ揭グルモノ、外在外公使館及領事館ノ豫算並決算ノ事ヲ掌ル

第十六條　記錄局ニ於テハ左ノ事務ヲ掌ル

一　條約書國書及外交往復ノ文書ヲ保存スル事
二　本省各局課ノ文書ヲ編算シ其事類ヲ分ツ事
三　事件ノ交錯シ若クハ記錄ノ浩翰ニ渉ルモノハ每件提要書ヲ作リ參照ニ便ナラシムル事
四　公使及領事ノ報告ヲ編算シ及之ヲ公刊スル事
五　本省所屬ノ內外圖書書籍ヲ保存シ其目錄ヲ製スル事
六　文書圖書書籍出入ノ規定ヲ設クル事

內務省

第一條　內務大臣ハ地方行政警察監獄土木衞生地理社寺出版版權戶籍賑恤救濟ニ關スル事務ヲ管理シ中央衞生會警視總監及地方官ヲ監督ス

年五十一號布告ヲ以テ戸籍警保二寮ヲ廢ス）

明治八年七月四日内務省達乙八十七號内務省中第七局ヲ設ケ衛生事務取扱並ニ第三局ニ於テ准刻事務ヲ取扱フ

同年内務省乙九十一號達ヲ以テ廢ス

明治八年九月廿八日布告百四十七號

九年五十一號布告ヲ以テ廢ス

内務省中圖書寮ヲ置ク明治七年三月十八日三十二號達

第二條　内務大臣官房ニ秘書官二人ヲ置ク

第三條　内務省總務局ニ書記官五人ヲ置キ通則ニ掲クルモノヽ外戸籍課及圖書課ヲ置ク

第四條　戸籍課ニ於テハ左ノ事務ヲ掌ル

一　戸口調査ニ關スル事項

二　民籍ニ關スル事項

三　内外國人ヽ轉籍ニ關スル事項

四　恩給ニ關スル事項

五　奇特者賞與ニ關スル事項

第五條　圖書課ニ於テハ左ノ事務ヲ掌ル

一　圖書ノ出版及版權ニ關スル事項

二　圖書保存ノ事

三　外國文書翻譯ノ事

第六條　内務省參事官ハ八人ヲ以テ定員トス

第七條　内務省ニ監獄巡閲官ヲ置キ參事官ヲ以テ之ヲ兼ネシメ監獄巡察ノ事ニ從ハシム

第八條　内務省中左ノ諸局ヲ置ク

十年三號達ヲ以テ廢ス

土木寮並ニ測量中藝員ヲ改置シ等給ヲ定ム
明治七年六月三日七十三號達

同年百十三號達及十年三號達ヲ以テ廢ス

本年第三十二號達測量司技術等級並月給表中旅費比較ヲ廢シ官等相當ノ旅費日當ヲ賜フ
明治七年八月三十日百十三號達

十年三號ヲ以テ發ス

地理寮中藝員ヲ置キ官等月給旅費ヲ定ム

縣治局
警保局
土木局
衛生局
地理局
社寺局
會計局

第九條 縣治局ニ府縣課郡區課及地方費課ヲ置キ其事務ヲ分掌セシム

第十條 府縣課ニ於テハ左ノ事務ヲ掌ル
一 府縣會ニ關スル事項
二 地方稅賦課徵收及支出ニ關スル事項
三 地方稅經濟ニ屬スル財産ニ關スル事項
四 賑恤救濟ニ關スル事項
五 地方行政事務ニシテ他ノ主管ニ屬セサル事項

第十一條 郡區課ニ於テハ左ノ事務ヲ掌ル
一 區町村會水利土功會ニ關スル事項

同年九十五號達ニ依テ消ル府縣部ニアリ

明治八年二月五日內務省乙十一號達

內務本省詰府縣官員當分ノ內第一局第四課ヘ出頭局長ノ指圖ヲ受ケ事務取扱ハシム

二　區町村費賦課徵收及支出ニ關スル事項
三　區町村共有物ニ關スル事項
四　徵發ニ關スル事項
五　行旅病人及行倒人ニ關スル事項

第十二條　地方費課ニ於テ左ノ事務ヲ掌ル
一　府縣官郡區長俸給ニ關スル事項
二　府縣廳費ノ支辨ニ關スル事項
三　府縣廳舍建築修繕ニ關スル事項
四　備荒儲蓄ニ關スル事項
五　賦金ノ賦課徵收ニ關スル事項

第十三條　警保局警務課保安課及監獄課ヲ置キ其事務ヲ分掌セシム

第十四條　警務課ニ於テハ左ノ事務ヲ掌ル
一　行政警察ニ關スル事項
二　警察ニ關スル府縣ノ成規及其施行ニ關スル事項
三　警察官吏ノ職務ニ關スル事項
四　警察署ニ關スル事項
五　警察費ニ關スル事項

六　警察上ノ褒賞及吊祭扶助療治料給與ニ關スル報告ノ事
第十五條　保安課ニ於テハ左ノ事務ヲ掌ル
一　新聞紙雜誌雜報等ノ檢閲並發行ニ關スル事項
二　政治風俗ニ關スル圖書檢閲ノ事
三　政治ニ關スル結社集會ノ事項
第十六條　監獄課ニ於テハ左ノ事務ヲ掌ル
一　監獄ノ管理ニ關スル事項
二　監獄官吏ノ職務ニ關スル事項
三　監獄費ニ關スル事項
四　監獄建築ニ關スル事項
五　囚徒押送並發遣ノ事
六　囚徒假出獄ニ關スル事項
第十七條　土木局ニ治水課道路課及計算課ヲ置キ其事務ヲ分掌セシム
第十八條　治水課ニ於テハ左ノ事務ヲ掌ル
一　本省直轄ノ河川堤防港灣等ノ工事ニ關スル事項
二　府縣ノ經營ニ屬スル河川堤防港灣等ノ工事ヲ監督スル事

第十九條　道路課ニ於テハ左ノ事務ヲ掌ル
一　本省直轄ノ道路橋梁等ノ工事ニ關スル事項
二　府縣ノ經營ニ屬スル道路橋梁等ノ工事ヲ監督スル事
第二十條　計算課ニ於テハ左ノ事務ヲ掌ル
一　直轄工事ノ費用豫算決算並出納ニ關スル事項
二　府縣ノ工事ニ付官費補助其他費用ニ關スル事項
第二十一條　衞生局ニ衞生課及醫務課ヲ置キ其事務ヲ分掌セシム
第二十二條　衞生課ニ於テハ左ノ事務ヲ掌ル
一　傳染病地方病豫防ニ關スル事項
二　撿疫停船規則施行ニ關スル事項
三　住所飮食幷職業ニ關スル公衆衞生ノ事項
四　種痘及撿黴ニ關スル事項
五　人體ノ衞生ニ關スル獸畜病豫防ノ事項
六　地方衞生會ニ關スル事項
七　貧民施療ニ關スル事項
第二十三條　醫務課ニ於テハ左ノ事務ヲ掌ル
一　醫師藥劑師產婆ノ業務ニ關スル事項

二　地方病院ニ關スル事項
三　藥品幷賣藥取締ニ關スル事項
四　屍體解剖ニ關スル事項
五　鑛泉取締ニ關スル事項

第二十四條　地理局ニ地籍課地誌課及觀測課ヲ置キ其事務ヲ分掌セシム

第二十五條　地籍課ニ於テハ左ノ事務ヲ掌ル

一　地籍調整ニ關スル事項
二　官有地管理ニ關スル事項
三　公用土地買上ニ關スル事項
四　地所名稱幷地種目變換ニ關スル事項
五　官民有未定地及社寺地處分ニ關スル事項
六　舊跡名所公園地等關スル事項
七　外國人居留地地所ニ關スル事項
八　海面區域並水面埋立ニ關スル事項
九　土石掘採ニ關スル事項
十　官有地生產物ニ關スル事項

第二十六條　地誌課ニ於テハ左ノ事務ヲ掌ル
一　地誌編纂ノ事
二　地圖調製ノ事
第二十七條　觀測課ニ於テハ左ノ事務ヲ掌ル
一　觀象測候ノ事
二　曆書調査ノ事
第二十八條　社寺局ニ神社課及寺院課ヲ置キ其事務ヲ分掌セシム
第二十九條　神社課ニ於テハ左ノ事務ヲ掌ル
一　神宮及官國幣社ニ關スル事項
二　神社社格及明細帳ニ關スル事項
三　官社並招魂社ノ經費營繕等ニ關スル事項
四　古社保存並神社財産ニ關スル事項
五　神道各派ノ敎規等ニ關スル事項
第三十條　寺院課ニ於テハ左ノ事務ヲ掌ル
一　寺院明細帳ニ關スル事項
二　古寺保存並寺院財産ニ關スル事
三　佛道各宗ノ宗制等ニ關スル事項

明治五年二月晦日陸軍省ヘ達　元兵部省中陸軍武官并兵學軍醫二寮糺問造兵武庫三司ヲ陸軍省ニ管セシメ其官員ハ舊ニ仍ル

同年百十八號及六年百七十二號布告ヲ以テ廢ス

明治五年二月廿五日陸軍省達　諸寮司局會計監督條例ヲ定ム

陸軍省寮司廢等ニ依テ消ル

明治五年十

六年三

第三十一條　會計局ハ通則ニ掲グルモノ、外本省所轄ニ屬スル廳府縣等ノ豫算並決算ノ事ヲ掌ル

陸軍省

第一條　陸軍大臣ハ陸軍軍政ヲ管理シ軍人軍屬ヲ統督シ及所轄諸部ヲ監督ス

第二條　陸軍省職員ハ武官ヲ以テ之ニ補ス其文官ヲ任用スルトキハ各省通則ニ依ル

第三條　陸軍大臣官房ニ秘書官四人ヲ置キ通則ニ掲グルモノ、外傳令使二人ヲ置ク

第四條　陸軍省總務局及各局中各課ニ課員若干員ヲ置キ課務ヲ掌ラシム課員ニ限リ文官ヲ以テ之ニ任ズルコトヲ得ズ

第五條　陸軍省總務局ニ書記官ヲ置カズ武官ヲ以テ局中各課長ニ補シ別ニ傳令使一人理事二人ヲ置ク

總務局ハ通則ニ依ラズ第一課第二課第三課第四課及制規課ヲ置キ其事務ヲ分掌セシム

第六條　第一課ニ於テハ左ノ事務ヲ掌ル

一　本省ニ到達スル公文書ノ接受開封記簿及送達ノ事項

月三十日陸軍省達ヲ以テ廢ス
九年一號達ヲ以テ廢ス
八年七十七號布告ヲ以テ廢ス

月廿九日陸軍省達會計局中陣營掛ヲ設ケ其職務ヲ定ム
明治六年三月廿三日陸軍省達陸軍省職制並條例ヲ被定來ル四月一日ヨリ施行ス但秘史局其他諸局ヲ改稱ス
明治六年三月三十一日陸軍省達兵學寮ヘ兵學寮兵附少尉並砲兵伍長ヲ除ノ外大尉以下總テ

二　諸文書ノ起案審査其他省院廳府縣及陸軍諸官廨等ヘノ往復ニ關スル事項
三　文官名簿編纂ノ事
四　判任官以下文官選擧ニ關スル事項
五　準士官以上命課訓條並特達辞令及判任以下任免辞令喚狀ニ關スル事項
六　滿期下士ノ文官請願ニ關スル事項
七　人民ノ請願ニ關スル事項
八　建白書並諸献納願書ニ關スル事項
九　省內電信分局ノ管理ニ關スル事項
十　官報ニ關スル事項
十一　諸報告並統計ノ調査及保存ニ關スル事項
十二　陸軍諸官廨ノ報告調査ニ關スル事項
十三　記室ノ管理並書類出納ニ關スル事項
十四　諸公文書ノ聚輯保存ノ事
十五　徵發物件一覽表調整ニ關スル事項
十六　陸軍官員錄職員錄調整ノ事

八年十二號布告ヲ以テ廢ス

一二等級ヲ置カル、ニ付軍曹伍長兵卒三等以下ノ級ハ悉ク廢止ニ屬ス

明治六年六月十五日陸軍省達

造兵司職員令並條例ヲ定ム

八年陸軍省布告百九十號達ヲ以テ廢ス

明治六年七月廿四日陸軍省達

官房章程ヲ改正增補ス

同年陸軍省四百三十號達ヲ以テ廢ス

明治七年一月三十一日陸軍省四十五號達經營部是迄第四局被管ノ處

第七條　第二課ニ於テハ左ノ事務ヲ掌ル

一　徵兵一切ノ制規ニ關スル起案其召募ニ關スル事項

二　豫備兵及後備兵ニ關スル制規調査ノ事項

三　近衞入兵ニ關スル事項

四　徵募猶豫ノ許可免役歸休轉役等ニ關スル事項

五　豫備兵後備兵復習ニ關スル事項

六　豫備兵後備兵並國民軍人員調査ニ關スル事項

七　補充兵並豫備徵兵人員調査ニ關スル事項

八　再役兵ニ關スル事項

九　廢兵ニ關スル事項

十　志願兵ニ關スル事項

十一　徵兵並豫備兵後備兵召集費用調査ニ關スル事項

十二　憲兵歩兵屯田兵人員調査並其將校名簿調整ニ關スル事項

十三　將官名簿編纂ニ關スル事項

十四　豫備役及後備軍軀員「憲兵」「歩兵」名簿編纂ニ關スル事項

十五　退職罷役將校並同等官ノ名簿調整ニ關スル事項

第八條　第三課ニ於テハ左ノ事務ヲ掌ル

八年陸軍省布百九十號達ヲ以テ廢ス

自今本省直隷トス

明治七年十月四日陸軍省達無號

六年六月十九日官房職務章程中增加ノ達ヲ更ニ改正ス

九年九十九號達ヲ以テ廢ス

明治八年四月五日四十八號達

陸軍武官傷痍扶助及ヒ死亡ノ者祭粢並ニ其家族扶助概則ヲ定ム（九年八號達ヲ以テ概則中ヲ改正ス參

一　軍隊ノ建制及編製ニ關スル事項
二　出師準備ニ關スル事項
三　要塞衛戍其他軍隊ノ勤務及內務ニ關スル事項
四　軍隊敎育及諸演習ニ關スル事項
五　軍隊ノ儀式及陸軍禮式ニ關スル事項
六　軍人服制及陸軍徽章ニ關スル事項
七　一般ノ儀式禮典並鹵簿ニ關スル事項
八　憲兵步兵屯田兵ニ關スル事項
九　陸軍大學校士官學校戸山學校敎導團ニ關スル事項
十　武學生ニ關スル事項
十一　海外留學生ニ關スル事項
十二　軍醫獸醫部生徒幷砲兵諸工生徒蹄鐵生徒等ノ制規及敎則ニ關スル事項
十三　雇外國敎師ニ關スル事項
十四　外國語通辨ノ事
十五　外國文書翻譯ノ事
十六　省中備付ノ洋書譯書管守ニ關スル事項

照スヘシ)

九年一號達ヲ以テ廢ス

明治八年十二月十四日陸軍省百四十二號達陸軍省條例中第一條卿官房職員ヲ改正ス

同年九十九號達ヲ以テ廢ス

明治九年一月廿九日八號達八年第四十八號達陸軍武官傷痍扶助及ヒ死亡ノ者祭粢幷其家族扶助概則及同年第百四十八號達海軍退隱令中ヲ改正ス

十七 軍樂隊ニ關スル事項幷其人員名簿調整ニ關スル事項

第九條 第四課ニ於テハ左ノ事務ヲ掌ル

一 刑法治罪法及懲罰スル事項

二 陸軍軍法會議ノ裁判ニ關スル事項

三 陸軍軍法會議ノ諸員及其名簿調査ニ關スル事項

四 憲兵ノ職務上警保ニ關スル事項

五 監獄ニ關スル事項

六 軍人軍屬ノ處刑ヲ受ケタル者ニ關スル事項幷徒刑場囚獄ノ人員及未決囚ノ人員調査ニ關スル事項

七 民事及刑事ノ詞訟ニ關スル事項

八 懲治隊ニ關スル事項

九 戰時俘虜ノ處分ニ關スル事項

十 恩減ニ關スル事項

十一 靖國神社及遊就館ニ關スル事項

十二 服忌ニ關スル事項

十三 陸軍埋葬ニ關スル事項

十四 軍人軍屬勳功調査ニ關スル事項

十五　叙勳及從軍記章ニ關スル事項
十六　勳章並從軍記章授與式ニ關スル事項
十七　帶勳軍人軍屬ノ名簿並從軍記章ノ授與ノ名簿調整ニ關スル
　　事項
十八　軍人軍屬恩給幷寡婦孤兒扶助料ニ關スル事項
十九　軍人軍屬ノ褒賞ニ關スル事項
第十條　制規課ニ於テハ左ノ事務ヲ掌ル
一　陸軍諸制規ノ審議立案ニ關スル事項
第十一條　陸軍省中左ノ諸局ヲ置ク
　騎兵局
　砲兵局
　工兵局
　會計局
　醫務局
第十二條　騎兵局ニ第一課第二課及第三課ヲ置其事務ヲ分掌セシム
課中第一類ノ事務ハ調查研究審議立案ニ關スル事項ニ屬シ第二類
ノ事務ハ處分施行スベキ事項ニ屬ス

第十三條　第一課ニ於テハ左ノ事務ヲ掌ル

第一類

一　騎兵隊ノ建制及編制調査ニ關スル事項

二　騎兵科敎育技術幷演習ニ關スル事項

三　騎兵科ノ勤務ニ關スル事項

四　騎兵科ノ馬具其他ノ物件改良ニ關スル事項

五　軍馬ノ保育ニ關スル事項

六　軍紀風紀ニ關スル事項

第二類

七　騎兵隊人員調査ニ關スル事項

八　騎兵科將校名簿調整ニ關スル事項

九　騎兵科豫備役後備軍軀員及其名簿調整ニ關スル事項

十　騎兵ノ出師準備ニ關スル事項

十一　牧馬塲ニ關スル事項

十二　馬制ニ關スル事項

十三　調馬隊及其人員調査ニ關スル事項

十四　調馬隊費用調査ニ關スル事項

十五　陸軍所用馬疋ノ支給並交換ニ關スル事項
十六　同上ノ馬疋牝騾其他駄駕ニ供スヘキ畜獸買入ニ關スル事項
十七　陸軍將校乘用ノ馬疋拂下又ハ買上ニ關スル事項
十八　蹄鐵學舍ニ關スル事項
十九　蹄鐵工並同生徒人員調査ニ關スル事項
第十四條　第二課ニ於テハ左ノ事務ヲ掌ル
第一類
一　輕重兵隊ノ建制及編制調査ニ關スル事項
二　輜重兵科ノ教育及演習ニ關スル事項
三　輜重兵科ノ勤務ニ關スル事項
四　輜重兵科ノ器具其他物件ノ改良ニ關スル事項
五　輜重ノ編制ニ關スル方法調査ニ關スル事項
六　輜重車輛樣式及梱包規程ノ調査ニ關スル事項
七　軍紀風紀ニ關スル事項
第二類
八　輜重兵隊幷輜重輸卒ノ人員調査ニ關スル事項
九　輜重兵科將校名簿調整ニ關スル事項

十　輜重兵科豫備役及後備軍軀員ニ關スル事項幷其名簿調整ニ關スル事項
十一　輜重ニ關スル出師準備ノ事項
十二　輜重ノ編制ニ關スル事項
十三　輜重車輛其他ノ器具製造及備付ニ關スル事項
十四　輜重ノ材料及器械ノ經費豫算ノ調査ニ關スル事項
十五　運輸船舶ニ關スル事項
十六　輜重兵隊駄駕車輛其他器具備付ニ關スル事項

第十五條　第三課ニ於テハ左ノ事務ヲ掌ル

一　近衛鎭臺獸醫部ニ關スル事項及官廨ニ屬スル獸醫務ニ關スル事項
二　獸醫部人員ニ關スル事項
三　獸醫部下士以上名簿調整ニ關スル事項
四　獸醫部豫備役後備軍軀員及其名簿調整ニ關スル事項
五　獸醫部出師準備ニ關スル事項
六　獸醫官學術監査ニ關スル事項
七　獸醫官學術上ノ景況調査ニ關スル事項
八　獸醫部下士卒敎育ニ關スル事項

九　獸醫生徒ニ關スル事項
十　馬療並育養ニ關スル制規調査ニ關スル事項
十一　獸類衛生上ノ調査ニ關スル事項
十二　獸類衛生費ノ調査並獸醫事統計ニ關スル事項
十三　病獸ニ關スル事項
十四　藥物器械ノ良否及保存ノ適否撿査ニ關スル事項
十五　藥物器械ノ發明ニ關スル事項
十六　軍馬ノ體格及診斷書ニ關スル事項
十七　斷訟紀事ニ關スル事項
十八　諸分析及理化學ニ關スル諸撿査並紀事ニ關スル事項
十九　獸類傳染病並流行病ノ豫防及風土病ノ紀事ニ關スル事項
二十　治驗録ノ調整ニ關スル事項

第十六條　砲兵局ニ第一課及第二課ヲ置キ其事務ヲ分掌セシム
課中第一類ノ事務ハ調査研究審議立按ニ關スル事項ニ屬シ第二類ノ事務ハ處分施行スヘキ事項ニ屬ス

第十七條　第一課ニ於テハ左ノ事務ヲ掌ル

第一類

一　砲兵隊ノ建制及編制調査ニ關スル事項
二　砲兵科敎育技術及演習ニ關スル事項
三　砲兵ノ勤務ニ關スル事項
四　各種兵器彈藥砲兵科ノ器具器械材料其他ノ物件改良ニ關スル事項
五　要塞海岸各砲臺ノ砲兵科ニ關スル事項
六　砲熕並砲具調査ニ關スル事項
七　軍紀風紀ニ關スル事項
第二類
八　砲兵隊人員調査ニ關スル事項
九　砲兵科將校名簿調整ニ關スル事項
十　砲兵科豫備役及後備軍軀員ニ關スル事項並其名簿調整ニ關スル事項
十一　砲兵ノ出師準備ニ關スル事項
十二　砲兵諸工生徒ニ關スル事項及其人員調查ノ事項
十三　砲兵會議ニ關スル事項
第十八條　第二課ニ於テハ左ノ事務ヲ掌ル

一　砲兵方面並砲兵工廠ニ關スル事項
二　砲工輜重ノ製造ニ關スル事項
三　要塞海岸各砲臺ノ砲熕兵器備付ニ關スル事項
四　諸兵隊ノ兵器備付ニ關スル事項
五　彈藥ノ支給輸送ニ關スル事項
六　陸軍所用ノ兵器馬具製造ニ關スル事項並經費豫算調査ニ關スル事項
七　軍旗並其他陸軍旗號製造ニ關スル事項
八　砲兵所用廨舍ノ創建修理並經費豫算調査ニ關スル事項
九　砲兵所屬ノ土地家屋受領交換ニ關スル事項

第十九條　工兵局ニ第一課及第二課ヲ置キ其事務ヲ分掌セシム課中第一類ノ事務ハ調査研究審議立案ニ關スル事項ニ屬シ第二類ノ事務ハ處分施行スヘキ事項ニ屬ス

第二十條　第一課ニ於テハ左ノ事務ヲ掌ル

第一類

一　工兵隊建制及編制調査ニ關スル事項
二　工兵課ノ教育技術及演習ニ關スル事項

三　工兵課ノ勤務ニ關スル事項
四　工兵鍬兵ノ器具及工兵課ノ器械材料其他ノ物件改良ニ關スル事項
五　要塞海岸各砲臺ノ永久築城ノ方案及保存ノ方法ニ關スル事項
六　工兵ニ屬スル物件ノ運輸方法ニ關スル事項
七　工兵ニ屬スル建築ノ方案及保存方法ニ關スル事項
八　軍紀風紀ニ關スル事項
　第二類
九　工兵隊人員調査ニ關スル事項
十　工兵科將校名簿調整ニ關スル事項
十一　工兵科豫備役後備軍軀員及其名簿調整ニ關スル事項
十二　工兵ノ出師準備ニ關スル事項
十三　工兵會議ニ關スル事項
第二十一條　第二課ニ於テハ左ノ事務ヲ掌ル
一　陸軍諸建築方案並圖面等調査ニ關スル事項
二　陸軍諸工作製圖ニ關スル事項
三　工兵所屬ノ土地家屋其他ノ建築物授受交換ニ關スル事項
四　諸工業材料ノ經費豫算調査ニ關スル事項

五　工兵鍬兵ニ屬スル器具及工兵科ノ器械材料調査及其經費豫算調査ニ關スル事項
六　城堡要塞圖誌調査並諸地圖工具圖及圖誌庫管理ニ關スル事項
第二十二條　會計局ハ通則ニ依ラズ第一課第二課第三課及第四課ヲ置キ其事務ヲ分掌セシム
第二十三條　第一課ニ於テハ左ノ事務ヲ掌ル
一　監督部軍吏部人員ニ關スル事項
二　監督部軍吏部名簿調整ニ關スル事項
三　監督部後備軍軀員及軍吏部豫備役後備軍軀員及其名簿調整ニ關スル事項
四　諸定額ニ關スル事項
五　金錢給與ニ關スル事項
六　支出額仕譯書調整ニ關スル事項
七　出師準備ニ關スル費額調査ニ關スル事項
八　本課ノ收支命令ニ關スル事項
九　中央司契部金櫃審査ニ關スル事項
十　中央司契部ノ決算帳撿査ニ關スル事項

十一　出納報告書撿査ニ關スル事項
十二　決算報告ニ關スル事項
十三　簿記證書ノ樣式調査ニ關スル事項
第二十四條　第二課ニ於テハ左ノ事務ヲ掌ル
一　糧食ノ豫算調査ニ關スル事項
二　糧食給與ニ關スル事項
三　馬飼料給與ニ關スル事項
四　本課ノ收支命令ニ關スル事項
五　糧倉ノ管理ニ關スル事項
六　糧食ノ出師準備ニ關スル事項
七　要地ノ糧食準備ニ關スル事項
八　各地産出糧食品調査ニ關スル事項
九　戰時糧食品試驗ニ關スル事項
十　戰時糧食ノ器具調査ニ關スル事項
十一　軍吏部補員試驗ニ關スル事項
十二　各國軍隊給養法調査ニ關スル事項
第二十五條　第三課ニ於テハ左ノ事務ヲ掌ル

一　被服給與ニ關スル事項
二　被服豫算調査ニ關スル事項
三　被服定額表調整ニ關スル事項
四　被服ノ出師準備ニ關スル事項
五　被服見本品調整ニ關スル事項
六　被服廠事務管理及檢査ニ關スル事項
七　被服廠ニテ購買スヘキ被服品締約ニ關スル事項
八　被服廠ノ被服購買命令ニ關スル事項
九　被服金及被服廠經費收支命令ニ關スル事項
十　被服廠物品收支ノ決算書檢査ニ關スル事項
十一　被服金及被服廠ニ關スル經費決算帳檢査ニ關スル事項

第二十六條　第四課ニ於テハ左ノ事務ヲ掌ル

一　陸軍用地ニ關スル事項
二　陸軍屯營家屋其他諸建物（砲兵工兵科ニ屬スルモノヲ除ク）ニ關スル事項
三　營繕費豫算調査ニ關スル事項
四　田畑償損ニ關スル事項
五　陣營具ニ關スル事項

六　陣營具豫算調査ニ關スル事項
七　各隊消耗品ニ關スル事項
八　用度ニ關スル事項
第二十七條　醫務局ニ第一課第二課及第三課ヲ置キ其事務ヲ分掌セシム
第二十八條　第一課ニ於テハ左ノ事務ヲ掌ル
一　近衞鎭臺軍醫部官ノ醫務ニ關スル事項
二　軍醫部人員ニ關スル事項
三　軍醫部下士以上名簿調整ニ關スル事項
四　軍醫部豫備役後備軍軀員及其名簿調整ニ關スル事項
五　軍醫部ノ出師準備ニ關スル事項
六　衞生上ニ關スル事項
七　軍人身材ノ調査並紀事ニ關スル事項
八　各地ノ地質氣象ノ紀事並轉地療養上ノ調査及紀事ニ關スル事項
九　傳染病幷流行病ノ豫防及風土病ノ紀事ニ關スル事項
十　衞生費ノ調査並醫事統計ニ關スル事項

十一　軍醫藥學生徒ニ關スル事項
十二　恩給並賑恤金ニ係ル診斷書調査ニ關スル事項
十三　斷訟醫事ノ紀事ニ關スル事項
十四　撰兵及其紀事ニ關スル事項
十五　內外國恤兵諸會社ニ關スル事項
第二十九條　第二課ニ於テハ左ノ事務ヲ掌ル
一　軍醫官學術監査ニ關スル事項
二　軍醫官學術演習指導ニ關スル事項
三　軍醫官學術上ノ景況調査ニ關スル事項
四　軍醫官藥學生徒敎育ニ關スル事項
五　軍醫部下士卒敎育ニ關スル事項
六　軍陣醫部幷雜誌ニ關スル事項
七　軍陣醫學參考品ニ關スル事項
八　醫學上ノ新發明紀事ニ關スル事項
九　敎育ニ關スル圖書調査ニ關スル事項
第三十條　第三課ニ於テハ左ノ事務ヲ掌ル
一　藥劑ニ關スル事項

九年司法省六十七號達ニ依テ消ル

七年司法省十一號達ニ依テ消ル

明治五年十一月二十日司法省各局廻達
各裁判所ノ支廳ハ概シテ區裁判所ト稱シ其設置ノ地名ヲ冠セシム

明治六年九月十二日司法省百四十四號布達
熊谷裁判所ヲ置カルヽ

二　藥物器械ノ良否及保存ノ適否檢査ニ關スル事項
三　藥物器械ノ新發明紀事ニ關スル事項
四　理化學上ノ諸檢査並ニ紀事ニ關スル事項

司法省

第一條　司法大臣ハ司法ニ關スル行政司法警察及恩赦ニ關スル事務ヲ管理シ大審院以下ノ諸裁判所ヲ監督ス

第二條　司法大臣官房ニ秘書官二人ヲ置キ通則ニ揭クルモノヽ外左ノ事務ヲ掌ラシム
一　裁判所附屬吏員及代言人ノ身分ニ關スル事項
二　請願ニ關スル事項
三　判事檢事巡回會同ニ關スル事項

第三條　司法省總務局ニ書記官四人ヲ置キ通則ニ揭クルモノヽ外文書課ニ於テ左ノ事務ヲ掌ラシム
一　外國文書翻譯ノ事

第四條　總務局記錄課ニ於テハ通則ニ揭クルモノヽ外通則中公文取扱ニ關スル條項ニ依リ往復課ノ主務ニ屬スル文書整頓及各局往復主任ノ屬ノ主任ニ屬スル事項ヲ掌ル

ニ付入間群馬兩裁判所ハ自今同管內區裁判所ト改稱シ熊谷裁判所建設迄ハ入間區裁判所ニテ事務取扱フ

明治七年四月五日司法省ヘ達
佐賀縣ヘ裁判所ヲ置ク
九年六十二號布告ヲ以テ廢ス

明治七年六月九日司法省十一號達
熊谷裁判所本月十八日開廳幷同所入間區裁判所ヲ川越區裁判所ト改
九年百十四號布告及同年司法省達

第五條　司法省參事官ハ十五人ヲ以テ定員トス

第六條　司法省中左ノ諸局ヲ置ク

民事局
刑事局
會計局

第七條　民事局ニ於テハ左ノ事務ヲ掌ル

一　民法訴訟法ニ關スル事項及其施行ニ關スル起案
二　民事ニ關スル法律命令幷裁判ノ執行ヲ監査スル事
三　行政裁判ニ關スル事項
四　裁判所ノ構成權限ニ關スル事項
五　判事登用試驗及代言人試驗ニ關スル事項
六　速成生徒ニ關スル事項

第八條　刑事局ニ於テハ左ノ事務ヲ掌ル

一　刑法治罪法ニ關スル事項及其施行ニ關スル起案
二　死刑執行再審ノ訴非常上告特赦減刑復權假出獄免幽閉監視假免ニ關スル事項
三　刑事ニ關スル法律命令幷裁判ノ執行ヲ監査スル事

稱シ本月十七日開廳ス

明治八年五月廿三日司法省ヘ達新治裁判所ヲ廢ス

六十六號達ヲ以テ廢ス

明治四年九月十八日文部省ヘ達文部省中編輯寮ヲ置ク

五年二百六十二號布告ヲ以テ廢ス

明治五年十月十三日文部省三十三號達第一大學區本部東京ニ

十年十五號達ヲ以テ廢ス

四　軍事裁判ニ關スル事項

五　刑事裁判費用ニ關スル事項

第九條　會計局ハ通則ニ揭クルモノヽ外大審院及諸裁判所ノ豫算幷決算ノ事ヲ掌ル

文部省

第一條　文部大臣ハ教育學問ニ關スル事務ヲ管理ス

第二條　文部大臣官房ニ秘書官二人ヲ置ク

第三條　文部省總務局ニ書記官七人ヲ置キ通則ニ揭クルモノヽ外文書課ニ於テ左ノ事務ヲ掌ル

一　外國文書翻譯ノ事

二　學士會院音樂取調掛圖書取調掛訓盲啞院教育博覽會及海外留學生ニ關スル事項

第四條　文部省參事官ハ七人ヲ以テ定員トス

第五條　文部省ニ視學官ヲ置キ學事視察ノ事ニ從ハシム

視學官ハ奏任トシ五人ヲ以テ定員トス

第六條　文部省中左ノ諸局ヲ置ク

學務局

十年四月廿三日十號文部省回達ニ依テ消ル

督學局廢ニ依テ消ル

督學局ヲ設立ス

明治五年十月廿九日文部省番外達

今般敎部省文部省ヘ合併ノ處在来ノ建物手狹ニ付營繕中當省事務敎部省ニ於テ取扱フ

明治六年七月三日文部省九十五號達

督學局ヲ本省中ニ被置ニ付爾後學事ニ關スル伺届等同局ヘ宛差出サシム

編輯局

會計局

第七條　學務局ニ第一課第二課第三課第四課ヲ置キ其事務ヲ分掌セシム

第八條　第一課ニ於テハ帝國大學ニ關スル事務ヲ掌ル

第九條　第二課ニ於テハ大學分校中學校及高等女學校ニ關スル事務ヲ掌ル

第十條　第三課ニ於テハ師範學校小學校幼稚園及通俗敎育ニ關スル事務ヲ掌ル

第十一條　第四課ニ於テハ專門學校其他諸學校書籍館博物館及敎育會學術會等ニ關スル事務ヲ掌ル

第十二條　編輯局ニ第一課第二課及第三課ヲ置キ其事務ヲ分掌セシム

第十三條　第一課ニ於テハ敎科書ノ著譯編述及校訂ニ關スル事務ヲ掌ル

第十四條　第二課ニ於テハ圖書ノ印刷ニ關スル事務ヲ掌ル

第十五條　第三課ニ於テハ敎科圖書ノ檢查ニ關スル事務ヲ掌ル

明治元年二月五日布告ヲ以テ廢ス

慶應三年十二月廿七日達

金穀出納所ヲ設ク

同年二月五日布告ヲ以テ廢ス

明治元年正月十九日參與役所達

會計事務裁判所ヲ金穀出納所内ニ設ケ會計事務ニ拘ハリタル儀ハ都テ同所ヘ申出シム

二年三月十五

明治九年閏

第十六條　會計局ハ通則ニ掲クルモノヽ外本省所轄ニ屬スル諸學校等ノ豫算並決算ノ事ヲ掌ル

大藏省

第一條　大藏大臣ハ歳入歳出租税國債貨幣及ヒ銀行ニ關スル事務ヲ管理シ地方ノ財務ヲ監督ス

第二條　大藏大臣官房ニ秘書官二人ヲ置ク

第三條　大藏省總務局ニ書記官五人ヲ置キ通則ニ掲クルモノヽ外傳票課監督課備荒儲蓄課及整理課ヲ置キ其事務ヲ分掌セシム

第四條　傳票課ハ左ノ規程ニ依リ國庫金ノ支出傳票ノ事ヲ掌ル

一　各廳經費金準備金及ヒ預ケ入金等ノ支出ニ關スル大臣ノ決裁書ニ依リ傳票ヲ調製スヘシ

二　傳票ハ正副両葉ニ認メ正ハ之ヲ金庫局ニ送付シ副ハ之ヲ課中ニ保存スヘシ

三　傳票調製ノ上ハ官房ニ就キ大臣官印ノ捺押ヲ求ムヘシ

四　毎月ノ初メニ於テ前月分ノ收入支出ヲ計表ニ登記シ主計出納金庫ノ三局長立會ノ上大臣面前ニ於テ照査ヲ爲スヘシ

五　傳票計表ノ樣式等ハ別ニ定ムル所ノ規程ニ依ルヘシ

四月廿七日達商法司ヲ置ク	日達ヲ以テ廢ス
明治元年閏四月達租税司ヲ置ク	四年七月廿七日布告ヲ以テ廢ス
明治二年五月八日會計官ヘ達會計官職制并條令ヲ定メ造幣局及監督租税出納用度營繕鑛山六司ヲ管ス	同年七月八日布告ヲ以テ廢ス
明治二年六月廿一日達通商司ヲ東京大坂二府及神奈川縣ニ置ク	四年七月五日布告ヲ以テ廢ス

第五條　監督課ハ左ノ規程ニ依リ保護會社ノ會計ヲ監督シ及ヒ官鑛工業ノ景況等ヲ調査スル事ヲ掌ル

一　日本鐵道會社各區興業ノ費額ヲ撿案スヘシ

二　前項會社營業上收入支出ヲ撿案スヘシ

三　日本郵船會社會計ニ屬スル事件ヲ監査スヘシ

四　前項會社收入支出及ヒ其所有ニ屬スル財產ヲ監督撿査スヘシ

五　官鑛工業ノ景況ヲ調査スヘシ

六　官鑛工業ニ關スル事項ヲ調理スヘシ

七　官鑛產出物ノ員額ヲ類別調査スヘシ

八　人民ヘ貸下又ハ拂下代金未濟ノ各鑛山及ヒ工作場ノ事業ヲ監査スヘシ

第六條　備荒儲蓄課ハ左ノ規程ニ依リ中央及ヒ府縣ノ備荒儲蓄金穀ニ關スル事ヲ掌ル

一　中央儲蓄金ノ事務ヲ調理シ及ヒ米穀ノ購買交換ヲ處理スヘシ

二　府縣儲　金ノ出納報告ヲ精査シ及ヒ其金穀管守ノ檢査ヲ爲スヘシ

三　每年度中央儲蓄金及ヒ府縣儲蓄金出納報告ヲ調理スヘシ

三年七月十日同廿二日達等ニ依テ消ル

明治二年八月十一日大藏省ヘ達
租稅監督通商鑛山四司自今民部省ノ管轄ト爲ス

四年七月廿七日布告ヲ以テ廢ス

明治三年七月十日達
民部大藏ニ省ヲ分チ大藏省ニ出納用度營繕造幣租稅監督六司及度量衡改正掛ヲ管セシム

四年七月五日布告ヲ

明治三年七月廿二日大藏省ヘ達
通商司ヲ當

四　各所儲藏ノ米穀ヲ管守出納シ及ヒ米廩ヲ保護スヘシ

第七條　整理課ハ左ノ規程ニ依リ諸貸付金取立ノ事ヲ掌ル

一　諸貸付金補助ノ帳簿ヲ設ケ其事由ヲ詳記シ金額ノ徴收ニ係ル計算ヲ爲スヘシ

二　諸貸付金ノ取立高豫算ヲ立テ之ヲ徴收シテ國庫ニ上納スヘシ

三　諸貸付金ノ年賦割替或ハ棄捐或ハ利引一時上納等ノ事ヲ處理スヘシ

四　諸貸付金ニ對シ各廳ヨリ送付スル所ノ勘定帳及ヒ計表等ヲ査閲シ精算ノ證認ヲ爲スヘシ

第八條　大藏省參事官ハ五人ヲ以テ定員トス

第九條　大藏省ニ主計官十八人ヲ置ク奏任トス主計局出納局國債局及ヒ金庫局ニ分屬シテ官金ノ管守出納並ニ簿記計算ノ事ヲ掌ラシメ各局ノ須要ニ從ヒ大臣ノ命ヲ承ケテ局中各課ノ長ヲ兼ヌルコトヲ得

第十條　大藏省ニ主稅官十六人ヲ置ク奏任トス主稅局關稅局ニ分屬シテ諸稅ニ關スル事務ヲ掌ラシメ各局ノ須要ニ從ヒ大臣ノ命ヲ承ケテ局中各課ノ長ヲ兼ヌルコトヲ得

以テ廢
ス
四年八
月十日
布告ヲ
以テ廢
ス
同年八
月十日
布告チ
以テ廢
ス
十年三
號達ヲ
以テ廢
ス

分大藏省ニ
管轄セシム
明治三年七
月布告
大藏省中ニ
營繕司ヲ置
ク
明治四年七
月廿七日布
告
大藏省中監
督用租稅三
司ヲ廢シ更
ニ租稅勸業
統計紙幣戸
籍驛遞六司
ヲ置ク
明治四年八
月十日布告
大藏省寮司
ヲ定メ造
幣、租稅、戸
籍、營繕、紙
幣、出納、統

第十一條　大藏省中左ノ諸局ヲ置ク

主稅局
關稅局
主計局
出納局
國債局
金庫局
銀行局
預金局
記錄局

第十二條　主稅局ニ調查課地租課酒稅課印紙稅課雜種稅課地方稅課監查課計算課徵稅費課及統計課ヲ置キ其事務ヲ分掌セシム

第十三條　調查課ハ左ノ規程ニ依リ稅則ノ執行ニ關スル事ヲ掌ル

一　稅則取扱ニ關スル文案ヲ調查スヘシ

第十四條　地租課ハ左ノ規程ニ依リ地租ニ關スル事ヲ掌ル

一　地租及ヒ地劵ニ關スル文案ヲ起草調查スヘシ
二　新タニ地價ヲ定メ又ハ地價修正ニ關シ當否ヲ調查スヘシ

五年三百三號布告ヲ以テ廢ス
十年三號達ヲ以テ廢ス
十年三號達ヲ以テ廢ス
十年三號達ヲ以テ廢ス

計、撿査、記錄、驛遞、勸業、十一寮正算一司トス
明治四年八月廿三日布告
大藏省中勸業寮ヲ改ム
明治五年六月廿二日百八十四號布告
大藏省中驛遞寮ヲ二等寮ト定ム
明治六年七月十七日二百四十八號布告
大藏省中國債寮ヲ置キ二等寮トス

三　地租臺帳ヲ整理スヘシ
四　地租ノ免除ニ關スル事務ヲ調査スヘシ
五　開墾鍬下年期荒地免租年期低價年期及ヒ其地價租額ノ當否ヲ調査シ其臺帳ヲ整理スヘシ
六　地租表ヲ調査スヘシ

第十五條　酒税課ハ左ノ規程ニ依リ酒造税等ニ關スル事ヲ掌ル
一　酒造醬麴税醬油税等ニ關スル文案ヲ起草調査スヘシ

第十六條　印紙税課ハ左ノ規程ニ依リ諸印紙税等ニ關スル事ヲ掌ル
一　烟草税菓子税證劵税賣藥税等ニ關スル文案ヲ起草調査スヘシ
二　諸印紙地劵用紙及ヒ鑑札用紙ノ製造管守出納ニ關スル事務及ヒ受拂計算表ヲ調査處理スヘシ

第十七條　雜種税課ハ左ノ規程ニ依リ諸種ノ雜税ニ關スル事ヲ掌ル
一　船税車税會社税銃獵税牛馬賣買免許税度量衡税等ニ關スル文案ヲ起草調査スヘシ

第十八條　地方税課ハ左ノ規程ニ依リ地方税ニ關スル事ヲ掌ル
一　地方税ニ關スル文案ヲ起草調査スヘシ
二　地方税ノ課目課額ヲ調査スヘシ

四年七月五日布告ヲ以テ廢ス

七年一月九日大藏省ヘ達ヲ以テ消ル

明治六年十月廿九日三百五十八號布告
大藏省中記錄寮ヲ二等寮ニ定ム

明治二年六月廿四日通商司ヘ達
會計官中通商司ヲ置キ商權ヲ委任ス

明治四年九月廿九日大藏省ヘ達
橋梁ノ儀是迄工部省土水寮ニテ取扱來ル分自今大藏省營繕寮ニテ取扱ハシム

第十九條　監査課ハ左ノ規程ニ依リ府縣稅務監査ノ事ヲ掌ル

一　府縣ノ稅務及ヒ徵稅費支辨ノ實况ヲ監査スヘシ
　但監査規則ハ別ニ定ムル所ニ依ルヘシ

二　監査員ノ報告ヲ調査スヘシ

三　府縣檢査區畫檢査員配置計畫及ヒ檢査事務取扱方法ノ適否ヲ調査スヘシ

四　府縣徵稅費ノ配賦及ヒ增減ノ義ニ參スヘシ

五　府縣檢稅ニ關スル諸規則ヲ檢閲スヘシ

第二十條　計算課ハ左ノ規程ニ依リ諸稅計算ノ事ヲ掌ル

一　租稅ノ豫算意見ヲ編製スヘシ

二　地稅ヲ除キ其他ノ諸稅表ヲ調査スヘシ

三　租稅收納金額報告書ヲ整理スヘシ

四　租稅ノ缺損又ハ除却ニ關スル事項ヲ調査スヘシ

五　年賦延納及ヒ過年度追納ニ關スル事項ヲ整理スヘシ

第二十一條　徵稅費課ハ左ノ規程ニ依リ府縣徵稅費ニ關スル事ヲ掌ル

一　府縣徵稅費ノ豫算ヲ調理スベシ

七年七月十二日琉球藩ヘ達ニ依テ廢ス

八年八月廿四日達ニ依テ消ル

同年二百十七號達ニ依テ消ル

（同年十月八日營繕寮ヲ廢シ工部省ノ土木寮ヲ大藏省ノ管轄トス）明治五年九月廿七日大藏省ヘ達

大藏省官員琉球藩ヘ出張セシム

明治七年五月十三日

築地税關及品川尋問所事務ヲ横濱ノ税關ニ兼管セシム

明治八年七月十八日內務省ヘ達

諸會社管掌ノ內諸銀行

二　府縣徵税費配賦ノ事務ヲ調理スヘシ

三　府縣徵税費ニ關スル文案ヲ起草調査スヘシ

四　府縣徵税費ノ決算ヲ調理スヘシ

第二十二條　統計課ハ左ノ規程ニ依リ租税ニ關スル諸統計ノ事ヲ掌ル

一　租税ニ關スル事項ノ諸統計表ヲ編製スヘシ

二　統計表編製ノ材料ヲ蒐集スヘシ

三　租税ニ關スル事蹟ヲ調査シ統計書及ヒ年報書ヲ編製スヘシ

四　府縣收税ノ統計表及ヒ年報書ヲ審査シ其要件ヲ簡拔シテ通覽表ヲ編製スヘシ

第二十三條　關税局ニ常務課調査課及製表課ヲ置キ其事務ヲ分掌セシム

第二十四條　常務課ハ左ノ規程ニ依リ海關税諸規則ノ執行ニ關スル事ヲ掌ル

一　海關税諸規則ノ執行ニ關スル文案ヲ起草調査スヘシ

二　海關税務ニ關シ諸官廳トノ往復文案ヲ取扱フヘシ

三　税關ニ屬スル地所建物船舶及ヒ其他諸物件ニ關スル事項ヲ調

ノ條例ヲ奉シテ其業ヲ營ム會社ノ分ハ大藏省ノ管掌トス明治八年九月十九日百六十五號達造幣寮技術等給ヲ定ム

十年三號達ヲ以テ廢ス

四　查スヘシ
海關稅豫算意見書ヲ編製スヘシ
五　海關稅收納金額報告書ヲ整理スヘシ
六　物品貨幣輸出入ノ景況ニ依リ海關稅收入ノ增減ヲ調查スヘシ
七　築地出張所ノ事務ヲ監查スヘシ
第二十五條　調查課ハ左ノ規程ニ依リ內外物品ノ市價及海關稅率ノ當否調查ノ事ヲ掌ル
一　內外物品ノ市價ヲ調查シテ海關稅率及課稅ノ當否ヲ勘按スヘシ
二　內外貿易ノ盛衰ヲ調查シテ定期報告書ヲ調查スヘシ
三　海外各國ノ通商條約及ヒ稅關規則ヲ調查スヘシ
四　海關稅務ニ關シ外國人ト往復スル文書及ヒ一切ノ洋文ヲ調理スヘシ
第二十六條　製表課ハ左ノ規程ニ依リ貿易ニ關スル諸表編製ノ事ヲ掌ル
一　輸出入物品貨幣及ヒ出入港船舶ノ統計ニ關スル事項ヲ調查スヘシ

宇宙六法

青木節子・小塚荘一郎　編

リモセン法施行令まで含む国内法令、国際宇宙法、そして宇宙法の泰斗の翻訳による外国の宇宙法も収録した、最新法令集。

【本六法の特長】日本の宇宙進出のための法的ツールとして、以下の特長を備えている。(1) 宇宙法における非拘束的文書の重要性を踏まえ、国連決議等も収録。(2) 実務的な要請にも応え、日本の宇宙活動法と衛星リモセン法は施行規則まで収録。(3) アメリカ・フランス・ルクセンブルクの主要な宇宙法令も翻訳し収録。

A5変・並製・116頁
ISBN978-4-7972-7031-0 C0532
定価：本体1,600円+税

宅建 2020 ダイジェスト六法

池田真朗　編

◇携帯して参照できるコンパクトさを追求した〈宅建〉試験用六法。
◇法律・条文とも厳選、本六法で試験範囲の9割近くをカバーできる！
◇受験者の能率的な過去問学習に、資格保有者の知識の確認とアップデートに。
◇2020年度版では法改正の反映はもちろん、今話題の所有者不明土地法も抄録。

A5変・並製・266頁
ISBN978-4-7972-6913-0 C3332
定価：本体1,750円+税

〒113-0033　東京都文京区本郷6-2-9-102　東大正門前
TEL:03(3818)1019　FAX:03(3811)3580　E-mail:order@shinzansha.co.jp
信山社
http://www.shinzansha

13-0033 東京都文京区本郷6-2-9-102 東大正門前
:03(3818)1019 FAX:03(3811)3580 E-mail:order@shinzansha.co.jp

信山社
http://www.shinzansha.co.jp

二　外國貿易ニ關スル年表月表及ヒ諸表ヲ編製スヘシ

第二十七條　主計局ニ主簿課總豫算決算課歲入課歲出第一課歲出第二課地方財務課官有財產物品會計課雜種金課及調查課ヲ置其事務ヲ分掌セシム

第二十八條　主簿課ハ左ノ規程ニ依リ歲入歲出ノ原簿日記簿補助簿等登記ノ事ヲ掌ル

一　歲入歲出豫算原簿日記簿補助簿內譯簿ヲ備ヘ之ニ決定豫算及ヒ其增減額現收入現支出ヲ登記スヘシ

二　國庫總原簿日記簿補助簿內譯簿ヲ備ヘ現收入現支出ヲ登記スヘシ

三　歲入歲出各廳區分簿ヲ備ヘ現收入現支出ヲ登記スヘシ

四　諸帳簿ノ計表報告表及報告書ノ名稱樣式ハ別ニ定ムル所ニ據ルヘシ

五　歲入歲出豫算原簿日記簿補助簿國庫總原簿日記簿補助簿ノ登記計算及諸計表調理帳整理ノ方法ハ別ニ定ムル所ニ依ルヘシ

六　各廳及ヒ府縣會計上計算記簿樣式ニ係ル一切ノ事項ヲ處理スヘシ

第二十九條　總豫算決算課ハ左ノ規程ニ依リ國庫總體ノ歳入歳出豫算書及ヒ決算報告書調製ノ事ヲ掌ル

一　各廳ノ歳計豫算書ニ據リ國庫總體ノ歳計豫算ノ概計ヲ爲スヘシ

二　歳入課歳出課及ヒ地方財務課ニ於テ調査セシ各廳ノ歳計豫算書ヲ再査シ國庫總體ノ豫算書ヲ調製スヘシ

三　歳入課歳出課及ヒ地方財務課ニ於テ調査セシ各廳ノ決算報告書ヲ再査シ國庫歳入出總決算報告書ヲ編製スヘシ

四　歳入歳出ノ科目ヲ調理スヘシ

第三十條　歳入課ハ左ノ規程ニ依リ各廳所屬歳入ノ豫算決算及收入調理ノ事ヲ掌ル

一　各廳ノ歳入豫算書ヲ撿案調理スヘシ

二　各廳ノ歳入豫算增減報告書ヲ撿案調理スヘシ

三　各廳歳入仕譯書ヲ撿案調理スヘシ

四　各廳ヨリ送付スル諸報告書ヲ前項ノ仕譯書ニ照合シ歳入ノ未納アルモノハ其督促ノ手續ヲ爲スヘシ

五　各廳ノ收納報告書ヲ主簿課ノ歳入各廳區分簿ト對查照合スヘ

シ
六　各廳ノ歲入決算報告書ヲ撿案調理スヘシ
七　大藏省證劵ノ發行高及ヒ臨時借入金ヲ撿査スヘシ
第三十一條　歲出第一課ハ左ノ規程ニ依リ各廳歲出ノ豫算決算及ヒ支出調理ノ事ヲ掌ル
一　帝室內閣外務省大藏省陸軍省海軍省司法省文部省農商務省遞信省元老院所管ノ歲出豫算書ヲ撿案調理スヘシ
二　前項各廳ノ歲出豫算流用豫算增減額及ヒ別途支出ヲ撿案調理スヘシ
三　前項各廳歲出仕譯書ヲ撿案調理スヘシ
四　前項各廳ヨリ送付スル支出報告書ヲ仕譯書ニ照合スヘシ
五　前項各廳ノ支出報告書ヲ主簿課ノ歲出各廳區分簿ト對查照合スヘシ
六　前項各廳ノ歲出決算報告書ヲ撿案調理スヘシ
第三十二條　歲出第二課ハ左ノ規程ニ依リ各廳歲出ノ豫算決算及ヒ支出調理ノ事ヲ掌ル
一　內務省北海道廳及ヒ各府縣ノ歲出豫算書ヲ撿案調理スヘシ

二　前項各廳ノ歳出豫算流用豫算増減額及ヒ別途支出ヲ撿案調理スヘシ
三　前項各廳歳出仕譯書ヲ撿案調理スヘシ
四　前項各廳ヨリ送付スル支出報告書ヲ仕譯書ニ照合スヘシ
五　前項各廳ノ支出報告書ヲ主簿課ノ歳出各廳區分簿ト對査照合スヘシ
六　前項各廳ノ歳出决算報告書ヲ撿案調理スヘシ
第三十三條　地方財務課ハ左ノ規程ニ依リ地方費ニ關スル收入支出ノ事ヲ掌ル
一　國庫支辨地方費ノ豫算書及ヒ其流用増減額ヲ撿案調理スヘシ
二　地方税ノ收入支出豫算書ヲ調査スヘシ
三　國庫支辨地方費支出及ヒ其决算報告書ニ關スル事項ヲ處理スヘシ
四　地方税收入支出精算報告書ヲ調査スヘシ
五　地方税收入支出精算ニ關スル府縣會意見書ノ處分案ヲ審査スヘシ
第三十四條　官有財産物品會計課ハ左ノ規程ニ依リ政府所有ノ財産

及各廳物品出納調理ノ事ヲ掌ル
一　官有財產ニ關スル事件ヲ檢查調理スヘシ
二　物品ノ出納ニ關スル事件ヲ調理スヘシ
第三十五條　雜種金課ハ左ノ規程ニ依リ起業基金中山道鐵道基金其他各種別途金ノ事ヲ掌ル
一　起業基金中山道鐵道基金勸業資本金其他別途金ノ收入支出豫算決算ニ係ル事務ヲ處理スヘシ
二　準備金中央儲蓄金預リ金ノ收入支出ニ係ル主任官ノ禀議書ヲ檢案調理スヘシ
三　府縣勸業委托金ノ精算及ヒ增減棄捐等ノ申禀ヲ處理スヘシ
四　常用歲入歲出外特ニ金庫ノ一部ヲ設ケ之レカ收入支出ヲ爲スコトアルトキハ皆本課ニ於テ處理スヘシ
五　營業資本ノ收入支出ノ檢案調理スヘシ
第三十六條　調查課ハ左ノ規程ニ依リ各廳及ヒ府縣ノ會計規程及ヒ支給法ニ關スル事ヲ掌ル
一　各廳及ヒ府縣ノ會計規程ヲ調查スヘシ
二　旅費其他支給ノ事項ヲ成規ニ照ラシ調查スヘシ

第三十七條　出納局ニ配賦課準備金課及監査課ヲ置キ其事務ヲ分掌セシム　東京金庫内扉ノ鎖鑰ハ出納局長之ヲ管守ス
第三十八條　配賦課ハ左ノ規程ニ依リ國庫金運轉配賦ノ事ヲ掌ル
一　現金ノ配賦ハ豫算決定額及ヒ豫算仕譯書ニ依リ之ヲ計畫スヘシ
二　前項收入支出金ハ金庫局ノ報告ニ據リ現金所在及ヒ各部ノ金種類ヲ區分記帳スヘシ但諸帳簿並ニ記帳ノ順序ハ別ニ定ムル所ニ依ルヘシ
三　各廳ノ支出金ハ其原議ニ依リ之ヲ支出命令簿ニ登記シ金庫局現金支出報告書ヲ得テ其整理ヲ爲スヘシ
四　現金配賦ノ爲メ之ヲ各地ニ回送スルトキハ大臣ノ命ヲ承ケ金庫局ニ通知ノ順序ヲ爲スヘシ
五　國庫金運轉及ヒ配賦上ニ關スル内外財務ノ狀況ヲ精査スヘシ
六　歳入ニ先チ歳出ヲ要スルトキハ大藏省證劵ヲ發行シ或ハ一時借入金ヲ爲シ其利子ヲ定メ及ヒ之ヲ償還シ又ハ國庫ニ餘裕アリテ定期預ケ金ヲ爲ス等ノ案ヲ起草スヘシ
第三十九條　準備金課ハ左ノ規程ニ依リ準備金ニ關スル事ヲ掌ル

一　金銀銅地金ノ購收及ヒ所管ノ公債證書諸株劵等ノ取扱ヲ爲スヘシ

二　紙幣兌換基金交付ノ順序ヲ爲スヘシ但其方法ハ別ニ定ムル所ニ依ルヘシ

三　外國荷爲換ノ事ヲ取扱フベシ但其方法ハ別ニ定ムル所ニ依ルベシ

四　準備金ノ補助簿ヲ設ケ其出納ヲ登記スヘシ

第四十條　監査課ハ左ノ規程ニ依金庫國庫金取扱所現金支拂所監査ノ事ヲ掌ル

一　東京金庫ノ開閉及ヒ其現金ノ出納ヲ監査スヘシ

二　東京大坂金庫日本銀行（國庫金ニ屬スル部分）橫濱正金銀行（同上）各地國庫金取扱所現金支拂所ヲ監督シ及ヒ其收入支出ノ順序ヲ定メ其諸帳簿ヲ撿査スベシ

第四十一條　國債局ニ公債課恩給課及計算課ヲ置キ其事務ヲ分掌セシム

第四十二條　公債課ハ左ノ規程ニ依リ諸公債紙幣證劵等ニ關スル事ヲ掌ル

一　内外公債ニ關スル各廳ノ文書ヲ處理スヘシ
二　内外公債證書大藏省證券發行及交換ノ事務ヲ處理スヘシ
三　内外公債及ヒ紙幣ノ補助簿ヲ設ケ其增減ヲ登記スヘシ
四　内外公債證書ノ記番號帳ヲ備ヘ之ヲ整理スヘシ
五　内外公債元利金償還及ヒ雜費ノ豫算ヲ調理スヘシ
六　内外公債一時借入金紙幣償還ノ實況ニ由リ其方法更正ノ順序調理スヘシ
七　内外公債一時借入金ノ元利金及ヒ雜費支拂ノ順序ヲ爲スヘシ
八　内外公債抽籤滿期繰上ケ償還並ニ一時借入金ノ元利金償還及ヒ紙幣消却ノ事務ヲ處理スヘシ
九　紙幣交換基金ヲ日本銀行ニ交付シ及交換濟紙幣ヲ同銀行ヨリ受取リ金庫局ニ送付スルノ手續ヲ爲スヘシ
十　金庫局ヨリ交換濟紙幣調査濟ノ報告ヲ受ケ帳簿ヲ整理スヘシ
十一　拂濟内國公債證書及ヒ利賦札ハ之ヲ記録局ヘ送付シ同局ノ證明ヲ得テ其決算ノ順序ヲ爲スヘシ
十二　拂濟外國公債證書及ヒ利賦札ヲ燒却シタル報告ヲ得テ之カ決算ノ順序ヲ爲スヘシ

十三　內外公債證書及ヒ大藏省證券ニ關スル訓令告示ノ順序ヲ爲スヘシ

第四十三條　恩給課ハ左ノ規程ニ依リ文武官其他ノ恩給年金等ニ關スル事ヲ掌ル

一　賞勳年金官吏恩給扶助料退官賜金軍人恩給扶助料賑恤金給助金沖繩縣士族ノ金祿同縣社寺役俸ニ關スル文書ヲ處理スヘシ

二　前項賜金ノ臺帳ヲ備ヘ之ヲ整理スヘシ

三　前項賜金ノ豫算ヲ調理スヘシ

四　前項賜金交付ノ順序ヲ爲スヘシ

五　諸祿追給ニ關スル申稟ヲ處理スヘシ

第四十四條　計算課ハ左ノ規程ニ依リ簿記計算整理ノ事ヲ掌ル

一　公債恩給等ニ關スル出納ノ計算ヲ調理スヘシ

二　本局ノ原簿日記簿及補助簿ヲ備ヘ其登記ヲ爲スヘシ

三　本局ノ收入支出ニ關スル金券ヲ管守シ及ヒ之カ出納ヲ爲スヘシ

四　公債元利金償還幷ニ年金恩給諸祿等ノ豫算ヲ編製シ及ヒ之カ決算ノ順序ヲ爲スヘシ

五　各廳及ヒ銀行ヨリ送付シタル勘定帳ヲ査閲シ其精算証認ノ順序ヲ爲スヘシ

六　本局主務ノ諸計表及ヒ報告書ヲ調製スヘシ

第四十五條　金庫局ニ主金課收支課及ヒ計算課ヲ置キ其事務ヲ分掌セシム

東京金庫外扉ノ鎖鑰ハ金庫局長之ヲ管守ス

第四十六條　主金課ハ左ノ規程ニ依リ金庫ノ開閉現金ノ出納及ヒ國庫金取扱所現金支拂所管理ノ事ヲ掌ル

一　東京金庫大坂金庫日本銀行（國庫金ニ屬スル部分）横濱正金銀行（仝上）及ヒ各地國庫金取扱所現金支拂所ヲ管理スヘシ

二　東京金庫現金ノ監守ニ從事スヘシ

但其規程ハ別ニ定ムル所ニ依ルヘシ

三　各金庫現金ノ收入支出ハ出納規則及ヒ支出傳票ニ依リ之ヲ執行スヘシ

但其順序ハ別ニ定ムル所ニ依ルヘシ

四　現金所在ノ移轉ニ係ル令達書ヲ調製スヘシ

五　收支課ニ拂元金ヲ渡シタル𪜈ハ證印簿ニ登記證印セシムヘシ

六　但其順序ハ別ニ定ムル所ニ依ルヘシ
　大坂金庫各地國庫金取扱所又ハ現金支拂所ヨリ計算課ヲ經テ送付スル毎日現金出納報告ヲ精査シ國庫ノ總現金在高及ヒ其種類ヲ記帳シ日計表ヲ調製スヘシ
七　紙幣兌換基金ヲ日本銀行ニ交付シ豫備紙幣ノ受入及ヒ交換濟ノ紙幣燒却等ノ手續ヲ爲スヘシ
八　舊銅貨交換ニ關スル事務ヲ調理シ基金回送等ノ順序ヲ爲ス可シ
九　收入金監定未濟ノ現金ハ收支課ノ請求ニ應シ金庫ニ保護スヘシ
十　諸抵當品ヲ預リ之ヲ金庫ニ保存スヘシ

第四十七條　收支課ハ左ノ規程ニ依リ各廳經費金ノ支拂及ヒ納付金ノ受入損傷紙幣交換ノ事ヲ掌ル
一　收入金ハ現金收入所ニ於テ鑑定受入濟ノ上受渡證印簿ニ登記シ之ヲ主金課ニ送付シ領收ノ證印ヲ受クヘシ
　但其順序ハ別ニ定ムル所ニ依ルヘシ
二　收入所ニ納入セシ上納證書ハ之ヲ計算課ニ送付スヘシ

三　國庫金取扱所其他ヨリ送付スル送金手形ハ之ヲ書留簿ニ記載シ其期日ニ至リ送金手形ノ取付ヲ爲スヘシ
四　贋造貨幣及ヒ贋造描改紙幣ヲ發見シタル片ハ之ニ其事由書ヲ添ヘ警察官ニ通知ノ順序ヲ爲スヘシ
五　損傷紙幣ノ交換ヲ爲シタルトキハ其都度國債局及ヒ計算課ニ通知スヘシ
六　交換濟紙幣ヲ國債局ヨリ受取タルトキハ其眞贋ヲ調査シ國債局ニ報告シ紙幣ハ之ヲ記錄局ニ送付スヘシ
七　廢棄紙幣ニハ大藏卿ノ印章及ヒ數位ノ打拔キヲ爲スヘシ
八　各廳ヨリ支拂案內劵到着スレハ支出傳票ト照査シ其支拂ノ順序ヲ爲スヘシ
九　每日支拂基金ノ豫算ヲ立テ之ヲ主金課ヨリ受取置キ各廳ノ支拂切符ニ引換現金ヲ交付スヘシ
但支出金ヲ帳簿ニ登記シ之ヲ計算整理スルノ順序ハ別ニ定ムル所ニ依ル
十　現金支拂濟ノ切符ハ之ヲ計算課ニ送付スヘシ
第四十八條　計算課ハ左ノ規程ニ依リ簿記計算整理ノ事ヲ掌ル

一　收支課ヨリ上納證書及ヒ支拂切符ヲ受取リタルトキハ之レニ依リテ收入支出ノ記帳ヲナスヘシ

二　大坂金庫各地國庫金取扱所現金支拂所ヨリ送付スル每日現金出納報告ニ由リ收入支出ノ金額ヲ記帳スヘシ

但帳簿ノ組織登記ノ方法等ハ別ニ定ムル所ニ依ルヘシ

三　每日收入支出ノ金額ハ各自各廳各金種類ニ區分シ之カ報告表ヲ調製シ主計局及ヒ出納局ニ報知スヘシ

四　政府紙幣流通額及ヒ交換紙幣ノ員額ヲ調理シ之カ計算ヲ整理スヘシ

五　國庫金運搬ニ係ル費用其他取扱料幷ニ手數料等ハ之ヲ調査シ會計局ニ通知スヘシ

第四十九條　金庫局大坂出張所ハ左ノ規程ニ依リ大坂金庫現金ノ管守及ヒ日本銀行大坂支店（國庫金ニ屬スル部分）管理ノ事ヲ掌ル

金庫ノ鎖鑰ハ出張所長之ヲ管守スヘシ

一　大坂金庫ノ監守及ヒ日本銀行支店（國庫金ニ屬スル部分）ノ管理ヲ爲スヘシ

二　本局ノ指揮ニ依リ現金ノ收支及ヒ諸抵當品ノ保管ヲ爲スヘシ

三　本局ノ指揮若クハ各廳ノ請求ニ應シ各地ニ送金ノ取扱ヲ爲スヘシ

四　送金案內券ニ對スル金員ヲ取付ケ又ハ交換紙幣ノ大藏卿印章及ヒ數位ノ打拔ヲ爲スヘシ

五　贋造貨幣又ハ贋造描改紙幣ヲ發見シタルトキハ本局同樣ノ手續ヲ爲スヘシ

六　收支ノ證書ニ據リ帳簿ヲ整理シ各種ノ計表ヲ調製シテ本局ニ報告スヘシ

七　金銀銅地金及ヒ成貨ノ受渡ヲ爲スヘシ

但其順序ハ別ニ定ムル所ニ依ルヘシ

第五十條　銀行局ニ常務課調查課及報告課ヲ置キ其事務ヲ分掌セシム

第五十一條　常務課ハ左ノ規程ニ依リ各銀行營業上ニ關スル事ヲ掌ル

一　各銀行本支店ノ廢置移轉分合又ハ資本金增減等其他諸文書ヲ處辨スヘシ

二　銀行ニ關スル文案ヲ起草調查スヘシ

三　國立銀行頭取取締役ノ誓詞ヲ撿按シ支配人以上ノ姓名ヲ登錄シ其印鑑ヲ保存スヘシ
四　諸銀行及之ニ類似スル會社營業上ニ關スル一切ノ事務ヲ處理スヘシ
五　銀行ノ營業停止及鎖店處分ニ關シ其方案ヲ起草スヘシ
六　諸銀行及之ニ類似スル會社營業上犯則ノ所爲アルトキハ之カ處分案ヲ起草スヘシ
七　銀行紙幣日本銀行兌換券ニ係ル事件ヲ調理スヘシ

第五十二條　調査課ハ左ノ規程ニ依リ各銀行ノ景況ニ就キ統計報告ノ事ヲ掌ル

一　諸報告及簿記計算等ニ關スル告示及達案ヲ起草調査スヘシ
二　諸報告及簿記計算ニ關スル一切ノ文書ヲ調理スヘシ
三　各銀行及交換所ノ報告及考課狀等ヲ調査スヘシ
四　各銀行交換所及兌換券ニ係ル諸帳簿ノ記入法幷ニ諸報告計表樣式ノ創定又ハ改正ヲ要スルトキハ其文案ヲ起草スヘシ
五　銀行鎖店ノ塲合ニ際シ其資產及負債ヲ精査シ實際ノ損益ヲ證明スヘシ

六　諸銀行ノ金庫帳簿諸證書及ヒ營業ノ實況ヲ撿査スヘシ

第五十三條　報告課ハ左ノ規程ニ依リ各銀行ノ景況ニ就キ統計報告ノ事ヲ掌ル

一　各銀行營業上貸借金ノ員額種類資本及諸手形ノ多寡增減其他ノ事項等各銀行ノ報告書考課狀ニ依リ毎半季ニ區分統計シ其景況考察ノ用ニ便スヘシ

但參考ノ爲メ歐米銀行業務ノ景況等ヲ調査スルコトヲ得

二　交換所ニ於テ其交換ノ高ヲ調査シ手形ノ種類等ヲ區分統計スヘシ

第五十四條　預金局ニ勘查課收支課及計算課ヲ置キ其事務ヲ分掌セシム

第五十五條　勘查課ハ左ノ規程ニ依リ各種預金ニ關スル運用利殖等ノ事ヲ掌ル

一　預金運用利殖ノ方案ヲ立ツヘシ

二　預金ノ利子額ヲ定メ或ハ之カ更正ヲ考案スヘシ

三　日本銀行ヘ交付スル手數料ヲ勘按スヘシ

四　日本銀行ヘ定期及ヒ當座預ケ入金ノ順序ヲ定ムヘシ

五　所管ニ屬スル正貨交換ノ方案ヲ立ツヘシ
六　所管ノ帳簿ヲ整理スヘシ
第五十六條　收支課ハ左ノ規程ニ依リ各種預金ノ出納ニ關スル事ヲ掌ル
一　預ケ入金領收交付ノ順序ヲ定メ及之ヲ處分スヘシ
二　驛遞局貯金ヲ受入レ及ヒ拂渡方ヲ處辨スヘシ
三　預ケ入金ノ通帳ヲ整理スヘシ
四　預ケ入金利子交付ノ順序ヲ爲スヘシ
五　預ケ入金ヲ國庫ニ納入シ及ヒ受取方ヲ處辨スヘシ
六　所管ノ諸帳簿ヲ整理スヘシ
第五十七條　計算課ハ左ノ規程ニ依リ各種預金ノ計算簿記ノ事ヲ掌ル
一　預金支收ノ計算ヲ總轄整理スヘシ
二　預金ノ種類ヲ區別スヘシ
三　公債證書及ヒ大藏省證券ノ價値ヲ類別シ其計算ノ方法ヲ立ツヘシ
四　所管ノ諸帳簿ヲ整理スヘシ

第五十八條　記錄局ニ編輯課及照査課ヲ置キ其事務ヲ分掌セシム

第五十九條　編輯課ニ左ノ規程ニ依リ省中一切ノ諸公文原書及ヒ書籍ヲ保管スル事ヲ掌ル

一　支出傳票ノ原書及ヒ省中ノ諸公文原書ヲ保存スヘシ

二　各局ノ諸原書ヲ採輯スルハ其主任局ニ於テ事務完結後三十日以内タルヘシ

但計算出納ニ屬スル原書ハ決算報告書完結ノ後タルヘシ

三　保存ノ原書類ハ各局ニ區別シテ之ヲ編輯シ其主任局課ノ需メニ應シ直ニ參觀ニ供スヘシ

四　本省所管ノ書冊ハ其目錄ヲ調製シ內閣記錄局ヘ勘合スヘシ

五　省中需用ノ書籍ヲ購收スル事務ヲ處理スヘシ

六　本省外各廳ノ官吏ニシテ保管書類ノ借覽ヲ請求スル者アルトキハ大臣ノ允許ヲ得テ之ヲ借覽セシムヘシ

七　省中ノ官吏ニシテ書籍ノ借覽ヲ請フ者アル時ハ其規約ヲ嚴ニシテ貸付スヘシ

八　總テ保存ノ書類簿冊等ハ其管守ノ法ヲ嚴正スヘシ

第六十條　照査課ハ左ノ規程ニ依リ各種公債證書紙幣及ヒ大藏省證

劵押印又ハ消印ノ事ヲ掌ル

一　各種紙幣公債證書大藏省證券等ハ其種類記號番號ヲ照査シ其面ニ押印スヘシ又紙幣證書證劵等ノ支消或ハ損傷若クハ抽籤等ニテ引上ケタルモノハ撿査ノ後之カ消印ヲ了シ燒棄ノ手續ヲ爲スヘシ

二　國立銀行紙幣ノ損傷交換等ニ係ル事務ヲ處理スヘシ

三　諸證書證劵等其種類ヲ變換スルカ爲メ新舊引換ノモノアルトキハ撿査ノ後新證書類ヘハ例規ノ押印ヲ爲シ舊證書類ヘハ撿査ノ後二日以內ニ消印ヲ了シ直ニ燒棄スヘシ

但其手續順序ハ別ニ定ムル處ニ依ルヘシ

四　公債證書ノ利札ハ撿査後燒棄スヘシ其手續順序ハ前條ノ如シ

遞信省

第一條　遞信大臣ハ驛遞電信燈臺浮標船舶及海員ニ關スル事務ヲ管理ス

第二條　遞信大臣官房ニ秘書官二人ヲ置ク

第三條　遞信省總務局ニ書記官四人ヲ置ク

第四條　遞信省總務局中通則ニ揭グル報告課ヲ置カズ報告課ノ事務ハ記錄課ニ於テ之ヲ掌ル

第五條　遞信省總務局ニ通則ニ揭グルモノヽ外監察課ヲ置キ遞信監察ニ關スル事務ヲ掌ラシム

第六條　遞信省參事官ハ一人ヲ以テ定員トス

第七條　遞信省ニ驛遞官六人ヲ置ク奏任トス驛遞局各部ニ分屬シテ其事務ヲ掌ラシム

第八條　遞信省ニ會計監督官三人ヲ置ク奏任トス會計局ニ屬シ局中各課ノ事務ヲ監督セシム

第九條　遞信省ニ司撿官十人及司撿官補若干員ヲ置ク

司撿官ハ奏任トス管船局ニ屬シテ海員及水先人ノ試驗審問船舶撿查測量及新造工事ノ監督ヲ掌ル

司撿官補ハ判任トス司撿官ノ事務ヲ佐ク

第十條　遞信省中左ノ諸局ヲ置ク

驛遞局

電信局

燈臺局

管船局
會計局

第十一條　驛遞局ニ第一部第二部第三部及第四部ヲ置キ其事務ヲ分掌セシム
驛遞局各部ノ長ハ驛遞官ヲ以テ之ニ充ツ
第十二條　第一部ニ庶務課及主計課ヲ置キ局中各部ニ交渉スル事務及計算ニ關スル事務ヲ掌ラシム
第十三條　第二部ニ規畫課遞送集配課及驛傳課ヲ置キ內國郵便驛傳飛信ニ關スル事務ヲ掌ラシム
第十四條　第三部ニ外國郵便課外國爲換課及翻譯課ヲ置キ外國郵便郵便爲換及外國文翻譯ニ關スル事務ヲ掌ラシム
第十五條　第四部ニ爲換課及貯金課ヲ置キ內國郵便爲換貯金ニ關スル事務ヲ掌ラシム
第十六條　電信局ニ第一部及第二部ヲ置キ其事務ヲ分掌セシム
電信局各部ノ長ハ技術官ヲ以テ之ニ充ツ
第十七條　第一部ニ庶務課外信課調査課及主計課ヲ置キ局中各部ニ交渉スル事務外國電信內外電信ノ統計電信料ノ精査計算及電信修

技學校ニ關スル事務ヲ掌ラシム
第十八條　第二部ニ工務課電機課及倉庫課ヲ置キ電機ノ施設保守電機ノ製造試驗ノ裝置器械電池適否ノ精査電氣磁氣ノ觀測及物品貯藏ニ關スル事務ヲ掌ラシム
第十九條　燈臺局ニ主計課及工務課ヲ置キ其事務ヲ分掌セシム
第二十條　主計課ニ於テハ局中各課ニ交渉スル事務及計算ニ關スル事務ヲ掌ル
第二十一條　工務課ニ於テ燈臺燈船諸標識ノ建築保存ニ關スル事務ヲ掌ル
第二十二條　管船局ニ調整課登簿課及司撿課ヲ置キ其事務ヲ分掌セシム
第二十三條　調整課ニ於テハ海運會社組合造船所船用製鐵所難破船漂流物ノ處分難船救助ノ賞與及商船學校ニ關スル事務ヲ掌ル
第二十四條　登簿課ニ於テハ船籍ノ整理船舶海員水先人等ニ係ル各種ノ免狀證書鑑札ノ交付船燈信號ノ製造販賣監査及難破船統計ニ關スル事務ヲ掌ル
第二十五條　會計局ハ通則ニ掲グルモノヽ外收支課ヲ置キ郵便稅電

十九年二月内閣第十一號達ニ依リ廢ス

明治十六年八月太政官第三十五號達
海軍省中敎官ヲ置キ其名稱等級俸給別表

信料其他雜收入等ニ關スル事務ヲ掌ラシム
本省所轄ニ屬スル諸官廳及諸學校ノ豫算決算ノ事ヲ掌ル

海軍省

第一條　海軍大臣ハ海軍々政ヲ管理シ軍人軍屬ヲ統督シ所轄諸部ヲ監督ス

第二條　海軍省職員ハ翻譯官ヲ除クノ外武官ヲ以テ之ニ補ス其文官ヲ任用スル件ハ各省通則ニ依ル

第三條　海軍大臣官房ニ秘書官五人ヲ置キ通則ニ掲グルモノヽ外傳令使二人ヲ置ク

第四條　海軍省ニ總務局ヲ置カズ次官ハ大臣官房ニ於テ省務ヲ整理ス

第五條　海軍大臣官房ハ通則ニ掲グルモノヽ外左ノ事務ヲ掌ル

一　通則ニ依リ各省總務局往復課ノ所掌ニ屬スル事項
二　訓令指令及告示ニ關スル事項
三　軍艦軍隊ノ進退ニ關スル事項
四　滿期下士文官採用ニ關スル事項
五　飛信傳送ニ關スル事項

六　省中海外電地ニ關スル事項
七　通則ニ依リ各省總務局記錄課ノ所掌ニ關スル事項
八　通則ニ依リ各省報告課ノ所掌ニ屬スル事項
第六條　海軍省ニ書記官及參事官ヲ置カズ
第七條　海軍省ニ翻譯官三人ヲ置ク奏任トス
第八條　海軍省各局中各課ニ課僚一人又ハ二人ヲ置キ課務ヲ掌ラシム課僚ニ限リ文官ヲ以テ之ニ充ルコトヲ得ス
第九條　海軍省中左ノ諸局ヲ置ク
軍務局
艦政局
會計局
第十條　軍務局ニ將校課准將校課兵員課及法規課ヲ置キ其事務ヲ分掌セシム
第十一條　將校課ニ於テハ左ノ事務ヲ掌ル
一　將官會議職員ニ關スル事項
二　將校少尉補ノ任官進級增俸敍勳及職課命免其他身分ニ關スル事項

三　將校少尉補ノ教育及演習ニ關スル事項
四　兵學校ノ學務及其生徒ノ召募教育試驗入退校ニ關スル事項
五　撿閲使ニ關スル事項
六　造船會議兵器會議職員ニ關スル事項
七　將校少尉補ノ履歴名簿ヲ整頓シ其定員現員ヲ調査スル事
八　將校少尉補ノ停年名簿ヲ調整スル事
九　武官名簿及停年名簿ヲ編纂スル事
十　將校少尉補ノ著書譯書ニ關スル事項
十一　將校少尉補ノ進退黜陟增減ニ關スル報告統計ヲ整理スル事

第十二條　准將校課ニ於テハ左ノ事務ヲ掌ル
一　准將校及機關士軍醫主計ノ三補並機關工上長看護手以下ノ任官增俸進級敍勳及職課命免其他身分ニ關スル事項
二　前項ニ揭クル諸員ノ敎育ニ關スル事項
三　機關學校軍醫學舍主計學舍ノ學務及其生徒ノ召募敎育試驗入退校ニ關スル事項
四　准將校候補者ニ關スル事項
五　准將校三補機關工上長機關工長ノ名簿履歴ヲ整頓シ第一項ニ

掲グル諸員ノ定員現員ヲ調査スル事
六　准將校三補機關工上長機關工長ノ停年名簿ヲ調整スル事
七　准將校及三補ノ著書譯書ニ關スル事項
八　第一項ニ掲グル諸員ノ進退黜陟増減ニ關スル報告統計ヲ整理スル事
九　文官ノ履歴名簿ヲ整頓スル事
十　文官叙勳ニ關スル事項
十一　技術官工夫ノ教育ニ關スル事項
第十三條　兵員課ニ於テハ左ノ事務ヲ掌ル
一　准士官下士卒「准將校課ノ所掌ニ屬スルモノヲ除ク以下同シ」ノ任官増俸進級叙勳轉官免官免役再役其他身分ニ關スル事項
二　下士卒ノ教育試驗及演習ニ關スル事項
三　練習艦屯營ノ教則ニ關スル事項
四　掌砲兵水雷兵運用術教員ニ關スル事項
五　操練書及下士卒ノ教授書ニ關スル事項
六　准士官ノ名簿履歴ヲ整頓シ及准士官下士卒ノ定員現員ヲ調査スル事

七　准士官ノ停年名簿ヲ調整スル事
八　徴兵募兵ノ諸制規及之ニ關スル事項
九　豫備兵後備兵ニ關スル事項
十　下士採用ニ關スル事項
十一　善行章ニ關スル事項
十二　艦船營定員表ニ關スル事項
十三　艦內兵員部署表ニ關スル事項
十四　准士官下士卒ノ進退黜陟增減ニ關スル報告統計ヲ整理スル事

第十四條　法規課ニ於テハ左ノ事務ヲ掌ル
一　軍紀風紀ニ關スル事項
二　刑法治罪法懲罰令監獄則及刑事民事ニ關スル事項
三　官制職制及監營校舍ノ規則ニ關スル事項
四　敍勳進級免黜恩給ノ諸制規ニ關スル事項
五　戒嚴令徴發令ニ關スル事項
六　服制及徽章ニ關メル事項
七　儀式禮典ニ關スル事項

八　埋葬ニ關スル事項
九　軍人ノ免黜及軍人軍屬ノ褒賞恩給刑罰ニ關スル事項
十　海上交際條規ニ關スル事項
十一　外國人雇入條約及雇外國人ニ關スル事項
十二　褒賞恩給刑罰ニ關スル報告統計ヲ整理スル事
第十五條　監政局ニ兵器課造船課機關課艤裝課需品課海軍課及建築課ヲ置キ其事務ヲ分掌セシム
第十六條　兵器課ニ於テハ左ノ事務ヲ掌ル
一　兵器彈藥及其屬具ノ制造改造計畫及其圖案入費概算書ニ關スル事項
二　監船兵裝ノ計畫及其圖案入費概算書ニ關スル事項
三　兵器彈藥及其屬具ノ數額及其配備ニ關スル事項
四　兵器彈藥及其屬具ノ戰時供給ニ關スル事項
五　兵器彈藥及其屬具ノ經費豫算ニ關スル事
六　兵器彈藥及其屬具ノ試驗ニ關スル事項
七　兵器彈藥及其屬具取扱ニ關スル訓令規則ヲ立案又ハ調査スル事

八　兵器彈藥及其屬具ノ保存期限及保存方法ニ關スル事項
九　兵器製造所火藥製造所ノ工場及工業ニ關スル事項
十　武庫火藥庫ノ構造設置及存廢ニ關スル事項
十一　兵器明細簿及大砲履歴簿ヲ整頓スル事
十二　兵器彈藥及其屬具ニ關スル報告統計ヲ整理スル事
第十七條　造船課ニ於テハ左ノ事務ヲ掌ル
一　艦船体及其屬具ノ製造改造計畫及其圖案入費概算書ニ關スル事項
二　艦船体及其屬具ノ造修費豫算ニ關スル事項
三　造修費豫算ヲ統計スル事
四　艦船ノ性質ニ關スル報告ヲ調査スル事
五　艦船体及其屬具ノ保存期限及保存方法ニ關スル事項
六　艦船体ノ定期總撿査及新製改造艦船ノ撿査ニ關スル事項
七　艦船及其製造材料ノ試驗ニ關スル事項
八　艦船ノ新製改造及存廢ニ關スル事項
九　造修船所ノ工場及工業ニ關スル事項
十　艦船明細簿及艦船表ヲ整頓スル事

十一　艦船体及其屬具並艦船一般ノ造修及其費用ニ關スル報告統計ヲ整理スル事

第十八條　機關課ニ於テ左ノ事務ヲ掌ル

一　機關及其屬具製造改造ノ計畫及其圖案入費概算書ニ關スル事項

二　機關及其屬具ノ造修費豫算ニ關スル事項

三　機關ノ性質ニ關スル報告ヲ調査スル事

四　機關及其屬具ノ保存期限及保存方法ニ關スル事項

五　機關ノ保持ニ關スル訓令規則ヲ起案シ又ハ調査スル事

六　機關ノ定期總撿査及新製改造機關ノ撿査ニ關スル事項

七　機關及其製造材料ノ試驗ニ關スル事項

八　機關ノ新製改造及存廢ニ關スル事項

九　造修船所工場及工業ニ關スル事項

十　機關明細簿ヲ調整スル事

十一　機關及其屬具ノ造修並其費用ノ報告統計ヲ整理スル事

第十九條　艤裝課ニ於テハ左ノ事務ヲ掌ル

一　艦船ノ艤裝ニ關スル事項

二　新製艦船ノ附屬具及需用品ノ品種數額ヲ定ムル事
三　新製艦船ノ艤裝附屬具及需用品ニ關スル經費豫算ニ關スル事項
四　新製艦船ノ艤裝及其費用ニ關スル報告統計ヲ整理スル事
第二十條　需品課ニ於テハ左ノ事務ヲ掌ル
一　機關長掌砲長掌帆長木工長ノ主管ニ屬スル艦船營ノ附屬具及需用品ノ製造購買運搬供給ニ關スル事項
二　前項諸物品ノ經費豫算ニ關スル事項
三　第一項諸物品ノ戰時供給ニ關スル事項
四　豫備艦就任ノ準備ニ關スル事項
五　第一項諸物品ノ保存期限及保存方法ニ關スル事項
六　造修船所及各製造所ノ材料物品ニ關スル事項
七　倉庫ノ構造設備及存廢ニ關スル事項
八　各國ノ艦船營附屬具需用品ヲ調査スル事
九　第一項ノ諸物品及其費用ニ關スル報告統計ヲ整理スル事
第二十一條　海運課ニ於テハ左ノ事務ヲ掌ル
一　戰時事變又ハ演習ノ際兵馬軍須ノ運輸ニ關スル事項

二　兵馬軍須運輸規則訓令ニ關スル事項
三　兵馬軍須ノ運輸ニ供スベキ船舶調査ニ關スル事項
四　船舶徵發ニ關スル事項
五　海員及海軍部外水火夫ノ人員ヲ調査スル事
六、海軍部外ノ船舶明細簿ヲ編算スル事
七　万國船舶信號及海上衝突豫防規則ニ關スル事項
第二十二條　建築課ニ於テハ左ノ事務ヲ掌ル
一　船渠船臺燈臺浮標電信兵營官廨其他水陸ノ工事ニ關スル事項
二　港內浚渫其他水利ニ關スル事項
三　海軍所屬ノ地劵及土地家屋ニ關スル事項
四　海軍所屬ノ土地家屋受授貸借ニ關スル事項
五　本課主管ノ營繕費豫算ニ關スル事項
六　本課主管ノ事物及費用ニ關スル統計報告ヲ整理スル事
第廿三條　會計局ハ通則ニ揭グルモノ、外鎭守府艦隊及所轄諸學校ノ豫算決算糧食被服給與ニ關スル事務ヲ掌ル
第廿四條．會計局ニ整理課出納課艦費課供給課及用度課ヲ置キ其事務ヲ分掌セシメ用度課ヲ除クノ外ハ通則ニ依ラズ

第廿五條　海軍會計檢査ノ規則ハ別ニ定ムル所ニ依ル

第廿六條　整理課ニ於テハ左ノ事務ヲ掌ル

一　海軍一般ノ經費金收入金豫算ノ統理ニ關スル事項
二　經費金要求ニ關スル事項
三　支出領仕譯書調整ニ關スル事項
四　出納報告調査ニ關スル事項
五　海軍一般ノ決算報告ノ統理ニ關スル事項
六　豫算出納ノ諸規則ニ關スル事項
七　會計簿記及證書樣式ニ關スル事項
八　戰時費用調査ニ關スル事項
九　海軍財產調査ニ關スル事項
十　海軍一般ノ金錢出納ニ關スル報告統計ヲ整理スル事

第廿七條　出納課ニ於テハ左ノ事務ヲ掌ル

一　國庫ニ對スル直出納ニ關スル事項
二　準備金及抵當品ヲ管理スル事
三　本省費其他各官廨ニ屬セサル經費金ノ豫算整理ニ關スル事項
四　造修船費ノ出納ニ關スル事項

五　下士卒被服費軍人糧食費ノ出納ニ關スル事項
六　艦船營需用品費ノ出納ニ關スル事項
七　第三項第四項第五項第六項ノ收支金支金決算ニ關スル事項
八　給助金ニ關スル事項
九　出納簿記ヲ記註シ之ヲ管守スル事
第廿八條　艦費課ニ於テハ左ノ事務ヲ掌ル
一　艦船營諸員ノ俸給雜給及廳費ノ豫算書調整ニ關スル事項
二　艦船營臨時費ノ豫算書調整ニ關スル事項
三　前諸項諸費ノ報告書整理及決算ニ關スル事項
四　艦船營費ノ要求票ヲ調査スル事
五　艦船營費簿ヲ記註シ之ヲ管守スル事
第廿九條　供給課ニ於テハ左ノ事務ヲ掌ル
一　俸給日給其他金錢給與ノ例規ニ關スル事項
二　下士卒ノ被服給與ニ關スル事項
三　軍人ノ糧食給與ニ關スル事項
四　主計長主管ノ艦船營附屬具及需用品ノ製造購買運搬供給ニ關スル事項

五　第二項第三項第四項ノ諸物品戰時供給ニ關スル事項
六　第二項第三項第四項ノ經費豫算書ヲ調整スル事
七　下士卒ノ名簿ヲ整頓スル事
八　藥品醫療器械及患者給與ニ關スル事項
九　囚人給與ニ關スル事項
十　各國海軍ノ諸給與法ヲ調査スル事
十一　第二項第三項第四項ノ事物及其入費ニ關スル報告統計ヲ整理スル事

農商務省

明治三年閏十月廿日布告工部省ヲ置キ職制ヲ定ム（八年二百十七號達ヲ以テ職制章程ヲ改正ス）
明治三年十二月十九日

明治三年閏十月廿日四年八月十四日布告ニ仍テ消ル

第一條　農商務大臣ハ農業商業工藝技術漁獵山林地質鑛山及營業會社ニ關スル事務ヲ管理ス
第二條　農商務大臣官房ニ秘書官二人ヲ置ク
第三條　農商務省總務局ニ書記官七人ヲ置キ通則ニ掲クルモノヽ外文書課ニ於テ左ノ事務ヲ掌ラシム
一　褒賞ニ關スル事項
二　府縣農工商諮問府縣勸業委員及府縣勸業會ニ關スル事項
三　外國文書翻譯ノ事

工部省へ達工部省中鑛山司ヲ止メ鑛山掛ヲ置カシム

明治四年八月十四日布告

工部省中十寮工學、勸工、鑛山、鐵道、土木、燈臺、造船、電信、製鐵、製作一司測量ヲ置ク

十年三號達ヲ以テ廢ス

明治八年六月廿八日百十二號達

工部省中營繕局ヲ置ク

同年百七十九號布告ヲ以テ廢ス

明治四年十二月十七日

工部省各科

九年百十四號達ヲ以

第四條　總務局中通則ヲ掲クル諸課ノ外分析課及博覽會課ヲ置キ其事務ヲ分掌セシム

第五條　分析課ニ於テハ左ノ事務ヲ掌ル

一　有用物料ノ分析及其適否實驗ニ關スル事項

二　分析試驗及其實驗報告文章編纂ノ事

第六條　博覽會課ニ於テハ左ノ事務ヲ掌ル

一　内外國博覽會ニ關スル事項

二　内外國共進會ニ關スル事項

第七條　農商務省參事官ハ四人ヲ以テ定員トス

第八條　農商務省中左ノ諸局ヲ置ク

農務局

商務局

工務局

水産局

山林局

地質局

鑛山局

テ改正シ十年廿三號達ヲ以テ廢ス

工術等級並月級表ヲ定ム

専賣特許局

會計局

第九條　農務局ニ樹藝課蠶茶課畜産課獸醫課及編纂課ヲ置キ其事務ヲ分掌セシム

第十條　樹藝課ニ於テハ左ノ事務ヲ掌ル

一　穀菜菓樹烟草其他有用植物ニ關スル事項

二　棉麻其他纖緯料植物ニ關スル事項

三　甘蔗恭菜蘆粟其他糖料植物ニ關スル事項

四　植物ノ病理除害ニ關スル事項

五　各種ノ肥料及內外農具ニ關スル事項

六　開墾ニ關スル事項

七　田圃ノ有害有益虫類及蜜蜂其他有用虫類ニ關スル事項

八　農學校ニ關スル事項

九　農業會社及組合ニ關スル事項

十　農事會ニ關スル事項

第十一條　蠶茶課ニ於テハ左ノ事務ヲ掌ル

一　養蠶桑樹ニ關スル事項

二　製絲及蠶種ノ改良ニ關スル事項
三　製茶及茶樹ノ栽培改良ニ關スル事項
四　蠶病其他除害ニ關スル事項
第十二條　畜產課ニ於テハ左ノ事務ヲ掌ル
一　家畜家禽及其蕃息改良ニ關スル事項
二　獵業ノ取締及野禽野獸ノ蕃息利害ニ關スル事項
三　有害鳥獸威銃ニ關スル事項
第十三條　獸醫課ニ於テハ左ノ事務ヲ掌ル
一　家畜家禽ノ保健治疾ニ關スル事項
二　獸醫ノ試驗及免許ニ關スル事項
第十四條　編纂課ニ於テハ農政及農業上要件採摘幷農書編纂ノ事ヲ掌ル
第十五條　商務局ニ商事課及權度課ヲ置キ其事務ヲ分掌セシム
第十六條　商事課ニ於テハ左ノ事務ヲ掌ル
一　中外通商ニ關スル事項
二　會社組合ニ關スル事項
三　米商會所及株式取引所ニ關スル事項

四　商業會ニ關スル事項
五　諸市場ニ關スル事項
六　外國便船減價乘組ニ關スル事項
第十七條　權度課ニ於テハ左ノ事務ヲ掌ル
一　度量衡撿査ニ關スル事項
二　中外度量衡比較取調ニ關スル事項
三　度量衡製作並賣捌人ニ關スル事項
四　度量衡原器幷諸器械保管ノ事
第十八條　工務局ニ勸工課及試驗課ヲ置キ其事務ヲ分掌セシム
第十九條　勸工課ニ於テハ左ノ事務ヲ掌ル
一　工業ノ改良ニ關スル事項
二　工業ニ屬スル標本ノ蒐集整理及保管ノ事
三　工業會社及組合ニ關スル事項
四　工業製造ノ方術及執業ノ方法ニ關スル事項
五　工產物ノ試驗製法及其改良ニ關スル事項
六　工業會ニ關スル事項
第二十條　試驗課ニ於テハ左ノ事務ヲ掌ル

一　工業製造ノ方術及執業ノ方法ニ關スル事項
二　工產物ノ試驗製法及改良ニ關スル事項
第廿一條　水產局ニ漁務課製造課及試驗課ヲ置キ其事務ヲ分掌セシム
第廿二條　漁務課ニ於テハ左ノ事務ヲ掌ル
一　漁撈採藻及水族ノ蕃殖ニ關スル事項
二　漁具漁船法ノ改良ニ關スル事項
三　水產會社及組合ニ關スル事項
四　水產會ニ關スル事項
第廿三條　製造課ニ於テハ左ノ事務ヲ掌ル
一　魚介苔藻ノ乾燥鹽藏等ニ係ル食用品製造ニ關スル事項
二　魚油魚蠟及海產肥料等製造ニ關スル事項
三　食鹽製造ノ保護改良ニ關スル事項
第廿四條　試驗課ニ於テハ左ノ事務ヲ掌ル
一　水產物ノ製造魚卵介苗ノ採收養殖等試驗ニ關スル事項
二　水產ニ標本ノ蒐集整理及保管ノ事
第廿五條　山林局ニ第一課第二課第三課ヲ置キ其事務ヲ分掌セシム

第廿六條　第一課ニ於テハ左ノ事務ヲ掌ル
一　森林ノ經濟ニ關スル事項
二　山林原野官民有區別ニ關スル事項
三　森林ノ制度ニ關スル事項
四　山林會ニ關スル事項
五　山林學校ニ關スル事項
第廿七條　第二課ニ於テハ左ノ事務ヲ掌ル
一　森林斫伐栽植ニ關スル事項
二　官林及官有原野ニ關スル事項
三　民有林ノ監督ニ關スル事項
第廿八條　第三課ニ於テハ左ノ事務ヲ掌ル
一　山林原野ノ統計ニ關スル事項
二　貯材ニ關スル事項
三　森林ノ收支ニ關スル計算ノ事
第廿九條　地質局ニ地質課土性課及地形課ヲ置キ其事務ヲ分掌セシム
第三十條　地質課ニ於テハ左ノ事務ヲ掌ル

一　地質ノ關係地層ノ搆造鑛床ノ驗定ニ關スル事項
二　有用金石鑛類調査ニ關スル事項
三　地質圖及其說明書編纂ノ事
第三十一條　土性課ニ於テハ左ノ事務ヲ掌ル
一　農業上ノ土性及農產上ノ物料調査ニ關スル事項
二　主產植物土性トノ關係試驗ニ關スル事項
三　土性圖及其說明書編纂ノ事
第三十二條　地形課ニ於テハ左ノ事務ヲ掌ル
一　地形測量ノ事
二　實測地形圖編製ノ事
第三十三條　鑛山局ニ鑛山課及試驗課ヲ置キ其事務ヲ分掌セシム
第三十四條　鑛山課ニ於テハ左ノ事務ヲ掌ル
一　試驗借區ニ關スル事項
二　鑛脈圖及借區圖ニ關スル事項
三　測量器及圖書保管ノ事
四　貯藏品ノ保管及鑛稅ニ關スル計算ノ事項
第三十五條　試驗課ニ於テハ左ノ事務ヲ掌ル

一　採鑛々物標本ノ分析試驗ニ關スル事項
二　鑛物蒐集保存ニ關スル事項

第三十六條　專賣特許局ニ於テハ左ノ事務ヲ掌ル
一　專賣特許願ニ關スル事項
二　專賣特許簿ノ登錄及專賣特許證ニ關スル事項
三　專賣特許ニ係ル明細圖書ニ關スル事
四　專賣特許發明一覽簿人名簿及報告書編纂ノ事
五　專賣特許判決錄編纂ノ事
六　廣告ニ關スル事項

第三十七條　專賣特許局中商標課ヲ置キ左ノ事務ヲ掌ラシム
一　商標願ニ關スル事項
二　商標簿ノ登錄及登錄證ニ關スル事項
三　登錄商標縱覽ニ關スル事項
四　登錄商標一覽簿人名簿及報告書編纂ノ事
五　商標判决錄編纂ノ事
六　廣告ニ關スル事項

第三十八條　會計局ハ通則ニ揭グルモノヽ外本省所轄ニ屬スル諸學

十九年三月閣令第五號ニ依リ消ル

明治八年四月太政官達第六十八號記錄文書ノ儀ハ嚴重ニ保存スヘキハ勿論ニ候

校及各事務所ノ豫算決算及所管ノ作業ニ關スル損益計算ノ事ヲ掌ル

○第五節　內閣書記官官制

明治十八年十二月內閣第七十五號達

今般內閣書記官ノ官制ヲ改ムルコト左ノ如シ

奉　勅

內閣書記官　四人　奏任

屬　判任

第一條　內閣書記官ハ內閣總理大臣ノ命ヲ承ケ文書ノ起草査閲淨寫校訂及書類ノ授受ヲ取扱ヒ並ニ奏任官以上ノ奏薦敍任其他身分ニ關スル文書ヲ掌ル

第二條　屬ハ上官ノ指揮ヲ承ケ書記帳簿及計算ノ事ヲ掌ル

○第六節　記錄會計官報ノ三局官制

明治十八年十二月內閣第七十六號達

內閣中文書恩給ノ二局ヲ廢シ更ニ記錄會計官報ノ三局ヲ置キ官制ヲ定ムルコト左ノ如シ

奉　勅

官制

第一條　各局ニ局長及次長各一人ヲ置ク奏任トス

處紛亂散佚シ或ハ水火ノ災ニ罹リ候テハ後日ノ照會ヲ失ヒ事務ノ困難ヲ生シ不都合ニ候條向後各廳ニ於テ保存ノ方法ヲ設ケ焚蕩流失等ノ患ナキ様厚ク注意可致且逐次編算ノ分ハ明治七年三月第三十九號達ニ據リ其目錄取調毎年五月限リ内務省ヘ可差出

第二條　各局ニ屬若干員ヲ置ク判任トス

第三條　各局長ハ事ヲ内閣總理大臣ニ承ケ局務ヲ掌理シ所屬僚員ヲ統督シ其一部ノ責ニ任ス

第四條　各局次長ハ局長ヲ助ケテ局務ヲ整理ス

第五條　屬ハ上官ノ指揮ヲ承ケ書記帳簿及計算ノ事ヲ掌ル

記錄局

第六條　記錄局ハ内閣書記官及内閣各局文書ノ記錄編纂及圖書ノ類別保存出入ヲ掌リ事務分掌ノ爲ニ左ノ諸課ヲ置ク

一　記錄課

内閣書記官及内閣各局ノ文書ヲ記錄編算シ諸科隨時參觀ノ用ニ供シ其出入及保存ノ事ヲ掌ル

二　圖書課

内閣書記官及内閣各局其他諸官廳所屬ノ圖書ヲ類別保存シ其目錄ヲ整頓シ諸官衙ノ需メニ應シテ時々參觀ノ用ニ供シ其出入ヲ掌ル

會計局

第七條　會計局ハ恩給ノ事務及内閣書記官并内閣各局ノ用度會計ヲ掌リ事務分掌ノ爲ニ左ノ諸課ヲ置ク

一　恩給課
恩給ノ支給ヲ管掌シ陸海軍幷文官一般ノ恩給ニ關スル事務ヲ掌ル
二　會計課
内閣書記官及各局ノ經費豫算及決算金錢出納及出納撿査所屬地所ノ保管並所屬諸建物ノ建築修繕並取締ノ事ヲ掌ル
官報局
第八條　官報局ハ官報ヲ編輯印刷スルコトヲ掌リ事務分掌ノ爲メニ左ノ諸課ヲ置ク
一、編輯課
官報ニ登載スヘキ書類ノ編輯幷印刷ノ監督ヲ掌ル
二　飜譯課
官報ニ登載スヘキ外國文ノ飜譯ヲ掌リ兼テ往復及配送ノ事ヲ掌ル

○第七節　内閣法制局官制

明治十八年十二月
内閣第七十四號達

内閣ニ法制局ヲ置キ官制ヲ定ムルコト左ノ如シ
奉　勅
法制局官制
第一條　法制局ニ左ノ職員ヲ置ク

長官　一人　勅任
參事官　二十人　奏任
書記官　二人　奏任
屬　判任

第二條　法制局ハ內閣總理大臣ノ管轄ニ屬ス

第三條　法制局ニ左ノ諸部ヲ設ク

行政部

外交內務勸業敎育軍制財務遞信ニ關スル法律命令ノ起草審査ヲ掌ル

法制部

民法訴訟法商法刑法治罪法及之ニ關スル命令ノ起草審査ヲ掌ル

司法部

恩赦特典及諸裁判所ノ官制及行政裁判ヲ掌ル

第四條　長官ハ命ヲ內閣總理大臣ニ承ケ參事官ヲ統督ス

第五條　各部ニ參事官ノ中一人ヲ以テ部長ヲ置ク

第六條　部長ハ長官ノ指揮ヲ承ケ各部主任ノ事務ヲ掌理ス

第七條　參事官ハ各部ニ分屬シ法律命令ノ起草審査ヲ掌ル

第八條　部長及參事官ハ內閣總理大臣ノ命ニ依リ內閣委員トナリテ元老院ニ出頭シ下附ノ議案ヲ辨明ス

第九條　書記官ハ長官ニ屬シ文書ヲ掌ル

○第八節　元老院官制

明治十九年三月廿九日
勅令第十一號

勅令　朕元老院官制ノ改正ヲ裁可シ茲ニ之ヲ公布セシム

御名　御璽

元老院官制

議長　一人　議場ニ臨ミ議事ヲ整頓シ本院ノ章程ヲ遵守シ並ニ條例規則ヲ執行シ諸般ノ事務ヲ總判シ奏任官ノ進退ハ內閣總理大臣ヲ經テ之ヲ上奏シ判任官以下ハ之ヲ專行ス

副議長　一人　議長缺員又ハ事故アリテ缺席スルトキハ之ヲ代理ス

議官　本院ノ章程ニ從ヒ諸議ヲ議スルヲ掌ル

書記官　六人　議長ノ命ヲ受ケ各其主務ヲ幹理ス

書記生　上官ノ指揮ヲ受ケ各庶務ニ從事ス

○第九節　統計局官制

明治十八年十二月
內閣第八十三號達

統計院ヲ廢シ內閣ニ統計局ヲ置キ官制ヲ定ムルコト左ノ如シ

第一條　統計局ハ諸般ノ統計ヲ編製スルコトヲ掌リ左ノ職員ヲ置ク

局長　一人　奏任

次長　一人　奏任

屬　判任

第二條　局長ハ事ヲ內閣總理大臣ニ承ケ局務ヲ掌理シ所屬僚員ヲ統督シ其一部ノ責ニ任ス

第三條　次長ハ局長ヲ助ケテ局務ヲ整理ス

第四條　屬ハ上官ノ指揮ヲ承ケ書記帳簿及計算ノ事ヲ掌ル

○第十節　會計檢查院官制

明治十九年四月十六日

朕會計檢查院ノ官制ヲ裁可シ茲ニ之ヲ公布セシム

御名　御璽

勅令第二十號

第一條　會計檢查院ハ政府ノ會計ヲ檢查スル爲ニ左ノ職員ヲ置ク

院長

副院長

書記官

檢查官

檢査官補

屬

第二條　院長ハ一人勅任一等トス內閣總理大臣ノ指揮監督ヲ承ケ國庫及各廳金錢物品ノ會計官有財產ノ增減作業資本別種金抵當物品ノ會計ヲ審査判定シ歲出入ノ決算報告書ニ對シ其當否ヲ證明スルコトヲ掌ル

審査判定及證明ノ手續ニ關スル撿査ノ規程ハ別ニ定ムル所ニ依ル

第三條　院長ハ院中ノ官吏ヲ統督シ奏任官ノ進退ハ內閣總理大臣ニ具狀シ判任官以下ハ之ヲ專行ス

第四條　院長ハ各官廳中一部ニ屬スル會計ノ撿査ヲ其廳ニ委任シテ之ヲ報告セシムルコトヲ得

第五條　院長ハ撿査上必要ト認ムル簿冊書類等ヲ點撿シ及主任官吏ノ辯明ヲ求ムルコトヲ得

第六條　院長ハ金庫倉庫及出納ノ實況其他事業ノ審査ヲ要スルトキハ豫メ其旨ヲ通知シ撿査官ヲ其廳ニ派遣シ主務官吏ノ立會ヲ求ムルコトヲ得

第七條　院長ハ會計正當ナリト判定シタルトキハ主任官吏ニ對シ認

可狀ヲ下付ス其正當ナラザルモノハ該所屬長官ニ通知シ之ガ處分ヲ爲サシメ又ハ時宜ニ依リ直ニ內閣總理大臣ニ具狀シ處分ヲ請フコトヲ得

第八條　院長ハ每會計年度ノ終リタル後五箇月以內ニ報告書ヲ調整シテ前年度ノ會計ニ就キ撿查ノ功程ヲ內閣總理大臣ニ上申スベシ及需費ノ成蹟ニ就キ行政上ノ意見ヲ開申スルコトヲ得

第九條　副院長ハ一人勅任二等トス院長ノ職務ヲ佐ケ又ハ院長事故アルトキハ其職務ヲ代理ス

第十條　書記官ハ奏任トシ二人ヲ以テ定員トス院長ノ命ヲ承タ文書會計ノ事ヲ掌ル

第十一條　撿查官ハ奏任トシ十八ヲ以テ定員トス院長ノ命ヲ承ケ會計撿查ノ事務ヲ分掌ス

第十二條　撿查官補ハ判任トス撿查官ニ分屬シテ會計撿查ノ事務ニ從事ス

第十三條　屬ハ判任トス書記官ニ屬シテ書記會計ノ事務ニ從事ス

○第十一節　北海道廳官制

明治十九年一月
內閣第六號達

北海道廳官制ヲ定ムルコト左ノ如シ

奉勅

第一條　北海道廳ニ左ノ職員ヲ置ク

長官

理事官

屬

第二條　北海道廳ニ左ノ警察官ヲ置ク

警部長

警部

警部補

第三條　北海道廳ニ左ノ郡區官ヲ置ク

郡區長

郡區書記

第四條　北海道廳ニ左ノ監獄官ヲ置ク

典獄

副典獄

書記

看守長

第五條　北海道廳ニ左ノ技術官ヲ置ク
技長
技手
第六條　北海道廳ニ左ノ學務官ヲ置ク
農學校長
農學校幹事
農學校敎授
農學校助敎
第七條　長官ハ勅任トス北海道拓地殖民ニ關スル一切ノ事務ヲ總判シ廳中奏任官ノ進退ハ内閣ニ具狀シ判任以下ハ之ヲ專行ス
第八條　長官ハ一般ノ法律命令北海道ニ施行シ難キモノアリト思量スルトキハ其意見ヲ具エ内閣ニ上申スルコトヲ得又北海道ニ須要ナリト認ムル所ノ法律命令ノ案ヲ具ヘ内閣ニ上申スルコトヲ得
第九條　長官ハ各省主任ノ事務ニ就テハ各省大臣ノ指揮ヲ受クヘシ
第十條　長官ハ屯田兵開墾授產ノ事務ヲ監督ス

第十一條　長官ハ毎年度末ニ於テ其處務ノ方法及功程ヲ具ヘ內閣ヘ報告スヘシ

第十二條　理事官ハ奏任トス事ヲ長官ニ受ケ各其主務ヲ幹理ス

第十三條　屬ハ判任トス上官ノ指揮ヲ受ケ各庶務ニ從事ス但支廳ニ於テハ各課長ニ充ツルコトヲ得

第十四條　警部長及警部ハ事ヲ長官又ハ支廳長ニ受ク其職制ハ明治十一年第三十二號太政官達府縣官制ニ依ル

第十五條　郡區長ハ長官又ハ事ヲ支廳長ニ受ケ部內ノ事務ヲ掌リ併セテ町村戶長ヲ監督ス

第十六條　郡區書記ハ郡區長ノ命ヲ受ケ各庶務ニ從事ス

第十七條　典獄以下職制ハ明治十四年第十九號太政官達內務省所轄集治監職制ニ依ル但典獄ハ事ヲ長官ニ受ク

第十八條　技長ハ事ヲ長官ニ受ケ技術ノ事ヲ幹理ス

第十九條　農學校長ハ事ヲ長官ニ受ケ學校ノ事務ヲ掌リ及職員ヲ管理ス

第二十條　農學校幹事ハ校長ノ命ヲ受ケ學校ノ庶務ヲ管理ス校長事故アルトキハ其事務ヲ代理スルコトヲ得

第二十一條　農學校教授ハ生徒ノ教授ヲ掌ル

第二十二條　農學校助教ハ教授ノ職掌ヲ助ク

○第十二節　地方官々制　明治十九年七月十二日

朕地方官官制ヲ裁可シ茲ニ之ヲ公布セシム

御名　御璽

勅令第五十四號

地方官官制

府　縣

第一條　各府縣ニ職員ヲ置ク左ノ如シ

知事

書記官

收稅長

屬

收稅屬

典獄

副典獄

書記

看守長
看守副長

第二條　知事ハ一人勅任二等又ハ奏任一等トス內務大臣ノ指揮監督ニ屬シ各省ノ主務ニ就テハ各省大臣ノ指揮監督ヲ承ケ法律命令ヲ執行シ部內ノ行政及警察ノ事務ヲ總理ス但東京府知事ハ勅任一等ニ陞ルコトヲ得

第三條　知事ハ部內ノ行政及警察事務ニ付其職權若クハ特別ノ委任ニ依リ法律命令ノ範圍內ニ於テ管內一般又ハ其一部ニ府縣令ヲ發スルコトヲ得

第四條　府縣令ハ官報其他特ニ定ムル方法ニ依リ一般ニ公布シタル後其効力アルモノトス

第五條　府縣令ハ內務大臣其他主務ノ大臣ニ於テ公益ヲ害シ成規ニ違ヒ又ハ權限ヲ犯スモノアリト認ムルトキハ之ヲ取消シ又ハ中止セラルヽコトアルヘシ

第六條　知事ハ所部ノ官吏ヲ統督シ奏任官ノ功過ハ內務大臣及主務大臣ニ具狀シ判任官以下ノ進退ハ之ヲ專行ス

第七條　知事ハ法律命令ノ定ムル所ニ從ヒ所部ノ官吏ヲ懲戒ス其奏

任官ニ係ルモノハ之ヲ内務大臣ニ具狀シ判任官以下ハ之ヲ專行ス

第八條　知事ハ非常急變ノ場合ニ臨ミ兵力ヲ要シ又ハ警護ノ爲メ兵備ヲ要スルトキハ鎭臺若クハ分營ノ司令官ニ移牒シテ出兵ヲ請フコトヲ得

第九條　知事ハ各郡區内警察分署ノ配置分合ヲ定ム

第十條　知事ハ廳中處務ノ細則ヲ設クルコトヲ得

第十一條　知事ハ其須要ニ從ヒ俸給豫算定額内ニ於テ雇員ヲ使用スルヲ得

第十二條　知事ハ一周年末ニ其廳ノ豫算定額内ニ於テ奏任官以下特別ノ勤勞アル者ヲ賞與スルコトヲ得其奏任官ニ係ルモノハ之ヲ内務大臣ニ具狀シ判任官以下ハ之ヲ專行ス

第十三條　知事ハ其須要ニ從ヒ俸給豫算定額内ニ於テ内務大臣ノ認可ヲ經技術官官等俸給令ニ依リ技術官ヲ置クコトヲ得但地方税ヲ以テ支辨スヘキ事業ノ經費内ニ於テスルモノハ内務大臣ノ認可ヲ經雇員トシテ之ヲ使用スルコトヲ得

第十四條　書記官ハ二人奏任二等以下トス知事ノ命ヲ承ケ部長トナリテ其所部ノ事務ヲ整理ス知事事故アルトキハ上席書記官其職務

ヲ代理ス

第十五條　收稅長ハ一人奏任四等以下トス知事ノ命ヲ承ケ租稅ノ賦課徵收及徵稅費ニ關スル事務ヲ掌ル

第十六條　屬ハ判任トス上官ノ指揮ヲ承ケ書記計算ノ庶務ニ從事ス

第十七條　收稅屬ハ判任トス收稅部ニ屬シ收稅長ノ指揮ヲ承ケ其主務ニ從事ス

第十八條　典獄ハ判任一等又ハ二等トス知事又ハ部長ノ命ヲ承ケ監獄ニ關スル一切ノ事務ヲ掌理シ書記看守長以下ヲ指揮ス

第十九條　副典獄ハ判任三等乃至五等トス典獄ノ事務ヲ佐ク典獄事故アルトキハ其職務ヲ代理ス

第二十條　書記ハ判任六等以下トス典獄ノ命ヲ承ケ庶務ニ從事ス

第二十一條　看守長ハ判任五等乃至七等トス典獄ノ命ヲ承ケ監獄ノ看守ヲ掌リ兼テ看守ノ勤惰ヲ視察ス

第二十二條　看守副長ハ判任八等以下トス看守長ノ職掌ヲ佐ク

第二十三條　看守ニ關スル規程ハ別ニ定ムル所ニ依ル

第二十四條　府縣廳ノ事務ヲ分掌セシムル爲ニ第一部第二部ヲ置キ部中便宜課ヲ設ケ書記官ヲシテ各一部ノ長タラシム

第一部

一、府縣會水利土功會區町村會ノ會議ニ關スル事項

二、地方稅區町村費備荒儲蓄ニ關スル事項

三、外國人ニ關スル事項

四、文書往復ニ關スル事項及官印府縣印ヲ管守スル事

五、農工商務ニ關スル事項

六、他部ノ主掌ニ屬セサル事項

第二部

一、土木ニ關スル事項

二、兵事ニ關スル事項

三、學務ニ關スル事項

四、監獄ニ關スル事項

五、衞生ニ關スル事項

六、會計及公債證書ニ關スル事項

第二十五條　前條ノ外府縣廳中ニ收稅部ヲ置キ租稅ノ賦課徵收及徵稅費ニ關スル一切ノ事務ヲ分掌セシム部中課ヲ設クルハ第二十四條ノ例ニ依ル

第二十六條　前條ニ指定スル外臨時ノ事務ハ知事ニ於テ便宜其主掌ヲ定ムルコトヲ得

警察官

第二十七條　各府縣ニ左ノ警察官ヲ置ク

警部長

警部

警部補

第二十八條　警部長ハ一人奏任四等以下トス知事ノ指揮監督ヲ承ケ左ノ職務ヲ掌ル

一、管內高等警察ノ事

二、管內ノ警察ニ關スル一切ノ事務及警察ノ會計ニ關スル事務ヲ整理スル事

三、管內各部ノ警察官ヲ指揮監督シ非常急變ノ塲合ニ於テ管內ノ警察官ヲ統一指揮スル事

四、管內各警察署及各警察分署ニ必要ノ警察官ヲ分配スル事

第二十九條　警部ハ判任一等乃至七等警部補ハ判任八等以下トス警部長ノ指揮監督ヲ承ケ各其主任ニ屬スル警察事務ヲ掌リ部下ノ巡

查ヲ指揮監督ス

第三十條　各府縣ニ警察本部ヲ置キ前第二十四條ニ指定スルノ外府縣廳中ノ一部トシ警部長ヲシテ其長ニ充テ部中課ヲ設ケ前第二十八條ノ事務ヲ掌理セシム

第三十一條　府縣內各郡區ニ警察署一箇所ヲ置キ警察署ノ下其部內ニ於テ警察分署ヲ配置シ警察署ハ警部ヲ以テ其長ニ充テ警察分署ハ便宜警部又ハ警部補ヲ以テ之ニ充テ部內ノ高等警察行政警察及司法警察ヲ掌リ法律命令ノ厲行ヲ監督ス其項目左ノ如シ

一、諸營業市場會社製造所度量衡教會講社說教及拜禮ニ關スル事項

二、演藝遊觀場遊戲場遊憩場徽章祭典葬儀賭博富籤其他風俗ニ關スル事項

三、船舶堤防河岸地道路橋梁渡船場鐵道電信公園車馬諸建築田野漁獵採藻ニ關スル事項

四、人命痍傷群集喧噪銃砲火藥煤發物發火物刀劍水災火災難破船遺流失物埋藏物ニ關スル事項

五、傳染病豫防消毒撿疫種痘飲食物飲料水醫療藥品家畜屠畜

塲墓地火葬塲其他衞生ニ關スル事項

六、諸般ノ犯罪人ヲ捜索拿捕シ證據物件ヲ拾集シ之ヲ撿察官ニ交付スル等ニ關スル事項

七、失踪者瘋癲者棄兒迷兒被監視者ニ關スル事項

八、政治ニ關スル結社集會新聞雜誌圖畫及其他ノ出板ニ關スル事項

第三十二條　各警察官ハ其職權ニ依リ又ハ上官ノ命ニ依リ若クハ部長收税長郡區長戶長及其他行政官ノ請求ニ應シ又司法警察ニ關シテハ撿察官ノ命ヲ承ケ其職務ヲ執行スヘシ

第三十三條　警察官ハ總テノ塲合ニ於テ行政官又ハ司法官ノ自ラ其責任ニ當リテ警察官ニ請求ヲ爲ストキハ警察官ハ其請求ニ應スルノ義務アルモノトス

第三十四條　他府縣ヨリ警察ノ事務ニ關スル照會ハ必ス知事ヲ經ヘシ但急施ヲ要スル塲合ニ於テハ警部長又ハ其事ノ執行ヲ要スル地ノ警察官ニ宛直ニ照會スルコトヲ得

第三十五條　巡査ニ關スル規程ハ別ニ定ムル所ニ依ル

第三十六條　東京府下ノ警察及監獄ニ關スル事務ハ勅令第四十二號

警視廳官制ニ依リ本令中ノ條項ニ指定スル限ニアラス

郡區

第三十七條　毎郡若クハ數郡ニ郡長一人毎區ニ區長一人及書記若干人ヲ置ク

第三十八條　郡區長ハ奏任四等以下書記ハ判任三等以下トス

第三十九條　郡區長ハ知事ノ指揮監督ヲ承ケ法律命令ヲ部內ニ執行シ部內ノ行政事務ヲ掌理ス

第四十條　郡區長ハ法律命令ヲ以テ委任シ及知事ヨリ特ニ分任スル條件ハ便宜施行シテ後知事ニ報告スルヲ得

第四十一條　郡長ハ行政事務ニ就テ其部內町村ノ戶長ヲ指揮シ其公同事務ニ就テハ之ヲ監督ス

第四十二條　郡區長ハ郡區書記ノ任免ヲ知事ニ具申ス

第四十三條　郡區長ハ法律命令若クハ知事ヨリ委任セラレタル事件ニ付部內一般ニ告示スルコトヲ得

第四十四條　郡區長ハ部內ノ行政處分ニ關シ警察官ニ請求シテ之ヲ執行セシムルコトヲ得

第四十五條　郡區書記ハ郡區長ノ命ヲ承ケ庶務ヲ分掌ス

嶋地

第四十六條　長崎縣鹿兒嶋縣其他今後指定セラルヘキ府縣ニ特ニ嶋司ヲ置キ部內行政事務ヲ掌理シ知事ノ委任スル條項ハ便宜之ヲ施行スルコトヲ得

第四十七條　嶋司ハ奏任三等以下トス

○第十三節　府縣官職制　明治十一年七月太政官第三十二號達

明治八年(十一月)第貳百三號達府縣職制並事務章程ヲ廢シ府縣官職制別冊之通被定候條此旨相達候事

府縣官職制

府

知事　一人

縣

令　一人

初任月俸二百圓其治績ヲ考ヘ職ニ稱フ者ハ滿三年每ニ月俸五十圓ヲ加ヘ滿九年ニ至リテ月俸三百五十圓ヲ給シ勅任トス(明治十七年二月第十六號達追加)

第一　府知事縣令ハ部內ノ行政事務ヲ總理シ法律及政府ノ命令ヲ

執行スルコヲ掌ル

第二　府知事縣令ハ內務卿ノ監督ニ屬スト雖モ各省主任ノ事務ニ就テハ各省卿ノ指揮ヲ受ク

第三　府知事縣令ハ法律及政府ノ命令ヲ執行スル爲ニ要用ナリトスルドハ其實施ノ順序ヲ設ケテ部內ニ布達シ及其適宜處分ヲ許サレタル事件ニ就テハ規則ヲ設立シテ部內ニ布達スルコヲ得而シテ發行ノ後直チニ各省主務ノ卿ニ報告スヘシ

第四　府知事縣令ノ布達若クハ處分法律若クハ政府ノ命令ト相背キ又ハ權限ヲ侵シタルトキハ太政大臣若クハ各省主務ノ卿ヨリ取消ヲ命セラルヽコトアルヘシ

第五　府知事縣令行政事務ニ就キ主務ノ卿ニ稟請シ指揮ヲ待テ處分スヘキ者ハ別ニ定ムル規則ニ從フヘシ

第六　府知事縣令ハ地方稅ヲ徵收シテ部內ノ支費ニ充ツルヲ得而シテ其豫算決算ヲ具ヘテ內務卿大藏卿ニ報告スルヲ要ス其府會縣會アル地方ハ之ヲ會議ニ付スヘシ

第七　府知事縣令ハ屬官ヲ判任進退シ其分課ヲ命ス

第八　府知事縣令ハ郡長以下郡ノ吏員ヲ判任進退シ郡務ヲ指揮監

督ス

第九　府知事縣令ハ非常事變アレハ鎭臺若クハ分營ノ將校ニ通議シテ便宜處分スルヿヲ得

第十　府知事縣令ハ府會縣會ヲ召集シ及其會議ヲ中止スルヿヲ得

第十一　府知事縣令ハ議案ヲ發シテ府會縣會ニ付シ決議ノ後之ヲ認可シ或ハ認可セサルコトヲ得

大書記官　少書記官　府ハ大少各々一員ヲ置キ縣ハ大少ノ內一人ヲ置ク開港所ノ縣事務繁劇ナルハ上請ニ依リ府ト同ク各々一員ヲ置クヿヲ許ス

第一　書記官ハ府知事縣令ヲ輔ケテ內部ノ行政事務ヲ參判スルコトヲ掌ル

第二　府知事縣令不在ノ時又ハ事故アルトキハ書記官ハ代理ノ任ヲ受ク

警部長　一人

第一　警部長ハ事ヲ府知事縣令ニ受ケ其府縣警察上一切ノ事務ヲ調理ス

第二　警部長ハ國事警察ニ付テハ直ニ內務卿ノ命令ヲ奉シ又ハ直ニ其事情ヲ具狀スルコトアルヘシ

（明治十四年十二月第九十九號達警部長ノ項追加）

収稅長

第一　收稅長ハ事ヲ府知事縣令ニ承ケ收稅ニ關スル一切ノ事務ヲ管理ス

第二　收稅長ハ收稅撿査ノ景況報告書及ヒ收入金員科目ヲ記載シタル計算書ヲ作リ府知事縣令ノ撿印ヲ受ケ之ヲ主稅官長ニ報告ス

第三　收稅長ハ收稅事務ニ付直ニ主稅官長ノ指揮ヲ受ケ又ハ直ニ之ヲ具申スルコトアルヘシ

（明治十七年五月第四十八號達收稅長ノ項追加）

屬（一等ヨリ十等ニ至ル）

屬ハ事ヲ府知事縣令ニ受ケ庶務ヲ分掌ス

警部　警部補　（明治十四年十二月第百十壹號ノ達ヲ以テ警部ノ等級ヲ廢シ警部警部補ヲ置ク）

警部ハ府知事縣令ニ受ケ管內ノ警察ヲ掌ル

收稅屬

各其主務ニ從事ス

（明治十七年五月第四十八號達ヲ以テ收稅屬ノ項追加）

典獄
典獄ハ事ヲ府知事縣令ニ受ケ監署ノ事務ヲ總理ス
副典獄
掌典獄ニ亞ク
書記
各主務ニ從事ス
看守長
監獄ノ戒護ヲ掌リ兼テ看守ノ勤惰ヲ視察ス
看守
監獄ノ戒護ニ從事ス（明治十四年三月第十六號達典獄ノ項追加）
郡長　八等相當　一八
但特別ノ詮議ヲ以テ奏任トナスヲ得　（明治十六年二月第十號達ヲ以テ但書ヲ追加ス）
第一　郡長ノ俸給左ノ如シ
一等給　八十圓
二等給　七十圓
三等給　六十圓

四等給　五十圓
五等給　四十五圓
六等給　四十圓
七等給　三十五圓
八等給　三十圓
（明治十六年二月第十號達ヲ以テ郡長ノ項第一ヲ改正ス）
第二　郡長ハ該府縣本籍ノ人ヲ以テ之ニ任ス
第三　郡長ハ事ヲ府知事縣令ニ受ケ法律命令ヲ郡内ニ施行シ一郡ノ事務ヲ總理ス
第四　郡長ハ法律命令又ハ規則ニ依テ委任サルヽ條件及府知事縣令ヨリ特ニ分任ヲ受クル條件ニ付キ便宜處分シテ後ニ府知事縣令ニ報告ス
第五　郡長ノ處分不當ナリトスルトキハ府知事縣令ヨリ取消ヲ命セラルヽコトアルヘシ
第六　郡長ハ町村戸長ヲ監督ス
郡書記　十等ヨリ十七等ニ至ル　定員ナシ
郡書記ノ俸給ハ地方税ヨリ支出ス其額ハ府知事縣令ノ適宜ニ定

ムル所ニ從フ其選任進退ハ郡長ノ具狀ニ依リ府知事縣令ノ命スル所タリ（明治十一年十月第四十五號達郡書記ノ項改定）

市街ノ地ニ置ク所ノ區長並書記ハ總テ郡長郡書記ニ同シ

府縣ノ事務主務ノ省ニ稟請シテ後ニ處分スヘキ者ハ左ノ件々トス

第一　郡ヲ分チ及數郡ニ一郡長ヲ置キ及區ヲ定ムル事

第二　郡區經界ノ組替町村ノ飛地組替ノ事

第三　官給ニ係ル經費ヲ豫算シテ一歲ノ常額ヲ定ムル事

第四　例規ナキ官金出納ノ事

第五　官金管守ノ規則及爲替又ハ預ケノ方法ヲ設クル事

第六　府縣官舍及監獄ヲ新ニ建築スル事

第七　水旱災ニ罹リシ者ノ租稅延納ヲ許ス事

第八　水火災ニ罹リ家屋蕩盡スル者租稅皆濟期限後二ケ月以外延期ノ事

第九　地種變換ノ事

第十　土地ノ變替ニ依リ地租ヲ減スル事

第十一　地價ヲ撿シテ租額ヲ定ムル事

但（明治十四年五月第三十八號達ヲ以テ但書削除）
第十二　河港道路堤防橋梁開墾等ノ類他管ニ關渉スルモノ及定額外官費ノ支出ニ係ル土功ヲ起ス事
第十三　諸貸下金返納期限六ケ月以外ノ延期ヲ許可シ又ハ之ヲ棄損スル事
第十四　官林伐採ノ事
但治水修路ノ爲メ三等官林ノ竹木ヲ用ユルハ此限ニ在ラス
第十五　官地官宅及其木石ヲ賣却スル事
第十六　酒類ノ税率ニ用ユル價ヲ定ムル事
第十七　官用ノ爲メ土地ヲ買上ル事
第十八　社寺除税地ノ境域ヲ更正スル事
第十九　官林拂下ノ事
第二十　官民有禁伐林ノ事
第廿一　森林地及竹木官民有ノ區別ヲ定ムル事
第廿二　鑛山借區境界ノ事
第廿三　鑛山借區税猶豫並減免ノ事

第廿四　坑法違犯ノ者處分ノ事
第廿五　舊金銀貨及通貨損傷ノモノヲ交換スル事
第廿六　外國人内地旅行ノ事
第廿七　外國人居留地外住居ノ事
第廿八　居留地々所外國人ヘ競貸ノ事
第廿九　内外人結婚願ヲ許可スル事
第三十　學校補助金ヲ例規外支消スル事
第卅一　私立學校ヲ停止スル事
第卅二　府知事縣令ノ名ヲ以テ外國人ト條約ヲ結フ事
第卅三　府知事縣令ノ名ヲ以テ官金辨償トナルヘキ貸借ノ契約ヲナス事
第卅四　例規ナキ恩典ヲ施行スル事
第卅五　社寺創立再興復舊等員數増加ニ係ル願ヲ許否スル事
（明治十三年十二月第六十一號達ヲ以テ第卅五ヲ増補ス）
第卅六　開墾地鍬下十ケ年荒地免税五ケ年ヨリ以上ノ年季ヲ付與スル事

但繼年季ヲ要スル時當初ヨリ通算シテ此年限ヲ越ユルモノモ本文ニ準ス（明治十四年五月第三十八號達追加）

一布告布達達指令ヲ以テ專任サレタル事件並ニ定規成例アルノ事件ハ地方官各自ノ責任ヲ以テ處分シ上司ニ稟請スルノ例ニ在ラス其例規ニ依リ難キ事情アリテ特別ノ處分ヲ要スルモノニ限リ理由ヲ具シテ申請スルヲ得

一諸會社設立願諸鑛開採願圖書版權願賣藥願等ノ條例規則ニ依リ地方官ヲ經由スル者ハ府縣掌管ノ事務各省ニ稟請スルノ類ト同シカラサルヲ以テ知事令ハ事實ヲ公證スル爲ニ奥書若クハ加印シテ主務ノ省ニ進達スルモノトス

一嗣後發行スル法律規則中ノ條件府縣長官ノ上司ニ稟請シテ然ル後處分スヘキモノハ每件明文ヲ揭クヘシ

一事重大ニ屬シ例規ナキモノ及非常ノ事件ヲ除クノ外凡ソ地方ノ常務前條々ニ揭載セサル條件ハ地方長官ノ便宜處分シテ後チニ報告スルヲ許ス

戶長職務ノ概目

第一　布告布達ヲ町村內ニ示ス事

第二　地租及諸税ヲ取纒メ上納スル事
第三　戸籍ノ事
第四　徴兵下調ノ事
第五　地所建物船舶質入書入並ニ賣買ニ奥書加印ノ事
第六　地劵臺帳ノ事
第七　迷子捨兒及ヒ行旅病人變死人其他事變アルトキハ警察署ニ報知ノ事
第八　天災又ハ非常ノ難ニ遭ヒ目下窮迫ノ者ヲ具狀スル事
第九　孝子節婦其他篤行ノ者ヲ具狀スル事
第十　町村ノ幼童就學勸誘ノ事
第十一　町村內ノ人民ノ印影簿ヲ整置スル事
第十二　諸帳簿保存管守ノ事
第十三　官費府縣費ニ係ル河港道路堤防橋梁其他修繕保存スヘキ物ニ就キ利害ヲ具狀スル事
右ノ外府知事縣令又ハ郡區長ヨリ命令スル所ノ事務ハ規則又ハ命令ニ依テ從事スヘキ事
其他町村限リ道路橋梁用惡水ノ修繕掃除等凡ワ協議費ヲ以テ支辨

スル事件ヲ幹理スルハ此ニ掲クル所ノ限ニ在ラス
地方ノ事務郡區長ニ於テ處分シテ後知事令ニ報告スルヲ得ルモノ左ノ件々トス
第一　徵稅並地方稅徵收及不納者處分ノ事
第二　徵兵取調ノ事
第三　身代限財產取扱ノ事
第四　逃亡死亡絕家ノ財產處分ノ事
第五　官有地ノ倒木枯木ヲ賣却スル事
第六〔以下欠〕　電線道路田畑水利ニ障碍アル官有樹木ヲ伐採スル事
第七　河岸地借地撿查ノ事
第八　職遊獵願威銃願ノ事
第九　印紙郵紙賣捌願ノ事
第十　小學校學資金ノ事
右ノ外府知事縣令ヨリ特ニ委任スル條件

〇第十四節　府縣官職制中心得　明治十二年六月內務省乙第廿九號(府縣へ)達

明治十一年太政官第三十二號達府縣ノ事務主務省ニ禀請スヘキ條欵

第九第十五ニ關係アル土地處分ノ内左ノ件々委任候條其府縣限リ處分ノ後當省へ可屆出此旨相達候事

一市街宅地接續ニテ一區域ノ宅地ト爲スニ足ラサル間地ヲ賣却スル事

一耕地宅地ニ非ラサル民有地ヲ其葬墓地ニ撰定スル事

一既成開墾ニ係ル地所ヲ例規ニ照シ素地相當代價ヲ以テ拂下ル事

但河川ノ附寄洲及ヒ森林ニ係ル地所ハ此限ニアラス

一報時鐘皷アル敷地ヲ例規ニ依リ拂下ル事

一官有ノ社寺境内ヲ例規ニ依リ民有地ニ下渡ス事

一廢合寺院跡地ヲ例規ニ依リ處分スル事

一公立ノ中小學校ヲ建設スルニ臨ミ其敷地ヲ例規ニ依リ附與スル事

一民有地ノ用惡水路溜池敷井溝敷地興廢處分スル事

但シ河身ニ關係アル用惡水路ハ此限ニアラス

一社寺境外土地ヲ例規ニ依リ拂下ル事

但森林ニ係ル地所ハ此限ニアラス

一社寺境外上地ノ分其所有者ヲ例規ニ依リテ定ムル事

但森林ニ係ル地所ハ此限ニアラス

一社寺境外ニ屬スル舊神官僧侶舊修驗從來ノ居住地ヲ例規ニ依リ處分スル事
○明治十八年五月內務省甲第十六號(府縣へ)達
一官國幣社社入金遣拂並豫備蓄積金處分ノ事
一同經費ヲ以テ常用器品新調修繕ノ事
一同不用ノ建物古材賣却ノ事
一同社營建物改造修繕ノ事
一同寄附物品ノ事
一同神官派出出京養痾歸省ノ事
一社寺廢合跡建物處分ノ事
一同什物祠堂金及持添田畑山林處分ノ事
但寶物古文書ハ此限ニアラス
一同境內官有地ノ樹木伐採處分ノ事
一同境內民有地ヘ記念碑建設處分ノ事
右件々委任候條府縣限リ致處分其都度可屆出此旨相達候事
○明治十八年五月內務省丙第一號(官國幣社へ)達
別紙甲第十六號ノ通各府縣ヘ相達候條自今願伺共地方廳ヘ可差出此

旨相達候事（別紙ハ上ニ出ツ）

○明治十一年十二月內務省乙第八十號（府縣）達

本年第十七號公布及ヒ第三十二號公達中左ノ條々處分方心得ノ爲メ相達候事

一第十七號公布第六條每町村ニ戶長一員ヲ置クト云々右戶長旅行病氣忌引等ニテ不在ノ節ハ用掛筆生又ハ手傳人等ヲ以テ其職務ヲ取扱ハシムルヿヲ得

一第三十二號府縣官職制中郡區長ニ於テ處分ノ後報告スル條件及ヒ府知事縣令ヨリ特ニ委任スル條件ヲ除ク外部下人民ノ願伺書等ハ長官宛ニテ差出サスヘシ其郡區役所ヲ經由スルト否サルトハ地方ノ便宜ニ從フ可シ

一郡區吏員任免ノ際赴任或ハ歸鄕又ハ其中付ノ節居住地ヨリ本廳迄出頭スル旅費ハ地方稅規則第三條第七項ニ照準シ其給額ハ府知事縣令ニ於テ適宜ニ制定ス可シ

一郡區長書記ハ一般ノ官吏ト同シク商賈ノ營業相成ラサル儀ト心得ヘシ

一（明治十八年二月內務省甲第四號本項廢止）

○明治十一年十一月內務省乙第七十三號(府縣)達
本年第三十二號公達中左ノ條々處分方心得ノ爲メ相達候事
一府縣ノ事務主務ノ省ニ稟請シテ後處分スヘキ條目中第三十項ニ揭載スル學校補助金云々ハ全ク文部省ヨリ下附ノ補助金ノミヲ云フ地方稅費目中第五項ノ府縣立學校費及ヒ小學校補助費ト混セサルヘシ
一郡書記職制中郡書記ノ等級ハ一般官等ニ相當スル者ニ付其辭令書ニハ何等相當ノ旨ヲ付メ申付ヘシ別ニ何等書記ノ名義ヲ付スルヲ得ス
一郡區長不參ノ節ハ書記ヲシテ代理セシムルモ苦シカラス
一郡區長及書記ハ府知事縣令ニ於テ任期例ニ準據シ一ケ年職務勉勵拔群ノ者ニハ賞譽スルコヲ得ヘシ其費額ハ地方稅ヲ以テ支給スヘシ
一郡區長及書記出張旅費等ハ府知事縣令ノ見込ヲ以テ適宜ニ之ヲ定メ地方稅ヨリ支辨スヘシ
○明治十一年十一月內務省乙第七十八號(府縣)達
本年第三十二號公達中左ノ處分方心得ノ爲メ相達候事

一府縣官職制ニ據リ郡區長ニ於テ其擔任ノ事件ヲ施行スル文書ニハ郡區長ノ名印ヲ用ユヘシ人民ヨリ指出ス願伺書等其郡區長ノ擔任ノ事件ニ係ル者ハ亦郡區長ノ名宛ヲ用ヒシム可シ

但郡區長及書記ノ官名印ハ地方税ヲ以テ彫刻セシムヘシ

一從前府縣廳ニ於テ取扱タル諸營業鑑札自今郡區役所ニ委任シテ取扱ハシムル者ハ郡區役所ノ名ニ改ムヘシ

但賣藥營業鑑札等ノ如キハ是迄ノ通ト心得ヘシ

一郡區長及書記職務上ノ過失アラハ官吏懲戒例ニ依リ處分スヘシ

一郡區長及書記ノ任免等ハ府縣吏同樣ニ其姓名並給料等其都度屆出ツ可シ

一郡區役所ニ於テ採用スル諸員ハ（用掛筆生等）準等ナキモノト心得ヘシ

但戶長ノ等給ハ從前ノ通リタルヘシ

一戶長職務ノ概目第五項ニ地所建物船舶質入書入並ニ賣買ニ奧書加印ノ事ト有之右ハ七年當省乙第三十三號達ノ通リ奧書證印ハ戶長ノ實印ヲ押シ割印ハ戶長役所印ヲ相用ヒ若シ數町村ニ戶長一員ヲ置クトキハ其役所印ノ冠字ハ戶長ノ管理スル所ノ各町村名ヲ列記ス

可シ

○明治十一年十二月內務省乙第八十一號達

本年第三十二號公達中左ノ條項處分方心得ノ爲メ相達候事

一郡長職制中第六項ニ郡長ハ町村戶長ヲ監督ス云々郡長ハ行政事務委任ノ權內ニ付テハ戶長ニ命令スルノ權アリト心得可シ

一（明治十七年二月同省乙第十二號達改正）郡區長ノ席順ハ月俸ノ多寡ニ據リ其月俸同シキモノハ拜命ノ前後ニ依ル

但奏任郡區長ハ總テ判任郡區長ノ上席トス

○明治十一年十二月內務省乙第八十二號達

本年第三十二號公達中左ノ條々處分方心得ノ爲メ相達候事

一郡區長郡區書記ノ滿年賜金ハ地方稅ヨリ支給スヘシ

一府縣官ヨリ郡區長郡區書記ニ轉任スル者並ニ郡區長郡區書記ヨリ府縣官ニ轉任スル者ハ各々其原任ノ勤續ニ依リ其際一旦打切滿年賜金ヲ給スヘシ

○明治十六年二月第七號布告

郡區長ノ給料及ヒ旅費ハ來ル十六年度以後國庫ヨリ支辨ス

右奉　勅旨布告候事

○明治十六年三月内務省乙第九號達
今般第七號布告ニ付テハ郡區長ニ屬スル滿年賜金其他ノ諸給與共渾テ國庫ヨリ支辨ノ筈ニ候條此旨相達候事
○明治十六年五月内務省乙第廿五號達
郡區長給料十六年度以後國庫ヨリ支辨相成トイヘ𪜈滿年賜金ノ儀ハ打切ニ不及儀ト可心得此旨相達候事
○明治十一年十二月内務省乙第八十五號達
本年第三十二號公達中左ノ條々處分方心得ノ爲メ相達候事
一凡ソ府知事縣令ヨリ專任ヲ得タル條件ニ付郡區長ヨリ人民ニ許可ヲ予フル者ハ郡區長ノ權ヲ以テシ其免許鑑札モ郡區長ノ權ヲ以テスベシ
但當分在來ノ分ハ舊鑑札ヲ用ユルモ妨ケス
一町村戸長ノ役場ハ其町村ノ便宜ニヨリ私宅ニ於テ事務ヲ取扱ヘシムルモ苦カラス
○明治十二年三月内務省乙第十三號達
明治十一年第三十二號公達ニ付左ノ條次處分心得ノ爲メ相達候事
一官林貸渡ハ官林伐採土石賣却ニ準シ稟請スヘシ

一部分木拂下ハ官林木ニ準シ稟請スヘシ

一郡長職務中ニ掲載アル官有樹木ヲ伐採スルハ電線ヲ犯シ道路ヲ妨ケ田畑上ニ横出シ堤脚ヲ動撼スルノ類總テ直接ノ障害ヲ爲スモノニ限ルヘシ

○明治十三年五月內務省乙第二十號達

明治十一年第三十二號達郡區長（東京府市街區長ヲ除ク）ノ班ハ府縣一等屬ノ上トナシ郡區書記ハ同等屬官警部ノ次トナス此旨爲心得相達候事

○明治十三年五月第三十一號（官省院使府縣（東京府ヲ除ク））達

東京府下區長月俸自今百圓以下適宜給與差許候條此旨爲心得相達候事

○明治十一年十一月第四十八號達

勅任ノ府知事縣令ハ三等官ニ被定候條此旨相達候事

○明治十四年十一月內務省農商務省乙第五拾五號（府縣）達

明治十一年（七月）第三十二號公達府縣官職制中郡區長ニ於テ處分スヘキ條目第五項ニ掲載有之倒木枯木云々ハ天災ノ爲ニ轉倒シタル者及ヒ天然枯死ノ者ニ相限リ候義ニシテ其枝條若クハ樹幹ノ幾分ヲ枯

凋シタル損木ノ如キハ本項ニ含蓄セサル儀ト可心得此旨相達候事
○明治十六年六月内務省乙第二十九號(府縣)達
戸長印章ノ儀ハ八年第百拾號達判任官同樣タルヘキ旨相達置候處布告達ニヨリ實印ヲ押捺スル分モ自今官印ヲ用ユヘシ此旨相達候事
○明治十三年七月内務省乙第三十號(府縣)達
郡區長ヨリ諸裁判所ヘ往復スル文書ハ一般掛合回答ノ文体ヲ用ヒ可申樣豫テ郡區長ヘ示置クヘク此旨相達候事

○第十五節　主稅官職制

明治十七年五月太政官第四拾五號達

大藏省中主稅官ヲ置キ職制左ノ通相定候條此旨相達候事
但明治十年五月第四拾三號達ハ自今廢止ス

主稅官職制

主稅官長三等官
第一主稅局ノ長トシテ大藏卿ノ命ヲ奉シ諸稅及ヒ府縣徵稅費ニ關スル一切ノ事務ヲ管理ス
第二局中奏任以下部屬ヲ監督指揮ス
第三局中奏任以上ノ進退黜陟ハ大藏卿ニ具狀シ判任以下ハ之ヲ

專行ス

一等主税官四等官　二等主税官五等官　三等主税官六等官　四等主税官七等官

事ヲ主税官長ニ承ケ各其主務ヲ幹理ス主税官長事故アルトキハ上席主税官其事務ヲ代理ス

一等主税屬八等官　二等主税屬九等官　三等主税屬十等官　四等主税屬十一等官　五等主税屬十二等官　六等主税屬十三等官　七等主税屬十四等官　八等主税屬十五等官　九等主税屬十六等官　十等主税屬十七等官

各其主務ニ從事ス

一等主税監吏八等官　二等主税監吏九等官　三等主税監吏十等官　四等主税監吏十一等官　五等主税監吏十二等官　六等主税監吏十三等官　七等主税監吏十四等官　八等主税監吏十五等官　九等主税監吏十六等官

各港海關輸出入税品ノ監視ニ從事ス

一等主税監吏補等外壹等　二等主税監吏補等外二等　三等主税監吏補等外三等　四等主税監吏補等外四等

監吏ヲ助ク

○第十六節　裁判所官制

明治十九年五月
勅令第四十號

勅令　朕裁判所ノ官制ヲ裁可シ茲ニ之ヲ公布セシム

御名　御璽

第一　職員

第一條　本令中裁判所トアルハ治安裁判所始審裁判所重罪裁判所控訴院大審院及高等法院ヲ總理ス裁判官トアルハ裁判所ノ長局長評定官判事及判事試補ヲ總稱シ撿察官トアルハ撿事長撿事及撿事試補ヲ總稱ス

第二條　治安裁判所始審裁判所控訴院大審院ニ左ノ職員ヲ置ク

治安裁判所

判事一人奏任五等

判事試補若干員

撿事試補一人

勸解吏一人判任

書記判任

始審裁判所
長一人奏任一等乃至四等
判事若干員奏任（現任長ノ次等以下五等ニ至ル）
判事試補若干員
檢事若干員奏任二等乃至五等
檢事試補若干員
書記判任
控訴院
書記判任
長一人勅任一等又ハ二等
評定官若干員奏任一等乃至四等
檢事長一人奏任一等（東京控訴院ニ限リ勅任二等ノ評定官及檢事長ヲ置クコトヲ得）
檢事若干員奏任二等乃至四等
書記官一人奏任四等
書記判任
大審院
長一人勅任

局長三人勅任二等
評定官若干員勅任二等又ハ奏任一等乃至二等
撿事長一人勅任二等
撿事若干員奏任一等又ハ二等
書記官一人奏任四等
書記判任
第三條　第十七條ニ指定スル局長勅任ノ評定官ヲ以テ之ニ充ツルノ外ハ奏任一等評定官ヲ以テ之ニ充ツ
第四條　重罪裁判所及高等法院ノ職員ハ治罪法ノ定ムル所ニ依ル
第五條　裁判所ノ職員中定員ヲ限ラザルモノハ判任官ヲ除クノ外事務ノ繁簡ニ應シ司法大臣ノ閣議ヲ經テ定ムル所ニ依ル
第六條　試補ノ規則ハ別ニ定ムル所ニ依ル
第七條　治安裁判所管轄區域内ニ執行吏ヲ置ク判任トス
第八條　裁判官及撿察官トナルノ資格ハ別ニ試驗法ノ定ムル所ニ依ル
第九條　刑法第二編第四章第一節乃至第六節第九章第二節第二百八十四條乃至第二百八十七條第三編第二章第一節乃至第六節ニ掲グ

ル重輕罪ヲ犯シテ有罪ナリトノ言渡ヲ受ケ其言渡ノ確定シタルモノハ裁判官及撿察官タルコトヲ得ス

第十條　大審院長局長評定官控訴院長撿事長及始審裁判所ノ長ヲ除クノ外裁判官及撿察官ノ任所ハ司法大臣ノ定ムル所ニ依ル

第十一條　新ニ裁判官ニ任ゼラルヽモノハ治安裁判所ニ於テ其職務ニ服シ治安裁判所裁判官又ハ撿察官ニシテ一年以上其職務ニ服シタルモノハ始審裁判所裁判官ニ任ズルコトヲ得裁判官撿察官ニシテ五年以上其職務ニ服シタルモノハ控訴院裁判官ニ任ズルコトヲ得裁判官撿察官ニシテ十年以上其職務ニ服シタルモノハ大審院裁判官ニ任ズルコトヲ得

第十二條　裁判官ハ刑事裁判又ハ懲戒裁判ニ依ルニアラザレバ其意ニ反シテ退官及懲罰ヲ受クルコトナシ

第二　分課及職務

第十三條　裁判所ノ權限及裁判官ノ所掌ハ訴訟法治罪法及其他法律命令ノ定ムル所ニ依ル

第十四條　治安裁判所裁判官ノ分課ハ訴訟事件ノ種類又ハ土地ノ區域ニ從ヒ一周年毎ニ所轄始審裁判所長ノ定ムル所ニ依ル但治安裁

判所ノ便宜ニ依リ其管轄ノ區域内ニ於テ臨時分課外ノ職務ヲ行フコトアルヘシ
第十五條　治安裁判所裁判官ハ司法大臣ノ命ニ依リ其裁判所所在地外ニ於テ期日ヲ定メ法廷ヲ開クコトアルヘシ
第十六條　始審裁判所裁判官ノ分課ハ一周年毎ニ始審裁判所長ノ上申ニ依リ訴訟事件ノ種類又ハ土地ノ區域ニ從ヒ所轄控訴院長ノ定ムル所ニ依ル
第十七條　控訴院ハ民事刑事ノ類別ニ依リ須要ニ從ヒ數局ヲ置ク各局中ノ分課ハ一周年毎ニ控訴院長ノ上申ニ從ヒ事件ノ種類又ハ土地ノ區域ニ從ヒ大審院長ノ定ムル所ニ依ル局長及局員ヲ定限スルモ亦同シ但控訴院長ヲシテ院中一局ノ長ヲ兼ネシメ自餘ノ局長ハ遞次上席ノ評官ヲシテ之ヲ兼ネシム
第十八條　第十六條第十七條ニ指定シタル分課ハ其分掌ノ偏重ナルトキ又ハ其主任ニ缺員若クハ引續キ差支アルトキニアラサレハ定期間之ヲ變更スルコトヲ得ス但前年ニ審理ヲ始メ未タ終結セサル事件ハ從來ノ主任裁判官ヲシテ終結セシムルコトヲ得
第十九條　大審院ニ民事第一局民事第二局及刑事第一局刑事第二局

チ置ク民事第一局ハ上告事件ノ受理不受理チ審判シ民事第二局ハ受理シタル事件チ審判シ刑事第一局ハ刑法ニ關スル上告事件チ審判シ刑事第二局ハ諸罰則ニ係ル上告事件チ審判ス

民事第二局ノ長ハ大審院長チシテ之チ兼テシメ評定官ハ司法大臣ノ上奏ニ依リ其各局分任チ命ス

第二十條　治安裁判所裁判官差支アルトキ其職務ヲ代理スヘキモノハ一周年毎ニ所轄始審裁判所長ノ豫メ定ムル所ニ依ル若シ其裁判所ニ於テ代理スルモノナキトキハ最近ノ治安裁判所裁判官ヲシテ代理セシム

第二十一條　始審裁判所長差支アルトキハ上席ノ判事之ヲ代理ス判事中差支アルトキ其職務チ代理スヘキ順序ハ一周年毎ニ裁判所長ノ豫メ定ムル所ニ依ル若シ其裁判所ノ判事中代理スルモノナキトキハ所轄治安裁判所ノ裁判官チシテ臨時代理セシム

第二十二條　控訴院長差支アルトキハ上席評定官之チ代理ス評定官中差支アルトキ其職務チ代理スヘキ順序ハ一周年毎ニ院長ノ豫メ定ムル所ニ依ル若シ其院ノ評定官中代理スルモノナキトキハ所轄始審裁判所裁判官チシテ代理セシム

第二十三條　大審院長差支アルトキハ上席ノ局長之ヲ代理ス
局長中差支アルトキハ其局上席ノ評定官之ヲ代理ス各局評定官中
其職務ヲ代理スヘキ順序ハ一周年毎ニ院長ノ豫メ定ムル所ニ依ル
第二十四條　治安裁判所判事始審裁判所長控訴院長及大審院長ハ司
法大臣ノ指揮ヲ承ケ其聽務ヲ整理シ及司法ニ關スル行政ヲ掌理ス
第二十五條　大審院長ハ其院及控訴院ヲ監督シ控訴院長ハ其院及所
轄裁判所ヲ監督シ始審裁判所長ハ其裁判所及所轄治安裁判所ヲ監
督ス
第二十六條　控訴院及大審院ノ局長ハ其局ノ所掌ニ屬スル裁判事務
ヲ指揮ス
第二十七條　治安裁判所ヲ除クノ外裁判所ニ撿事局ヲ置キ撿察官ヲ
シテ治罪法及訴訟法ニ定ムル職務ノ外司法ニ關スル事項及司法ノ
行政ニ關スル事項ニ付監督ノ職務ヲ行ハシム其處務ノ規程ハ別ニ
定ムル所ニ依ル
治安裁判所ニ於テハ別ニ撿事局ヲ置カス撿事試補ヲシテ其所轄ニ
屬スル撿察事務ヲ掌ラシム但撿事試補ヲ置カサルノ治安裁判所ニ
於テハ警察官郡區長戶長ヲシテ撿察事務ヲ行ハシムルコトヲ得

第二十八條　各檢事局ノ管轄ハ其所在裁判所ノ管轄區域ニ依ル

第二十九條　檢察官ハ其職務上其所在裁判所ニ從屬セサルモノトス

第三十條　檢察官ニハ裁判官ノ職務ヲ行ハシムヘカラス又其職務ヲ監督セシムヘカラス

第三十一條　檢察官差支アリテ止ムヲ得サル場合ニ於テハ裁判所長ハ司法大臣ノ認可ヲ承ケテ裁判官中ヨリ臨時代理ヲ命スルコトアルヘシ

第三十二條　大審院檢事長ハ所屬檢事及控訴院檢事長ヲ監督シ控訴院檢事及所轄內ノ檢事及司法警察官ヲ監督ス

第三十三條　檢察官ハ職務上其所屬長官ノ命令ニ服從スヘシ司法警察官ノ檢事ノ補助官トナリタルトキモ亦同シ

第三十四條　始審裁判所檢事局ニハ檢事長ヲ置カス上席檢事ヲ以テ之ニ充テ始審裁判所及其所轄內ニ在ル治安裁判所ノ檢察事務ヲ指揮シ其局所掌ノ事務ヲ掌理セシム

第三十五條　控訴院檢事長ハ其局所轄ノ事務ヲ掌理シ其局及其所轄ノ檢察官ヲ指揮ス

第三十六條　大審院檢事長ハ其局ノ檢事ヲ指揮シ及其局所轄ノ事務

ヲ掌理ス

第三十七條　控訴院及大審院ノ書記官ハ書記ヲ指揮監督シテ文書記錄會計ノ事務ヲ掌ル

第三十八條　裁判所ノ書記ハ上官ノ指揮監督ヲ承ケ訴訟法治罪法及其他法律命令ノ定ムル所ニ依リ文書記錄會計ニ從事ス

始審裁判所以上ノ裁判所ニ於テハ檢事局ニ書記ヲ置ク其職務ハ前項ニ同シ

第三十九條　執行吏ハ治罪法訴訟法及其他法律命令ノ定ムル所ニ依リ文書ノ送達及判決命令ノ執行ヲ掌ル

第三　執務及休暇

第四十條　治安裁判所及始審裁判所ノ審理判決ハ裁判官一人ニテ之ヲ行ヒ控訴院ノ審理判決ハ主任局長ヲ合セテ裁判官三人大審院ノ審理判決ハ主任局長ヲ合セテ五人合議列席シテ之ヲ行フ

第四十一條　裁判ヲ爲スニハ前條ニ指定シタル主任裁判官ノ外列席スルコトヲ得ス但審問数日ニ渉ルヘキトキハ其裁判所中自餘ノ裁判官ヲシテ立會ハシムルコトヲ得

第四十二條　裁判所ノ會議及議決ハ之ヲ公行セス其狀況及結果ハ一

切之ヲ漏洩スルコトヲ許サス

第四十三條　合議列席シテ審理判決ヲ行フ塲合ニ於テハ主任局長其會議ノ長トナリテ議事ヲ整理シ訴件ノ要點ニ就テ問議ヲ提出シ列席員ヲシテ各意見ヲ述ヘシム其問議ノ事項及提出ノ方法順序又ハ決議ノ査定ニ關シ各員ノ間ニ異見ヲ生スルトキハ列席員ノ最多數ヲ以テ之ヲ決スヘシ

第四十四條　決議ノ際各員異見ヲ述フルノ順序ハ各其任官ノ前後ニ依リ後任ノ裁判官ヨリ始メ局長ヲ最後トス任官ノ同日ニ係ルトキハ年小ヨリ始ム但專任ヲ命シタル事件ニ關シテハ其專任裁判官ヨリ之ヲ始ム

第四十五條　凡ソ裁判ハ過半數ノ議決ニ依リ之ヲ行フ
金額ニ關シ裁判官ノ意見三說以上ニ分レ其說各過半數ニ至ラサルトキハ過半數ニ至ルマテ最多額ノ意見ヨリ順次寡額ノ意見ニ合算ス
刑事ニ關シ有罪無罪ノ問議ヲ除クノ外其意見三說以上ニ分レ各過半數ニ至ラサルトキハ過半數ニ至ルマテ被告人ニ不利ナル意見ヨリ順次利益ナル意見ニ合算ス

第四十六條　大審院ニ於テ裁判前例ニ違ヘル裁判ヲ爲サントスルトキ又ハ司法大臣ノ諮問ニ應シ司法制度ニ關スル意見ヲ提出セントスルトキハ總會議ヲ開クコトヲ得

總會議ハ院中ノ裁判官三分ノ二以上ヲ以テ之ヲ開キ院長其會議ノ長トナリテ其議事ヲ整理シ其議決ハ最多數ニ依ル若シ可否同數ナルトキハ議長ノ决スル所ニ依ル

第四十七條　治安裁判所及始審裁判所ハ裁判上ノ處分ニ關シ互ニ補助ノ囑托ニ應スヘキモノトス

第四十八條　檢察官其職務ヲ行フニ付必要ナル場合ニ於テハ互ニ補助ノ囑托ニ應スヘキモノトス

第四十九條　書記又ハ執行吏他ノ裁判所ノ管轄內ニ於テ其職務上ノ處分ヲ爲スノ必要ナル場合ニ於テハ互ニ補助ノ囑托ニ應スヘキモノトス

第五十條　裁判所ノ休暇ハ七月十一日ニ始マリ九月十日ニ終ル

第五十一條　休暇中ハ左ノ事件ニ限リ裁判ス

一　刑事

二　差押事件

三　身代限ニ關スル事件
四　家宅ノ貸渡使用明渡及借家人ノ借宅ニ現存スル物品引留ニ付家主ト借家人トノ間ニ生スル事件
五　爲換事件
六　養料ノ請求
七　既ニ着手シタル建築ノ繼續ニ關スル事件
以上事件ノ外ト雖モ原告若クハ中立ニ由リ別段ノ至急ヲ要スルモノト裁判所ニ於テ認定シタルトキハ之ヲ裁判スルコトアルヘシ
前諸項ノ事件ヲ裁判スル爲ニ裁判所長ハ休暇中臨時主任ノ局又ハ委員ヲ定ムヘシ

〇第十七節　裁判所處務規程

十九年七月司法省令丙第八號

裁判所處務規程別冊ノ通相定ム

裁判所處務規程

裁判官

第一條　各裁判所ハ一年間各局又ハ各裁判官ノ每週開クヘキ訟廷ノ日割ヲ豫定シ廳內公衆ノ知リ得ヘキ場所ニ之ヲ揭示スヘシ

開廷ノ期日ニハ當日裁判スヘキ事件ヲ引續キ審理判決スヘシ

第二條　訴訟人喚出ノ時刻及審判ノ順序ハ訴訟人ノ便宜ヲ計リ各裁判官之ヲ定ムルコヲ得

第三條　各裁判所ニハ訟廷出勤簿ヲ設ケ裁判官ヲシテ開廷ノ時刻前之ニ押印セシメ局長又ハ裁判所長直ニ之ヲ調査シテ後撿印シ若シ欠勤者アルトキハ欠勤ノ理由及其結果ヲ出勤簿ニ記入ス但シ其抄錄ハ裁判所ノ長毎月之ヲ司法大臣ニ進達スヘシ

第四條　裁判官文書ヲ受ケタル片ハ直ニ其處分方ヲ文書ノ餘白又ハ別紙ニ記載シ之ヲ書記ニ下附スヘシ

文書ノ處分一時ニ結了シ能ハサル片ハ後日提出ノ期限ヲ豫定シテ之ヲ書記ニ下附スヘシ

第五條　裁判書其他重要ナル文書ノ原按ハ裁判官自ラ之ヲ作ルヘシ

第六條　裁判官差支アル片ハ之ヲ代理スヘキ者ヲ豫定スルニハ其事務ニ妨ケナキヲ要スルヲ以テ成ルヘク差支アル者ト同日ニ訟廷ヲ開カサル裁判官ヲ撰ヒ置クヘシ

第七條　裁判官ノ分課ハ事件ノ種類又ハ土地ノ區域ニ依リ之ヲ定ムト雖モ事務ノ繁閑ニ從ヒ甲局ノ裁判官ヲシテ乙局ノ事務ヲ兼掌セ

シムルヿヲ得

第八條　各裁判所（治安裁判所ヲ除ク）ニ於テハ其廳ノ行政事務ニ關シ裁判官總會議ヲ開クヿアルヘシ但撿事長又ハ上席撿事ハ其會議ニ出席シテ意見ヲ述フヘシ

總會議ハ過半數ノ裁判官出席スルニ非レハ之ヲ開クヿヲ得ス其會議ハ裁判所ノ長ヲ以テ議長トス

第九條　總會議ニ於テ議スヘキ事項左ノ如シ

一廳內ノ執務細則ヲ設定變更スルヿ

一廳內雇員ノ取締規則ヲ定ルヿ

一裁判區畫ノ變更ニ關シ司法大臣ニ意見ヲ述フルヿ

一法律及諸規則ノ執行ニ關シ撿事長又ハ上席撿事ヨリ請求アリタル事項ヲ議決スルヿ

一司法大臣ヨリ諮問ニ付シタル法律ノ草按ニ付意見ヲ述ルヿ

一裁判所附屬吏員ノ組合ヨリ提出シタル意見ヲ審査スルヿ

第十條　控訴院ニ於テハ所轄裁判所ノ一般ニ遵守スヘキ司法省令及訓令ノ施行細則ヲ議定スル爲メ臨時總會議ヲ開クヿアルヘシ

第十一條　控訴院ハ每年九月十五日（休暇日ナレハ翌日）ニ於テ總會議ヲ開キ

前年八月ヨリ其年ノ七月迄一年間所轄裁判所ノ執リタル裁判事務ノ成蹟ニ關スル撿事長ノ報告ヲ聽キ匡正スヘキ弊害アレハ相當ノ處分ヲ評決スヘシ

第十二條　控訴院長始審裁判所長ハ十二月初旬ニ於テ總會議ヲ開キ其廳翌年中各裁判官ノ分課代理ノ順序及開廷ノ日割ヲ豫定スル爲メ其意見ヲ詢フヘシ

第十三條　控訴院始審裁判所ノ裁判官ニ缺員アル𪜈ハ十日以内ニ控訴院長其候補者二名又ハ三名ヲ指定シテ司法大臣ニ具申スヘシ書記官及書記ニ缺員アルトキハ控訴院長撿事長ト協議連署スヘシ若議協ハサル𪜈ハ各自ニ候補者ヲ指定シテ具申スヘシ始審裁判所ノ裁判官ニ缺員アル𪜈其候補者ヲ指定スルニハ豫メ其裁判所長ニ書記ノ候補者ヲ指定スルニハ其裁判所長及上席撿事ニ諮問スヘシ

第十四條　治安裁判所ニ缺員アルトキハ十日以内ニ裁判官ニ付テハ所轄裁判所長書記ニ付テハ上席撿事ト協議連署シ候補者二名又ハ三名ヲ指定シテ所屬控訴院長ニ具申スヘシ控訴院長ハ之レニ意見ヲ付シテ司法大臣ニ進達スヘシ但シ書記ニ付テハ撿事長ト協議連

署シテ具申スヘシ

第十五條　前二條ノ場合ニ於テ裁判所ノ指定シタル候補者ノ取捨ハ司法大臣ノ權內ニアリトス

第十六條　控訴院長ハ檢事長ト協議シ司法大臣ノ名義ヲ以テ其廳及所轄裁判所判任官吏ノ增俸及轉勤ヲ擧行スルコヲ得大審院長ノ其廳書記ニ於ケルモ亦同シ但シ始審裁判所及治安裁判所判任官吏ニ付テハ控訴院長豫メ始審裁判所長又ハ上席檢事ニ諮問スヘシ始審裁判所判任官其管內限リノ轉勤ハ裁判所長又ハ上席檢事之ヲ控訴院長又ハ檢事長ニ具申スルコヲ得

前各項ノ場合ニ於テハ擧行ノ後直ニ司法大臣ニ具申スヘシ

第十七條　裁判所ノ長ハ所轄裁判所裁判事務ノ整理ヲ視察スル爲メ其他必要ノ場合ニ於テ司法大臣ノ認可ヲ得管內ニ出張又ハ巡回スルコヲ得但シ出張ニ付認可ヲ得ルノ暇ナキトキハ出張ノ後直ニ司法大臣ニ報告スヘシ

第十八條　裁判所ノ長ハ會計收支命令ノ事ヲ掌リ及會計事務ヲ勘査スヘシ

控訴院長ハ一定ノ期限內ニ其院及所轄裁判所ノ豫算表決算表ヲ司

法大臣ニ提出スヘシ

第十九條　控訴院長ハ會計事務勘査ノ爲メ其他必要ナル場合ニ於テハ書記ヲ所轄裁判所ニ出張セシメ又ハ所轄裁判所ノ書記ヲ招喚スルヿヲ得

第二十條　裁判所ノ長ハ各其主掌ニ係ル諸表ノ調製ヲ管理シ司法大臣ニ進達スヘシ

第二十一條　裁判所ノ長ハ其廳ノ印章ヲ調製シ其印影ヲ司法省ニ進達スヘシ但治安裁判所ノ判事ハ所屬始審裁判所長ノ許可ヲ得テ調製スヘシ

第二十二條　裁判所ノ長ハ其廳經費定額內ニテ雇員ヲ使用スルヿヲ得但治安裁判所判事ハ所屬始審裁判所長ノ許可ヲ得テ之ヲ使用スヘシ

第二十三條　控訴院長ハ其廳及所轄裁判所ノ職員（勅任官ヲ除ク）ニ對シ司法大臣ノ名義ヲ以テ除服出仕ヲ命シ及例規ノ賜暇ヲ許否スルコトヲ得

第二十四條　始審裁判所長ハ其廳及所轄治安裁判所職員（撿察官ヲ除ク）ノ考績ニ付毎年八月所屬控訴院長ニ報告ヲ爲ス可シ但シ書記以下ニ

付テハ上席撿事ト協議スヘシ

控訴院ノ長ハ其廳及所轄裁判所職員（撿察官ヲ除ク）ノ考績ニ付毎年九月司法大臣ニ報告ヲ爲スヘシ但シ書記官以下ニ付テハ撿事長ト協議スヘシ

第二十五條　始審裁判所長ハ撿事ノ意見ヲ詢ヒ毎年其廳裁判官中ヨリ豫審掛ヲ指名シ司法大臣ニ具申スヘシ

第二十六條　始審裁判所長ハ治安裁判所所在地外ニ法廷ヲ開クヿヲ必要ト認ムルトキハ司法大臣ニ具申スヘシ

第二十七條　始審裁判所長治安裁判所判事ハ書記ノ分任ヲ定メ書記數名アル庁ハ一名ヲ書記長ニ命スルヿヲ得

第二十八條　裁判所ト中央官廳トノ間ニ往復スル文書ハ總テ司法大臣ヲ經由スヘシ

第二十九條　始審裁判所長治安裁判所判事ヨリ司法大臣ニ申稟報告スヘキモノハ總テ監督上官ヲ經由スヘシ但特別ナル場合ハ直ニ司法大臣ニ申稟報告スルヿヲ得

第三十條　第三條第二十條ニ定メタル裁判所長ノ職務ニ關スル規則ハ治安裁判所判事ニモ亦之ヲ適用ス

第三十一條　裁判所官吏ノ事務取扱ニ對スル抗告ハ其監督上官之ヲ判定シ最終ノ抗告ハ司法大臣之ヲ判定ス

撿察官

第三十二條　撿事ハ撿事長ノ代理者タルヲ以テ其特別委任ヲ俟タスシテ各自其本務ヲ行フコヲ得但シ撿事數名アル時ハ撿事長ハ裁判所ノ事務分課法ニ依リ撿事ノ分任ヲ定ムルコヲ得

第三十三條　撿事ニ分任シタル事件ト雖𪜈被告人ノ身分又ハ事件ノ性質ニ依リ重大ナルモノハ撿事長自ラ之ヲ取扱フヘシ若シ自ラ取扱フコト能ハサル塲合ニ於テハ特別ノ注意ヲ要ス

又左ニ記載スル書類ノ原按及正本ニハ撿事長ノ署名捺印ヲ要スルモノトス

一　重罪公訴狀

一　告訴告發ヲ受ケタル事件ニ付起訴ヲ爲サヽルノ通知書

一　監督上官ニ差出スヘキ書類

一　上訴再審哀訴ニ關スル書類

一　特赦ノ上申書

一　撿事ノ處分ニ對スル抗告ノ判定書

一中央官廳及地方廳トノ往復書類

第三十四條　控訴院檢事長ハ管內代言人ノ取締上必要ト認ムル規則ヲ設ケ之ヲ告達スルヿヲ得

始審裁判所上席檢事ハ管內代言人ヲ監督シ其能否ニ付隨時控訴院檢事長ニ報告ヲ爲シ控訴院檢事長ハ之ヲ司法大臣ニ報告スヘシ其名簿ニ變更アルトキハ亦同シ

第三十五條　檢事其所在地外ニ臨檢スヘキトキハ檢事長ノ許可ヲ受クヘシ

第三十六條　控訴院檢事長ハ司法大臣ノ命令又ハ認可ヲ得テ管內ヲ巡視シ法律命令ノ執行ニ關スル利弊ヲ監査スヘシ

又檢事長ハ必要ナル場合ニ於テハ司法大臣ノ認可ヲ得隨時管內ニ出張シ又ハ管內ノ檢事ヲ招喚スルヿヲ得但シ時機急迫ニシテ認可ヲ得ルノ暇ナキトキハ出張又ハ招喚ノ後速ニ其旨ヲ具申スヘシ

第三十七條　檢察官ハ其監督上ノ職務ニ付隨時司法大臣ニ機密報告ヲ爲スヘシ

第三十八條　始審裁判所上席檢事ハ每年八月其所在裁判所及治安裁判所ノ前一箇年間取扱ヒタル事務ノ擧否及其弊害ヲ匡正スルノ方

法ヲ所屬控訴院檢事長ニ具申スヘシ
第三十九條　控訴院檢事長ハ毎年九月十五日ニ開クヘキ總會議ノ席ニ於テ管內裁判所ノ前一箇年間取扱ヒタル事務ノ擧否及其弊害ヲ匡正スルノ方法ヲ演說スヘシ
第四十條　前條演說ノ筆記ハ九月下旬ニ之ヲ司法大臣ニ進達シ及ヒ所轄裁判所ニ送致スヘシ
第四十一條　第四條第十三條第十四條第二十條第二十一條第二十二條第二十三條第二十四條第二十八條第二十九條第三十一條ニ定メタル規則ハ檢察官ニモ亦之ヲ適用ス
第三十三條第三十五條第三十六條ニ定メタル檢事長ノ職務ハ始審裁判所上席檢事ニモ亦之ヲ適用ス

附則

第四十二條　始審裁判所支廳ノ上席判事ハ本規程ニ照準シ其廳及管內ノ行政事務ニ付キ本廳長ノ代理ヲ爲シ其上席檢事ハ本廳上席檢事ノ職務ヲ行フモノトス但控訴院長檢事長又ハ司法大臣ニ進達スヘキ文書ハ本廳ヲ經由スヘシ

○第十八節　警視廳官制

明治十九年五月
勅令第四十二號

朕警視廳ノ官制ヲ裁可シ玆ニ之ヲ公布セシム

第一條　警視廳ニ左ノ警察官及屬員ヲ置ク

警視總監

警視副總監

一等警視

二等警視

三等警視

四等警視

五等警視

屬

警部

警部補

第二條　警視廳ニ左ノ醫務官ヲ置ク

警察醫長

警察副醫長

警察醫

第三條　警視廳ニ左ノ消防官ヲ置ク

消防司令長
消防司令副長
消防司令
消防司令補
第四條　警視廳ニ左ノ監獄官及屬員ヲ置ク
典獄
副典獄
書記
看守長
看守副長
第五條　總監ハ一人勅任一等又ハ二等トス內務大臣ノ指揮監督ヲ承ケ東京府下ノ警察消防及監獄ノ事務ヲ總轄ス
第六條　總監ハ高等警察ノ事務ニ付テハ直ニ內閣總理大臣ノ指揮ヲ承ケ其他各大臣ノ主務ニ關スル警察事務ニ付テハ直ニ各大臣ノ指揮監督ヲ承ク
第七條　總監ハ府下ノ警察事務ニ付其職權若クハ特別ノ委任ニ依リ法律命令ノ範圍內ニ於テ警察令ヲ發スルコトヲ得但東京府知事所

掌ノ事務ト交渉スルモノハ府知事ト協議ヲ經連署ヲ以テ之ヲ發スヘシ

第八條　總監ハ所部ノ官吏ヲ統督シ奏任官ノ進退ハ内務大臣ニ具狀シ判任官以下ハ之ヲ專行ス

第九條　總監ハ其主任ノ事務ニ付テハ府下ノ郡區長及戶長ヲ指揮ス

第十條　總監ハ内務大臣ヲ經由シテ上奏裁可ヲ經ルニアラザレハ局本署部及方面ヲ廢置分合シ又ハ定限ノ外更ニ奏任官ヲ增加スルコトヲ得ス本署ヲ除クノ外各署及局中諸課ノ廢置分合ハ内務大臣ノ認可ヲ經テ之ヲ施行スルコトヲ得

第十一條　總監ハ俸給豫算定額内ニ於テ其廳限リ定員ヲ設ケ判任官ヲ任用スルコトヲ得

第十二條　總監ハ臨時ノ須要ニ由リ判任官定員ノ外ニ俸給豫算定額内ニ於テ雇員ヲ使用スルコトヲ得

第十三條　總監ハ每會計年度末ニ於テ判任官以下使用ノ狀況ヲ具ヘ臨時須要ニ依リ使用シタル雇員ノ日數人員及金額ヲ細分統計シ内務大臣ニ報告スヘシ

第十四條　總監ハ一周年末ニ其廳ノ豫算定額内ニ於テ奏任官以下ノ

特別ノ勤勞アルモノヲ賞與スルコトヲ得其奏任官ニ係ルモノハ之ヲ內務大臣ニ具狀シ判任官以下ニ係ルモノハ之ヲ專行ス

第十五條　總監ハ法律命令ノ定ムル所ニ從ヒ所部ノ官吏ヲ懲戒ス其奏任官ニ係ルモノハ之ヲ內務大臣ニ具狀シ判任官以下ハ之ヲ專行ス

第十六條　總監ハ內務大臣ノ認可ヲ經テ局署部ノ處務細則ヲ定ムルコトヲ得

第十七條　副總監ハ一人奏任一等トス總監ノ事務ヲ佐ク總監事故アルトキハ內務大臣ノ命ニ依リ之ヲ代理ス

第十八條　警視ハ奏任トス二等ヨリ六等ニ至ル總監ノ指揮監督ヲ承ケ局又ハ署ニ就キ其主務ヲ掌理ス

第十九條　屬ハ判任トス一等ヨリ十等ニ至ル上官ノ指揮ヲ承ケ書記簿記及計算ヲ掌ル

第二十條　警部ハ判任トス警視ノ指揮監督ヲ承ケ所屬ノ警部補及巡查ヲ指揮シ其主任ニ屬スル警察事務ニ從事ス

警部補ハ判任トス警部ノ職掌ヲ佐ク

第二十一條　警察醫長ハ奏任三等又ハ四等トス總監ノ指揮監督ヲ承

ケ警察ニ關スル醫務ヲ掌理ス
第二十二條　警察副醫長ハ奏任五等又ハ六等トス醫長ノ職掌ヲ佐ク醫長事故アルトキハ總監ノ命ニ依リ之ヲ代理ス
第二十三條　警察醫ハ判任トス一等ヨリ十等ニ至ル醫長ノ命ヲ承ケ診療分析解剖等ニ從事ス
第二十四條　消防司令長ハ奏任三等又ハ四等トス總監ノ指揮監督ヲ承ケ消防本署ノ長トナリテ所屬員ヲ統率シ火水消防ノ事務ヲ掌理ス
第二十五條　消防司令副長ハ奏任五等又ハ六等トス司令長ノ職掌ヲ佐ク司令長事故アルトキハ總監ノ命ヲ承ケ之ヲ代理ス
第二十六條　消防司令ハ判任トス司令長ノ命ヲ承ケ消防組ヲ指揮監督ス消防司令補ハ判任トス消防司令ノ職掌ヲ佐ク
第二十七條　典獄ハ判任一等又ハ二等トス總監ノ命ヲ承ケ未決已決各四監獄ヲ管理シ書記看守長以下ノ諸員ヲ指揮監督ス
第二十八條　副典獄ハ判任トス三等ヨリ五等ニ至ル典獄ノ職掌ヲ佐ク典獄事故アルトキハ總監ノ命ヲ承ケ之ヲ代理ス
第二十九條　書記ハ判任トス六等ヨリ十等ニ至ル典獄ノ命ヲ承ケ書

記簿記及計算ニ從事ス
第三十條　看守長ハ判任トス典獄ノ命ヲ承ケ監獄ヲ看守シ看守ヲ指揮ス看守副長ハ判任トス看守長ノ職掌ヲ佐ク
第三十一條　警部警部補消防司令消防司令補看守長及看守副長ノ官等及月俸ハ別表ノ定ムル所ニ依ル
第三十二條　巡査及看守ニ關スル規程ハ別ニ定ムル所ニ依ル
第三十三條　警視廳ノ事務ヲ分掌スル爲メ書記局第一局第二局第三局會計局警察本署醫務部消防本署及監獄本署ヲ置ク
第三十四條　各局ニ局長局次長一人ヲ置キ警視ヲ以テ之ニ充ツ但局長アレハ局次長ヲ置カス局次長アレハ局長ヲ置カサルコトアルヘシ
局中課ヲ設ケ各課ニ課長一人及課僚若干員ヲ置キ屬警部又ハ警部補ヲ以テ之ニ充ツ
第三十五條　局長又ハ局次長ハ總監ノ命ヲ承ケ其主務ヲ掌理シ局中各課ノ事務ヲ指揮ス
課長ハ局長又ハ局次長ノ命ヲ承ケ課務ヲ掌理ス課僚ハ課長ノ指揮ヲ承ケ主務ニ從事ス

局長及局次長ヲ併セ置クノ場合ニ於テ局長事故アルトキハ總監ノ命ニ依リ局次長其職務ヲ代理ス

第三十六條　各本署ニ本署長本署次長一人ヲ置キ警視消防官又ハ典獄官ヲ以テ之ニ充ツ本署長アレハ本署次長ヲ置カス本署次長アレハ本署長ヲ置カサルコトアルヘシ

本署長本署次長ハ總監ノ命ヲ承ケ其主務ヲ掌理ス本署長及本署次長ヲ併セ置クノ場合ニ於テ本署長事故アルトキハ總監ノ命ニ由リ本署次長其職務ヲ代理ス

第三十七條　部ニ部長副部長一人ヲ置キ醫務官ヲ以テ之ニ充ツ但部長アレハ副部長ヲ置カス副部長アレハ部長ヲ置カサルコトアルヘシ

部長及副部長ハ總監ノ命ヲ承ケ其主務ヲ掌理ス部長及副部長ヲ併セ置クノ場合ニ於テ部長事故アルトキハ總監ノ命ニ依リ副部長其職務ヲ代理ス

第三十八條　局署部ニ於テ特別ノ職員ヲ置クモノハ其局署部ニ就テ之ヲ定ム

第三十九條　書記局ニ職員課文書課往復課及記錄課ヲ置キ本廳ノ庶

務ヲ分掌セシム
一　職員課ハ本廳職員ノ進退賞罰及身分ニ關スル事ヲ掌ル
二　文書課ハ諸文案ヲ起草シ及之ヲ審査スルコトヲ掌ル
三　往復課ハ公文書類及電信ノ接受及發送ノ事ヲ掌ル
四　記錄課ハ公文書類ノ編纂保存統計製圖及書籍管守ノ事ヲ掌ル
第四十條　書記局ニ參事官五人ヲ置キ警視ヲ以テ之ニ充テ總監ノ諮問ニ應シ意見ヲ述ヘ及審議立案ノ事ヲ掌ラシム
第四十一條　第一局ニ第一課第二課第三課第四課及第五課ヲ置キ行政警察ニ關スル事務ヲ分掌セシム
一　第一課ハ諸營業市場會社製造所度量衡敎會講社說敎及拜禮ニ關スル事項ヲ掌ル
二　第二課ハ演藝遊觀場遊戲場遊憩場徽章祭典葬儀賭博富籤其他風俗ニ關スル事項ヲ掌ル
三　第三課ハ船舶堤防河岸地道路橋梁渡船場鐵道電信公園車馬諸建築田野漁獵採藻ニ關スル事ヲ掌ル
四　第四課ハ人命瘋傷群集喧噪銃砲火藥爆發物發火物刀劍水災火災難破船遺流失物埋藏物ニ關スル事ヲ掌ル

五　第五課ハ傳染病豫防消毒撿疫種痘飮食物飮料水醫療藥品家畜屠畜塲墓地火葬塲其他衞生ニ關スル事ヲ掌ル

第四十二條　第二局ニ第一課第二課ヲ置キ司法警察ニ關スル事務ヲ分掌セシム

一　第一課ハ諸般ノ犯罪人ヲ搜索拿捕シ證據物件ヲ拾集シ之ヲ撿察官ニ交付スルコトヲ掌ル

二　第二課ハ失踪者風癲者棄兒迷兒被監視者ニ關スル事ヲ掌ル

第四十三條　第三局ハ政治ニ關スル結社集會新聞雜誌圖書及其他ノ出板ニ關シ高等警察ノ事務ヲ掌ル

第四十四條　會計局ニ出納課撿査課ヲ置キ本廳及所轄廳ノ會計營繕用度ニ關スル事務ヲ分掌セシム

一　出納課ハ本廳及所轄廳ノ經費豫算決算金錢ノ出納諸帳簿ノ整頓及計算表調整ノ事ヲ掌ル

二　撿査課ハ金錢出納ノ當否及各般ノ證書ヲ撿査スル事ヲ掌ル

三　用度課ハ所轄ノ地所建物其他一切ノ需用品ニ關スル事ヲ掌ル

第四十五條　警察本署ハ各警察署ヲ統轄シ巡邏査察警衞及警備ノ事ヲ掌ル

警察本署ニ事務員ヲ置ク警視二人警部以下ヲ以テ之ニ充ツ
事務員ハ本署長ノ命ニ依リ本署ノ主務ヲ分掌ス
第四十六條　府下警察事務ヲ監督スル爲ニ第一方面第二方面第三方面第四方面第五方面第六方面ニ分チ須要ニ從ヒ各方面ノ區域內ニ警察署ヲ置ク
第四十七條　各方面ニ方面監督一人ヲ置キ警視ヲ以テ之ニ充ツ
第四十八條　方面監督ハ總監又ハ本署長ノ命ヲ承ケ主任方面內ヲ巡廻シ警察ノ事務ヲ監督ス又臨時命ヲ承テ署長以下ヲ指揮スルコトヲ得
第四十九條　警察署ハ其所轄ノ區域內ニ於テ警察事務ヲ掌理シ各署ニ署長一人ヲ置キ事務ノ繁簡ニ從ヒ三等以下ノ警視若クハ警部ヲ以テ之ニ充ツ
第五十條　署長ハ其主任ノ警察事務ニ付テハ總監又ハ本署長ノ指揮監督ヲ承ク
署長事故アルトキハ總監ノ命ニ依リ上席警部其職務ヲ代理ス
第五十一條　醫務部ハ警察ニ關スル診療解剖分析其他醫務ニ關スル事ヲ掌ル

第五十二條　消防本署ハ水火消防ニ關スル事務ヲ掌ル
各區ニ消防分署ヲ配置シ本署ノ管轄ニ屬セシム
分署ニ長一人ヲ置ク消防司令ヲ以テ之ニ充ツ

第五十三條　監獄本署ハ監獄ニ關スル事務ヲ掌リ本署ノ下分署ヲ置キ其管轄ニ屬セシム
分署ニ長一人ヲ置キ典獄又ハ副典獄ヲ以テ之ニ充ツ

判任官

官等	警部	消防司令	看守長	警部補	消防司令補	看守副長
一等	四十五圓	四十五圓				
二等	四十圓	四十圓				
三等	卅六圓	卅六圓				
四等	卅二圓	卅二圓				
五等	廿八圓	廿八圓	廿八圓			
六等	廿四圓	廿四圓	廿四圓			
七等	廿一圓	廿一圓	廿一圓			
八等				十八圓	十八圓	十八圓
九等				十五圓	十五圓	十五圓
十等				十二圓	十二圓	十二圓

明治七年一月十五日六號達東京警視廳ヲ置キ官等ヲ定メ警視事務內務省ノ指令ヲ受ケシム
十年四號布告ヲ以テ廢ス

明治七年二月五日十五號布告東京警視廳中巡査ヲ置キ等級ヲ定ム
十年十五號達ヲ以テ廢ス

明治七年二月五日警視廳ヘ達東京警視廳管掌ノ事務自今內務省ヘ伺
警視廳廢ニ依テ消ル

○第十九節　警視廳職制事務章程　明治十八年七月太政官第卅四號達

警視廳職制並事務章程左ノ通改定候條此旨相達候事

職制

警視廳　東京府下警察事務ヲ總理シ消防隊並監獄ヲ管轄ス

警視總監

內務卿ノ管轄ニ屬シ警視以下ノ諸員ヲ統督シ警察事務ヲ總管ス廳中奏任官ノ進退黜陟及賞罰ハ內務卿ニ具申シ判任以下ハ之ヲ專行ス

各省卿權內ノ警察事務ニ付テハ直ニ其命令ヲ受ク

國事警察ニ付テハ直ニ大臣參議ノ命令ヲ受クルコトアルヘシ

警察事務ニ付テハ府下郡區長戶長ヲ指揮ス

警視副總監

總監ノ職掌ヲ輔ク

總監事故アルトキハ其代理タルコトヲ得

一等警視

二等警視

三等警視

出奏任以上官員進退ノ義ハ正院ヘ伺出シム

十年四號布告ヲ以テ廢ス

明治七年二月七日省使東京府ヘ達東京警視廳職制省程並諸規則ヲ定ム（諸規則中巡査懲罰ノ章アリ七年六月十三日內務省ヘ達ヲ以テ改定ス）

十年四號布告ヲ以テ廢ス

明治七年四月八日內務省ヘ達東京警視廳事務省程第三省中ヘ追加ス

四等警視
五等警視
總監ノ命ヲ受ケ各其主務ヲ幹ス
警視屬
各其庶務ニ從事ス
警部
警視ノ命ヲ受ケ警部補以下ヲ指揮シ警戒按察ノ事ヲ掌ル
警部補
警部ノ職掌ヲ補助ス
巡査
警邏査察ニ從事ス
消防司令長
總監ノ命ヲ受ケ本署屬員ヲ監督指揮シ火水消防ノ事ヲ幹ス
消防司令副長
司令長ノ職掌ヲ助ク
司令長事故アルトキハ其代理タルコトヲ得
消防司令

十年十五號達ヲ以テ廢ス

明治七年十月十五日百卅六號達以東京警視廳官等ヲ改定ス

明治七年十月廿五日內務省ヘ達ス

警視廳廢ニ依テ消ル

今後警視廳ヘ達スヘキ事件ハ院省使府縣同樣直ニ同廳ヘ達スル旨ヲ心得シム

十年十五號達ヲ以テ廢ス

明治七年十二月廿日百六十八號達東京警視廳中警部補ヲ置ク

明治八年二月廿五日警

司令長ノ命ヲ受ケ消防隊ヲ監督指揮ス

消防司令補

司令ノ職掌ヲ補助ス

典獄

總監ノ命ヲ受ケ未決已決各四監獄ヲ管掌シ書記看守長以下ノ諸員ヲ監督ス

副典獄

典獄ノ職掌ヲ助ク

典獄事故アルトキハ其代理タルコトヲ得

書記

典獄ノ命ヲ受ケ庶務ニ從事ス

看守長

典獄ノ命ヲ受ケ看守ヲ指揮シ監獄ヲ看守ス

看守副長

掌看守長ニ亞ク

看守

監獄看守ニ從事ス

。警視廳廢ニ依テ消ル

視廳ヘ達警視廳ヘノ達ノ内是迄内務省ヨリ傳達ノ分モ有之處自今總テ正院ヨリ直達ス

諸局及部署ヲ設ケ各其事務ヲ幹理セシムルコト左ノ如シ

書記局

長　警視ヲ以テ之ニ充ツ

次長　仝上　便宜之ヲ置ク

課長　警視屬ヲ以テ之ニ充ツ（明治十九年二月内閣第九號ノ達ヲ以テ課長ノ下改正ス）

課僚　警視屬ヲ以テ之ニ充ツ

書記局ハ廳員ノ進退賞罰恩給并諸規程及訓令ノ立案調査文書ノ往復電信編纂統計製圖翻譯并書籍ノ管守其他諸局部署ノ主管ニアラサル庶務ヲ掌ルノ所トス

第一局

局員　仝上

但課僚ハ警視屬並警部警部補ヲ以テ便宜之ニ充ツ

第一局ハ諸營業並市場度量衡政事ニ關セサル結社集會神佛祭典遊觀場遊藝人建築道路車馬水陸運輸危險物衛生及健康ニ害アル物品ノ製造販賣屠獸場墓地火葬場ニ係ル取締ノ事ヲ掌ルノ所トス

第二局

局員　仝上
第二局ハ犯罪ニ關スル事風俗ニ關スル事並遺流失物失踪者瘋癲者棄兒貧窮無告者被監視者ニ係ル事ヲ掌ルノ所トス
第三局
局員　仝上
第三局ハ政事ニ關スル結社集會新聞紙雜誌其他圖書ノ刊行宗教碑表銃器彈藥銃獵並外國人ニ關スル取締ノ事ヲ掌ルノ所トス
會計局
局員　仝上
但課僚ハ警視屬ヲ以テ之ニ充ツ
會計局ハ金錢出納及需用物品ノ調度廳舍ノ營繕ニ係ル事ヲ掌ルノ所トス
巡査本部
本部長　警視ヲ以テ之ニ充ツ
本部次長　仝上　便宜之ヲ置ク
本部員　警視並警部警部補ヲ以テ之ニ充ツ
巡査本部ハ巡査ヲ管攝シ巡邏査察ノ事ヲ掌ルノ所トス

警察署
（明治十九年二月内閣第九號ノ達ヲ以テ署長ノ下左ノ如ク改正ス）
署長　三等警視四等警視五等警視若クハ警部ヲ以テ之ニ充ツ
署員　警部警部補巡査ヲ以テ之ニ充ツ
警察署ハ所管内一切ノ警察事務ヲ掌ルノ所トス
消防本署
司令長
司令副長　便宜之ヲ置ク
署員　司令司令補ヲ以テ之ニ充ツ
消防本署ハ火水消防ニ關スル一切ノ事務ヲ掌ルノ所トス
典獄
副典獄　便宜之ヲ置ク
署員　書記看守長看守副長看守ヲ以テ之ニ充ツ
監獄本署ハ監獄ニ關スル一切ノ事務ヲ掌ルノ所トス
事務章程
主管ノ事務左ニ記列スル者ハ總監其意見ヲ内務卿ニ申稟シ認可ヲ經テ然ル後施行ス其他ハ總監之ヲ專行スルコトヲ得
第一條　各局並各部署ヲ廢置變換スル事

第二條 部下ノ官吏ヲ外國ニ派遣スル事
第三條 外國人ヲ傭入レ又ハ之ヲ解傭スル事

勅任	
三等	警視總監
四等	警視副總監
五等	一等警視
六等	二等警視
七等	三等警視
八等	四等警視
九等	五等警視
	消防司令長
	消防司令副長

奏任以上ノ月給ハ文官一般ノ例規ニ從フ
但八等相當ノ月給ハ八拾圓七拾圓六拾圓ニ區別ス
巡査奉職滿九年以上十二年以下ハ

判任	月給
警視屬	七拾五圓以下拾貳圓以上
警部	四拾五圓四拾圓三拾五圓三拾圓貳拾六圓貳拾貳圓
警部補	拾八圓 拾五圓 拾貳圓
消防司令	四拾五圓四拾圓三拾五圓三拾圓貳拾六圓貳拾貳圓
消防司令補	拾八圓 拾五圓 拾貳圓
典獄	七拾五圓 六拾圓 五拾圓
副典獄	四拾五圓四拾圓三拾五圓
書記	三拾圓以下拾貳圓以上

等外	月給
巡査	拾圓以下六圓以上
看守	拾圓以下

月給拾貳圓滿十二年以上ハ月給拾五圓ヲ給スルヿヲ得

看守長	三拾圓	貳拾六圓	貳拾貳圓	六圓以上
看守副長	拾八圓	拾五圓	拾貳圓	

（右表中巡査奉職云々ハ明治十九年一月内閣第四號達ヲ以テ追加ス）

○第二十節　皇宮警察署官制

明治十九年五月
宮内省第五號達

主殿寮中門監門監補門部消防監消防監補消防嚮導消防手ヲ廢シ同寮中更ニ皇宮警察署ヲ置キ官制ヲ定ムルヿ左ノ如シ

皇宮警察長　一人　奏任

皇宮警察守門ノ事ヲ掌ル

皇宮警察次長　一人　奏任

皇宮警部　判任

皇宮警部補　判任

皇宮警手　等外

皇宮警察長皇宮警察次長官等俸給

皇宮警察長

奏任二等　上二千圓　中千八百圓　下千六百圓

奏任三等	上千五百圓	中千四百圓	下千三百圓
皇宮警察次長			
奏任四等	上千二百圓	中千百圓	下千圓
奏任五等	上九百圓	中八百圓	下七百圓

○第廿一節　皇宮警察官服制及提燈旗章　十九年六月宮内省第九號達

皇宮警察官服制及ヒ燈提旗章左ノ通リ相定ム

皇宮警察官服制

	帽　正帽　地質	製式	前章横章
皇宮警察長	革或ハ張抜黒塗	桃子様兜形圖ノ如シ	金色菊御紋徑九分葉金色總横幅二寸一分竪一寸五分横ニ一寸及二分金線二條ヲ周ラシ蔓輪ツナキ一條ヲ添付ス圖ノ如シ
皇宮警察次長	同上	同上	同上　但横線一寸一條二分一條トス
皇宮警部	同上	同上	金色菊御紋徑九分葉銀色總横幅二寸一分竪一寸五分横ニ五分及二分ノ金線一條ヲ周ラス圖ノ如シ
皇宮警部補	同上	同上	同上　但横線三分一條二分一條トス
皇宮警手	同上	同上	銀色菊御紋徑九分葉銀色總横幅一寸七分竪一寸一分横ニ銀線三分一條ヲ付ス餘ハ圖ノ如シ

略帽 地質	略帽 製式	略帽 前横章	正服 上衣 地質	正服 上衣 製式	正服 上衣 領章	正服 上衣 袖章
紺又ハ黒羅紗	圓形圖ノ如シ	正帽ニ同シ但金横線ヲ黒線トス	黒又ハ紺羅紗	フロックコート製竪襟胸鈕釦七箇二行後面左右各二箇ヲ附シ腰部兩側ニ三稜ノ垂ヲ附シ其周圍ニ幅一寸ノ金線ヲ施ス	金笹縁ヲ四方ニ回シ中ニ金五七桐三箇ヲ唐草ツナキニ繍ス餘ハ圖ノ如シ	幅一寸ノ金線一條幅二分金線二條ヲ付ス他ハ圖ノ如シ
同上	同上	同上	同上	同上	同上	同上 但金線ハ幅一寸一條二分一條トス
同上	同上	正帽ニ同シ但金横線ヲ黒線トス	同上	同上 但三稜ノ垂レノ周圍ニ附スル金線ノ幅ヲ三分トス	金笹縁ヲ三方ニ回シ中ニ金五三桐唐草模様二箇ヲ兩端ニ繍ス餘ハ圖ノ如シ	幅五分及二分ノ金線二條ヲ付ス圖ノ如シ
同上	同上	同上	同上	同上	同上	同上 但金線ハ三分一條二分一條トス
平常之ヲ用ユ			黒又ハ紺羅紗 但裏毛繻子	短フロックコート製竪襟胸紐釦五箇二行後面左右ニ二箇ヲ付ス丈ケ手ヲ垂レ中指ノ中節ニ至ルヲ度トス餘ハ圖ノ如シ	○	幅二分ノ銀圓モールヲ付ス圖ノ如シ
黒又ハ紺羅紗	同上	正帽ニ同シ				

正服				略服	
	袴			冬服上衣	
鈕釦	地質	製式	側章	地質	製式
金色縁磨キ中石目地ニ五七桐ヲ付ス一號形徑七分五厘三號形徑三分五厘	黒又ハ紺羅紗	普通ノ製	幅七分ノ金線二條ヲ付シ内ニ幅三分ノ白線一條ヲ挾ム但一分ツヽスク	黒又ハ紺絨適宜	長シヤケツト製丈ケ手ヲ埀レテ手首ニ達スルヲ以テ度トス胸部ニ毛織ヲ以テ五箇二行ニ揚ケ巻結ノ飾ヲ施シ全體ノ周圍ハ一寸後面ハ五分ノ毛織ヲ左右二行ニ繡シ餘ハ圖ノ如シ
同上	同上	同上	同上 但金線ノ幅ヲ五分白線ノ幅ヲ二分トス	同上	同上
同上 但五三桐ヲ付一號形徑六分五厘トス	同上	同上	幅七分ノ金線一條ヲ付ス	同上	同上 但胸部ノ飾ヲ五箇二行トス餘ハ圖ノ如シ
同上	同上	同上	同上	同上	同上
金色縁中円無地ニ五三桐ヲ付ス一號形徑六分五厘三號形徑三分五厘	黒又ハ紺羅紗 但裏リンチル	同上	幅二分ノ白羅紗一條ヲ付ス	○	○

服						
服		袖章	正服ニ同シ但金線ヲ黒線トス	同上	正服ニ同シ但金線ヲ黒線トス	同上	〇
服	夏服上衣	地質	略服ニ同シ	同上	同上	同上	黒又ハ紺ヘル地但裏黒毛繻子
服	夏服上衣	製式	前同	同上	同上	同上	正服ニ同シ但裏ハ胴背ヌキ袖裏ヲ付ス
服	夏服上衣	袖章	前同	同上	同上	同上	正服ニ同シ
略服	冬袴	地質	黒又ハ紺絨適宜	同上	同上	同上	〇
略服	冬袴	製式	普通ノ製	同上	同上	同上	〇
略服	冬袴	側章	正服ニ同シ但金線ヲ黒線トス	同上	正服ニ同シ但金線ヲ黒線トス	同上	〇
略服	夏袴	地質	黒又ハ紺絨地質適宜	同上	同上	同上	黒又ハ紺ヘル地但腰回リ裏リンネル
略服	夏袴	製式	略服ニ同シ	同上	同上	同上	正服ニ同シ
略服	夏袴	側章	略服ニ同シ	同上	同上	同上	幅二分ノ白羅紗一條ヲ付ス

正服	劍 飾具	柄白鮫鞘磨鐵金物金色腕貫ノ緒總金餘ハ圖ノ如シ	同上	同上 但柄黒腕貫ノ緒銀總ヲ金トス	同上	柄黒鮫鞘磨キ金物眞鍮腕貫革餘ハ圖ノ如シ
正服	劍 鉤帶	表黒革裏適宜前章金色五七桐ヲ付ス餘ハ圖ノ如シ	同上	同上 但前章五三ノ桐トス	同上	黒革前章眞鍮五三桐ヲ付ス餘ハ圖ノ如シ
略服	劍飾鉤帶	正劍ニ同シ但腕貫緒適宜	同上	正劍ニ同シ但腕貫緒適宜	同上	○
外套	地質	黒又ハ紺羅紗裏適宜	同上	同上	同上	黒又ハ紺軍艦羅紗
外套	製式	圖ノ如シ	同上	同上	同上	同上 但丈踵上六寸襟丈三寸
外套	袖章	三分金線一條ヲ喰出ニ付ス但袖口表エ五箇裏面ヘ二箇鈕ヲ付ス	同上 但袖口表ヘ三箇裏面ヘ二箇鈕ヲ付ス	一分金線一條ヲ喰出ニ付ス但袖口鈕ナシ	同上	○
外套	鈕釦	金色五七桐	同上	金色五三桐	同上	金色五三桐
外套	帽雨覆	圖ノ如シ	同上	同上	同上	同上
外套	肩掛	圖ノ如シ但丈手ヲ垂レ手根ニ達スルヲ度トス	同上	同上	同上	同上

皇宮警察官提灯及旗

	提灯 手燈 製式	提灯 手燈 徽章	提灯 高張 製式	提灯 高張 徽章
警察長	圖ノ如シ	中央徑二寸五分菊御紋三箇 上 幅一寸五分一條三分四條ノ赤線ヲ周ラス 下 幅五分ダンダラ赤線一條ヲ周ラス	圖ノ如シ	中央ニ徑四寸五分菊御紋三箇ヲ付シ上ニ幅二寸一條四分四條ノ赤線ヲ周ラス
警察次長	同上	中央同上 上 同上 但三分線ヲ三條トス 下 同上		
警部	同上	中央同上 上 幅一寸一條三分二條ノ赤線ヲ周ラス 下 同上		
警部補	同上	中央同上 上 同上 但三分線ヲ一條トス 下 同上 代理者用ハ三分線ヲ除ス		
警手	同上	正面皇宮警手ト記シ左右側面ニ菊御紋二箇ヲ附ス上ニ幅一寸一條下ニ五分ダンダラ線一條ヲ周ラス		

	指 地質	指 製式
警察長	白縮緬	圖ノ如シ
警察次長	同上	同上
警部	同上	同上
警部補	同上	同上

旗

揮旗

徽章
中央ニ徑二寸五分御紋一箇上ニ幅一寸五分一條三分四條赤線ヲ付ス
中央同上但三分線上同上ヲ三條トス
中央同上幅一寸一條三分上ニ二條ノ赤線ヲ付ス
中央同上幅一寸一條三分上ニ一條ノ赤線ヲ付ス

大旗

地質	製式	徽章
白縮緬	圖ノ如シ	中央ニ徑四寸五分菊御紋ヲ付シ上ニ幅二寸一條四分四條ノ赤線ヲ付ス

編者曰以下繪圖之ヲ略ス

○第廿二節　造幣局印刷局官制

明治十九年四月十五日　勅令第拾七號

朕造幣局印刷局ノ官制ヲ裁可シ玆ニ之ヲ公布セシム

御名　御璽

造幣局官制

第一條　造幣局ハ大藏大臣ノ管理ニ屬シ貨幣鑄造ノ事ヲ掌ル

第二條　造幣局ニ職員ヲ置クコト左ノ如シ

事務長

事務次長

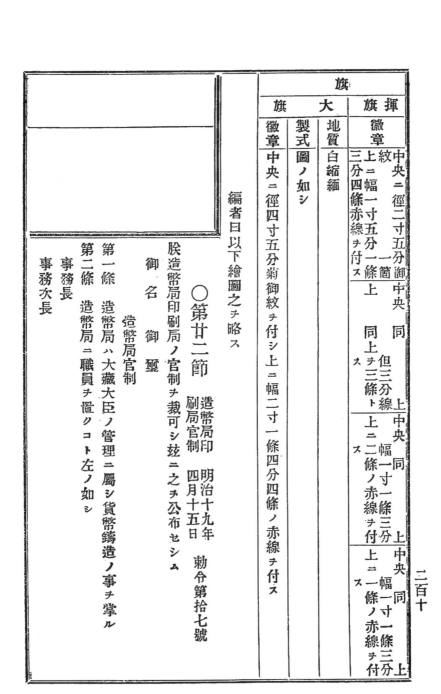

技術官
屬
第三條　事務長ハ一人奏任一等二等トス大藏大臣ノ指揮監督ヲ承ケ局中全部ノ事ヲ掌理ス
第四條　事務次長ハ一人奏任トシ現任事務長ノ次等以下トス事務長ノ事務ヲ佐ク
第五條　技術官ハ事務長ノ指揮監督ヲ承ケ工事ヲ分掌ス
第六條　屬ハ判任トス上官ノ指揮ヲ承ケ書記計算簿記ニ從事ス
第七條　造幣局ニ總務部會計部第一部第二部第三部第四部及第五部ヲ置キ其分掌規程ハ大藏大臣ノ定ムル所ニ依ラシム

印刷局官制

第一條　印刷局ハ大藏大臣ノ管理ニ屬シ諸印刷抄紙ノ事ヲ掌ル
第二條　印刷局ニ職員ヲ置クヿ左ノ如シ
事務長
事務次長
技術官
屬

第三條　事務長ハ一人奏任一等二等トス大藏大臣ノ指揮監督ヲ承ケ局中全部ノ事ヲ掌理ス
第四條　事務次長ハ一人奏任トシ現任事務長ノ次等以下トス事務長ノ事ヲ佐ク
第五條　技術官ハ事務長ノ指揮監督ヲ承ケ工事ヲ分掌ス
第六條　屬ハ判任トス上官ノ指揮ヲ承ケ書記計算簿記ニ從事ス
第七條　印刷局ニ總務部會計部印刷部及抄紙部ヲ置キ其分掌規程ハ大藏大臣ノ定ムル所ニ依ラシム

○第廿三節　鐵道局官制

明治十八年十二月
內閣達第七十九號

鐵道局官制ヲ定ムルコ左ノ如シ

奉　勅

鐵道局ハ鐵道建築ノ事業幷其運輸ノ事務ヲ管理シ左ノ職員ヲ置ク

長官　勅任

本局主管ノ事務ヲ掌理シ所屬僚員ヲ統督シ判任官以下ノ進退ヲ奉行ス

事務官　奏任

長官ノ命ヲ承ケ各主務ヲ分掌ス

屬　判任

上官ノ指揮ヲ承ケ書記帳簿及計算ノ事ヲ掌ル

技監　三等

大技長　四等

權大技長　五等

少技長　六等

權少技長　七等

一等技手　八等

二等技手　九等

三等技手　十等

四等技手　十一等

五等技手　十二等

六等技手　十三等

七等技手　十四等

八等技手　十五等

九等技手　十六等

十等技手　十七等

技監以下技術官等幷俸給ハ明治十七年第四十二號太政官達工部省各科工術等級並月給表中工部省鐵道局ト改メ其定ムル所ニ依ル

參看　明治十七年五月太政官第四十二號達

工部省各科工術等級幷月給表左ノ通更正候條此旨相達候事

	等	官名	一級	二級	三級	四級	五級	旅費定額
勅任	三等	技監	四七〇	四四〇	四一〇	三八〇	三五〇	二等
奏任	四等	大技長	三五〇	三二〇	二九〇	二六五	二五〇	三等
奏任	五等	權大技長	三〇〇	二七五	二五〇	二二五	二〇〇	三等
奏任	六等	少技長	二五〇	二二五	二〇〇	一七五	一五〇	三等
奏任	七等	權少技長	一七〇	一五〇	一三〇	一一五	一〇〇	三等
判任	八等	一等技手	六十圓ヨリ百廿圓迄					四等
判任	九等	二等技手	五十圓ヨリ百十圓迄					四等
判任	十等	三等技手	四十五圓ヨリ百圓迄					四等
判任	十一等	四等技手	四十圓ヨリ八十圓迄					四等
判任	十二等	五等技手	三十五圓ヨリ七十圓迄					四等
判任	十三等	六等技手	三十圓ヨリ六十圓迄					四等
判任	十四等	七等技手	廿五圓ヨリ五十圓迄					四等
判任	十五等	八等技手	二十圓ヨリ四十圓迄					四等
判任	十六等	九等技手	十五圓ヨリ三十圓迄					四等
判任	十七等	十等技手	七圓ヨリ廿圓迄					四等

○技監以下ノ者ハ在職ト休職トニ分チ在職ハ其月給ヲ賜ヒ休職ノ者ハ月給三分ノ二以下ヲ賜フヘシ○一等技手以下ノ者ハ其科施行ノ都合ニヨリ其月給ヲ日割ニシテ給與シ或ハ其月給ノ内幾分ヲ日給トシ適宜區別シテ支給スルヲ得一日ノ就業時間ハ十二時間以内トス其餘ノ時間ハ增給ヲ支給ス但月給賜方凡例ノ如シ
○免職死亡等ノ賜金ハ本給ヲ以テ規則ニ照シ支給ス

凡例

○月給ヲ日給ニスルハ其月ノ現日數ニ除シ之ヲ出勤日數ニ應シ支給ス但一般休暇日ハ支給ス故ニ事業ノ都合ニヨリ出務ヲ命スルモ增給セス並病氣引ハ不給○日月給ノ者ハ其日給ニ當ルヘキ金額ヲ其月ノ現日數ニ除シ出勤日數ニ應シ支給ス但書前同斷○一日ノ就業時間ヲ十二時間以内トス其餘ノ時間就業ハ增給ヲ支給ス○工業上ニ於テ怪我ノ爲メ出勤スル能ハサル節ハ全額日給ノ者ハ其半額ヲ支給シ日月給ノ者ハ其本給ノ半額ヲ支給ス但折傷ノ輕重ニ依リ永ク治療ニ日月ヲ經過スル者ハ扶助料ヲ賜リ職務ヲ免ス等臨時ノ評議タルヘシ○新任ノ者日給ハ其日ヨリ免職ノ者ハ其日迄ヲ給ス日月給ノ者ハ月俸規則ノ通十五日前後ヲ區

分シ支給ス昇級ノ者月給ハ前條ノ通十五日前後ヲ區分シ日給ハ其日ヨリ何レモ増給ノ割合ヲ以テ支給ス○歸省中日月給ノ者ハ其日月給ニ不拘給與全額ノ半額ヲ支給ス但忌引中モ又本文ニ同シ○月俸ヨリ日給ニ轉スル者ハ月俸規則第四條但書ニ準シ支給ス

○第廿四節　三池、佐渡、生野、鑛山局官制　明治十九年四月閣令第六號

三池鑛山局佐渡鑛山局生野鑛山局ノ官制ヲ定ムルヿ左ノ如シ

三池鑛山局官制

第一條　三池鑛山局ハ大藏大臣ノ管理ニ屬シ三池石炭採堀ノ事ヲ掌ル

第二條　三池鑛山局ニ職員ヲ置クコト左ノ如シ

事務長
技術官
屬

第三條　事務長ハ一人奏任トス大藏大臣ノ指揮監督ヲ承ケ局中全部ノ事ヲ掌理ス

第四條　技術官ハ事務長ノ指揮監督ヲ承ケ工事ヲ分掌ス
第五條　屬ハ判任トス上官ノ指揮ヲ承ケ書記計算簿記ニ從事ス
第六條　三池鑛山局ニ工業課運輸課營繕課製作課及庶務課ヲ置キ其分掌規程ハ大藏大臣ノ定ムル所ニ依ラシム

佐渡鑛山局官制

第一條　佐渡鑛山局ハ大藏大臣ノ管理ニ屬シ採鑛ノ事ヲ掌ル
第二條　佐渡鑛山局ニ職員ヲ置クコト左ノ如シ
事務長
技術官
屬
第三條　事務長ハ一人奏任トス大藏大臣ノ指揮監督ヲ承ケ局中全部ノ事ヲ掌理ス
第四條　技術官ハ事務長ノ指揮監督ヲ承ケ工事ヲ分掌ス
第五條　屬ハ判任トス上官ノ指揮ヲ承ケ書記計算簿記ニ從事ス
第六條　佐渡鑛山局ニ鑛場課製鑛課分析課機械課庶務課會計課及營繕課ヲ置キ其分掌規程ハ大藏大臣ノ定ムル所ニ依ラシム

生野鑛山局官制

第一條　生野鑛山局ハ大藏大臣ノ管理ニ屬シ採鑛ノ事ヲ掌ル
第二條　生野鑛山局ニ職員ヲ置クコト左ノ如シ
事務長
技術官
屬
第三條　事務長ハ一人奏任トス大藏大臣ノ指揮監督ヲ承ケ局中全部ノ事ヲ掌理ス
第四條　技術官ハ事務長ノ指揮監督ヲ承ケ工事ヲ分掌ス
第五條　屬ハ判任トス上官ノ指揮ヲ承ケ書記計算簿記ニ従事ス
第六條　生野鑛山局ニ鑛場課製鑛課分析課機械課庶務課會計課及營繕課ヲ置キ其分掌規程ハ大藏大臣ノ定ムル所ニ依ラシム

○第廿五節　造幣局印刷局及三池佐渡生野鑛山局分掌規程　明治十九年四月大藏省第十八號令

造幣局分掌規程

造幣局印刷局及三池、佐渡、生野鑛山局ノ分掌規程ヲ定ムルコト左ノ如シ
第一條　總務部ハ内外ノ諸公文書類諸報告ノ取扱監察ノ事務職員ノ

取扱及ヒ諸雜件調理ノ事ヲ掌ル

第二條　會計部ハ營業費ノ豫算決算及ヒ其出納各工塲諸官舎等所屬建物ノ營繕ニ關スル事務ヲ掌ル

第三條　第一部ハ各地金及ヒ成貨ノ出納計算等ノ事ヲ掌ル

第四條　第二部ハ金銀貨幣ノ鑄造ニ屬スル工事ヲ掌ル

第五條　第三部ハ銅貨幣ノ鑄造ニ屬スル工事ヲ掌ル

第六條　第四部ハ各種極印ノ彫刻鍛冶鑄鐵銅工等及ヒ瓦斯骸炭製造ノ事ヲ掌ル

第七條　第五部ハ精製分析ニ屬スル工事ヲ掌ル

第八條　大藏省構內ニ造幣局出張所ヲ置キ各地金ノ受入及ヒ代リ貨幣拂渡ノ手續ヲ分掌セシム

第九條　造幣局出張所ノ事務規程ハ別ニ定ムル所ニ依ラシム

印刷局分掌規程

第一條　總務部ハ諸公文書類ノ取扱各部業務ノ監督帳簿金錢物品ノ撿査職員ノ取扱及ヒ全體ノ取締ニ關スル事ヲ掌ル

第二條　會計部ハ營業費ノ豫算決算及ヒ其出納事務諸物品ノ購買發賣幷ニ諸機械ノ製作修補所屬建物ノ營繕ニ關スル事ヲ掌ル

第四條　抄紙部ハ抄紙ニ關スル一切ノ工事ヲ掌ル

三池鑛山局分掌規程

第一條　工業課ハ採炭疏水通氣及ヒ錐鑿等ニ關スル一切ノ工事ヲ掌ル

第二條　運輸課ハ所屬ノ船舶ヲ管理シ內外各地方ヘ石炭輸送ノ事ヲ掌ル

第三條　營繕課ハ坑外車道棧橋舍屋溝渠ノ修築其他諸建物ノ營繕ニ關スル事項ヲ掌ル

第四條　製作課ハ各科需用ノ器具及ヒ其他製造ノ事業ヲ掌ル

第五條　庶務課ハ諸公文書職員ノ取扱其他一切雜務ノ調理經費ノ豫算決算及ヒ其出納幷ニ石炭ノ販賣諸需用物品ノ購買等ヲ掌ル

佐渡鑛山局分掌規程

第一條　鑛場課ハ鑛石ノ採堀及ヒ精撰等ノ事ヲ掌ル

第二條　製鑛課ハ鑛石ノ製煉及ヒ精製等ノ事ヲ掌ル

第三條　分析課ハ各鑛物試驗分析ノ事ヲ掌ル

第四條　機械課ハ各工塲諸機械ノ新製及ヒ修補等ノ事ヲ掌ル

第五條　庶務課ハ諸公文及ヒ職員ノ取扱諸取締其他一切雜務ノ調理

ヲ掌ル

第六條　會計課ハ經費ノ豫算決算及ヒ其出納帳記産出金銀銅ノ價格ニ關スル計算幷ニ需用物品ノ購買管守等ヲ掌ル

第七條　營繕課ハ各工場及ヒ諸建物ニ關スル營繕修理其他土木ノ事等ヲ掌ル

生野鑛山局分掌規程

第一條　鑛場課ハ鑛石ノ採堀及ビ精撰等ノ事ヲ掌ル

第二條　製鑛課ハ鑛石ノ製煉及ビ精製等ノ事ヲ掌ル

第三條　分析課ハ各鑛物試驗分析ノ事ヲ掌ル

第四條　機械課ハ各工場諸機械ノ新製及ビ修補等ノ事ヲ掌ル

第五條　庶務課ハ諸公文及ビ職員ノ取扱諸取締其他一切雜務ノ調理ヲ掌ル

第六條　會計課ハ經費ノ豫算決算及ビ其出納帳記産出金銀銅ノ價格ニ關スル計算幷ニ需用物品ノ購買管守等ヲ掌ル

第七條　營繕課ハ各工場及ビ諸建物ニ關スル營繕修理其他土木ノ事等ヲ掌ル

○第廿六節　地方遞信官々制

明治十九年三月　勅令第八號

勅令　朕地方遞信官官制ヲ裁可シ茲ニ之ヲ公布セシム
第一條　地方郵便電信ノ事務ヲ管理スル爲ニ須要ノ地方ニ遞信管理局ヲ置キ遞信大臣ノ管轄ニ屬セシム
第二條　各遞信管理局ニ職員ヲ置クコト左ノ如シ
遞信管理局長
遞信管理局次長
遞信監察官
遞信監察官補
第三條　遞信管理局長ハ奏任三等四等五等トス遞信大臣ノ指揮監督ヲ承ケ地方遞信ノ事務ヲ管理ス
第四條　遞信管理局次長ハ奏任現任局長ノ次等以下トス遞信管理局長ノ事務ヲ佐ク若シ局長ナキトキ又ハ局長事故アルトキハ遞信大臣ノ命ニ依リ局長ノ事務ヲ掌理ス
第五條　遞信監察官ハ奏任四等以下トス局長ノ命ヲ承ケ遞信事務監察ノ事ヲ掌ル
第六條　遞信監察官補ハ判任トス遞信監察官ノ事務ヲ佐ク
第七條　地方郵便電信ノ事務ヲ掌理スル爲ニ郵便局及電信分局ヲ置

キ遞信管理局ノ管理ニ屬セシム郵便局ノ等級ヲ分チテ一等二等及三等トス又電信分局ノ等級ヲ分チテ一等二等及三等トス

第八條　郵便局及電信分局ニ職員ヲ置クコト左ノ如シ

郵便局長

郵便書記

電信分局長

電信書記

第九條　一等郵便局ノ局長ハ奏任四等以下トス二等郵便局及三等郵便局ノ局長ハ判任トス遞信管理局長ノ指揮命令ヲ承ケ成規ニ從ヒ其局務ヲ掌理ス

第十條　郵便書記ハ判任トス郵便事務ニ從事シ郵便局長事故アルトキハ其事務ヲ代理ス郵便書記ハ便宜雇員ヲ以テ之ニ充ツルコトヲ得

第十一條　一等電信分局ノ長ハ奏任四等以下トス二等電信分局及三等電信分局ノ局長ハ判任トス遞信管理局長ノ指揮命令ヲ承ケ成規ニ從ヒ其局務ヲ掌理ス

第十二條　電信書記ハ判任トス電信事務ニ從事シ電信分局長事故ア

ルトキハ其事務ヲ代理ス電信書記ハ便宜雇員ヲ以テ之ニ充ツルコトヲ得

○第廿七節　稅關官制

明治十九年三月廿五日

勅令　朕稅關官制ヲ裁可シ茲ニ之ヲ公布セシム

御名　御璽

勅令第七號

稅關官制

第一條　各稅關ハ大藏大臣ノ管轄ニ屬シ職員ヲ置クコト左ノ如シ

稅關長

稅關副長

屬

監吏

鑒定吏

第二條　稅關長ハ奏任トス大藏大臣ノ指揮監督ヲ承ケ海關稅及諸收入ノ事ヲ掌理ス稅關長ハ其主務ニ就キ關稅局長ト協辨スルコトアルベシ

第三條　稅關副長ハ奏任トス橫濱神戶ノ兩稅關ニ限リ之ヲ置ク稅關副長ハ稅關長ノ事務ヲ佐ク稅關長事故アルトキハ其事務ヲ代理ス
第四條　屬ハ判任トス各上官ノ指揮ヲ承ケ書記計算簿記ノ事ニ從フ
第五條　監吏ハ判任トス各上官ノ指揮ヲ承ケ密商脫稅監視ノ事ニ從フ監吏ハ便宜雇員ヲ以テ之ニ充ツルコトヲ得
第六條　鑒定吏ハ判任トス各上官ノ指揮ヲ承ケ貨物鑒定ノ事ニ從フ鑒定吏ハ便宜雇員ヲ以テ之ニ充ツルコトヲ得
第七條　各稅關ニ撿查課鑑定課收稅課倉庫課監視課文書課製表課及會計課ヲ置キ其事務ヲ分掌セシム
第八條　撿查課ハ輸出入貨物ノ撿查ニ關スル一切ノ事ヲ掌ル
第九條　鑑定課ハ輸出入貨物ノ性質價直其他鑑定ニ關スル一切ノ事ヲ掌ル
第十條　收稅課ハ輸出入貨物ノ稅金及船舶倉庫等ノ諸收入金收納ニ關スル一切ノ事ヲ掌ル
第十一條　倉庫課ハ倉庫上屋ヲ管守シ其開閉及貨物ノ出納ニ關スル一切ノ事ヲ掌ル
第十二條　監視課ハ密商脫稅監視ノ事ヲ掌ル

第十三條　文書課ハ內外諸文書及職員ノ取扱免狀證書等捺印ノ事ヲ掌ル
第十四條　製表課ハ貿易ニ關スル諸表編製ノ事ヲ掌ル
第十五條　會計課ハ稅關諸收入及經費ノ豫算決算並經費ノ出納買上品官沒品ノ取扱財產ノ管守其他諸傭人ノ身分ニ關スル事ヲ掌ル

○第廿八節　高等師範學校高等中學校東京商業學校官制　明治十九年四月二十二日

○勅令　朕高等師範學校高等中學校東京商業學校ノ官制ヲ裁可シ茲ニ之ヲ公布セシム

御名御璽

勅令第三十五號

高等師範學校高等中學校東京商業學校官制

第一條　高等師範學校高等中學校東京商業學校ニ左ノ職員ヲ置ク

學校長　高等師範學校ハ勅任二等又ハ奏任一等二等高等中學校東京商業學校ハ奏任自一等至三等

敎頭　奏任自一等至四等

敎諭　奏任自一等至六等

幹事　奏任自四等至六等
助教諭　判任
舍監　判任
訓導　判任　高等師範學校ニ限リ之ヲ置ク
書記　判任
第二條　學校長ハ文部大臣ノ命ヲ承ケ校務ヲ掌理シ所屬職員ヲ統督ス
第三條　教頭ハ教諭ヨリ之ニ兼任ス教頭ハ學校長ノ指揮ヲ承ケ教務ヲ整理シ教室ノ秩序ヲ保持スルコトヲ掌ル
第四條　幹事ハ學校長ノ指揮ヲ承ケ庶務ヲ幹理ス
第五條　教諭助教諭訓導ノ員數ハ其學科ノ輕重及生徒ノ員數ニ應シテ之ヲ定ム

○第廿九節　商船學校電信修技學校官制　明治十九年四月十六日

朕商船學校電信修技學校ノ官制ヲ裁可シ茲ニ之ヲ公布セシム
御名　御璽
勅令第拾九號

商船學校官制

第一條　商船學校ハ遞信大臣ノ管理ニ屬シ航海運用機關ノ學術ヲ敎授スル所トス

第二條　商船學校ニ職員ヲ置クコト左ノ如シ

校長

幹事

敎授

助敎

書記

第三條　校長ハ一人奏任二等以下トス遞信大臣ノ指揮監督ヲ承ケ校務ヲ掌理シ及幹事以下ノ職員ヲ監督ス

第四條　幹事ハ一人奏任三等以下トス校長ノ指揮ヲ承ケ庶務ヲ掌理シ校長事故アルトキハ其職務ヲ代理ス

第五條　敎授ハ三人奏任三等以下トス生徒ノ敎授ヲ掌ル

第六條　助敎ハ判任トス敎授ノ職掌ヲ佐ク

第七條　書記ハ判任トス校長ノ指揮ヲ承ケ庶務ニ從事ス

電信修技學校官制

第一條　電信修技學校ハ遞信大臣ノ管理ニ屬シ電機通信ノ技術ヲ教授スル所トス

第二條　電信修技學校ニ職員ヲ置クコト左ノ如シ

校長

幹事

教諭

第三條　校長ハ一人奏任三等以下トス遞信大臣ノ指揮監督ヲ承ケ校務ヲ掌理シ及幹事以下ノ職員ヲ監督ス

第四條　幹事ハ判任トス校長ノ指揮ヲ承ケ庶務ヲ掌理シ校長事故アルトキハ其職務ヲ代理ス

第五條　教諭ハ判任トス生徒ノ教諭ヲ掌ル

○第三十節　東京農林學校官制　明治十九年七月廿二日

朕駒場農學校及東京山林學校ヲ廢シ更ニ東京農林學校ヲ置キ其官制ヲ裁可シ茲ニ之ヲ公布セシム

御名　御璽

明治十九年七月二十二日

内閣總理大臣伯爵伊藤博文

農商務大臣伯爵山縣有朋

勅令第五十六號(官報　七月二十三日)

東京農林學校官制

第一條　東京農林學校ハ農商務大臣ノ管理ニ屬シ農業獸醫及森林ニ關スル諸學術ヲ敎授スル所トス

第二條　東京農林學校ノ各專門學科ヲ卒ヘ定規ヲ試驗ヲ經タル者ニ卒業證書ヲ授與ス

第三條　東京農林學校ニ職員ヲ置クコト左ノ如シ

校長
幹事
敎授
助敎
助敎補
訓導
舍監
書記

第四條　校長ハ一人奏任一等以下トシ農商務大臣ノ指揮監督ヲ承ケ東京農林學校ヲ總轄ス其職掌ノ要領ヲ定ムルコト左ノ如シ

一、東京農林學校ノ秩序ヲ保持スル事
二、東京農林學校ノ狀況ヲ監察シ改良ノ必要ヲ認ムルノ事項アルトキハ案ヲ具ヘテ農商務大臣ニ提出スル事
第五條 幹事ハ一人奏任トシ現任校長ノ次等以下トス校長ノ指揮ヲ承ケ庶務ヲ掌理シ校長事故アルトキハ其事務ヲ代理ス
第六條 敎授ハ奏任トス生徒ノ敎授ヲ掌ル
敎授ノ人員ハ生徒ノ員數及學科ニ應シテ別ニ農商務大臣ノ定ムル所ニ據ル
第七條 助敎ハ判任トス職掌敎授ニ亞ク
第八條 助敎補ハ判任トス敎授及助授ノ職掌ヲ佐ク
第九條 訓導ハ判任トス實業ヲ敎ユルコトヲ掌ル
第十條 舍監ハ判任トス校長若クハ幹事ノ指揮ヲ承ケ生徒及校舍ニ關スル事務ヲ掌ル
第十一條 書記ハ判任トス上官ノ指揮ヲ承ケ會計及庶務ニ從事ス

○第三十一節 大小林區署官制

明治十九年四月十六日

第一條 大林區署ハ農商務大臣ノ管理ニ屬シ左ノ事務ヲ掌ル

一　長期施業按編制ノ事
二　小林區務算ニ關スル事項
三　管區巡回視察ニ關スル事項
四　官林産物賣拂許否ニ關スル事項
五　林地境界調査分合ニ關スル事項
六　林地ノ變更及貸渡ニ關スル事項

第二條　大林區署ニ職員ヲ置クコト左ノ如シ

林務官
林務官補
書記

第三條　林務官ハ奏任三等以下トス農商務大臣ノ指揮監督ヲ承ケ大林區署長ト爲リテ所轄官林ヲ管理ス

第四條　林務官補ハ判任トス其所部ヲ監督シ及署務ヲ分掌ス

第五條　書記ハ判任トス上官ノ指揮ヲ承ケ庶務ニ從事ス

第六條　小林區署ハ大林區署ニ屬シ左ノ事務ヲ掌ル

一　短期施業豫算ノ事
二　山林諸産物採收及賣却ニ關スル事項

三　造林及林地改良ニ關スル事項
四　官林保護ニ關スル事項
五　官林內道路其他築造ニ關スル事項
六　林地測量製圖ノ事
第七條　小林區署ニ職員ヲ置クコト左ノ如シ
營林主事
營林主事補
森林監守
第八條　營林主事ハ判任トス農商務大臣林務官又ハ林務官補ノ指揮監督ヲ承ケ小林區署長ト爲リテ所轄小林區ノ業務ヲ掌ル
第九條　營林主事補ハ判任トス署長ノ指揮ヲ承ケ營林ノ業務ヲ分掌ス
第十條　森林監守ハ判任トス上官ノ指揮ヲ承ケ林區保護ニ從事ス森林監守ハ便宜雇員ヲ以テ之ニ充ツルコトアルヘシ

○第卅二節　土木監督區署官制

明治十九年七月
內務省第十三號

土木監督區署官制左ノ通定ム

土木監督區署官制

第一條　內務省直轄ノ工事及府縣土木ノ事業ヲ監督スル爲メ全國ヲ分チ土木監督區ヲ置ク其區域名稱ハ左ノ如シ
第一區武藏　上總　下總　常陸　上野　下野　安房　相模　伊豆　駿河　甲斐　遠江　信濃ノ內
第二區　磐城　岩代ノ內　陸前　陸中　陸奥　羽前　羽後
第三區　越後　岩代ノ內　越中　佐渡　能登　加賀　越前　飛彈ノ內　信濃ノ內
第四區　三河　尾張　美濃　信濃ノ內　飛彈ノ內　伊勢　志摩　伊賀　近江　若狹　山城　大和　攝津　河內　和泉　紀伊　丹波　丹後　但馬　播磨
第五區　淡路　阿波　讃岐　伊豫　土佐　備前　備中　備後　安藝　周防　長門　美作　因幡　伯耆　出雲　隱岐　石見
第六區　豐前　豐後　筑前　筑後　肥前　肥後　薩摩　大隅　日向・壹岐　對馬
第二條　土木監督區ニ土木監督署ヲ置キ內務大臣ノ管轄ニ屬シ職員ヲ置クコト左ノ如シ

土木巡視長
土木巡視
土木巡視補

第三條　巡視長ハ一等乃至三等ノ技師ヲ以テ之ニ充ツ內務大臣ノ指揮監督ヲ承ケ土木ノ事務ヲ管理ス

第四條　巡視長ハ其管轄部內ヲ巡廻シ府縣土木事業ヲ監視シ其利害得失ヲ精査シ報告書ヲ內務大臣ニ呈出スヘシ

第五條　巡視長ハ內務省直轄ノ河川堤防道路橋梁港灣ニ係ル土功ヲ計畫シ其意見ヲ內務大臣ニ具申スヘシ

第六條　巡視長內務大臣ノ命令ニ依リ特ニ新設工事又ハ既成工事ノ變更等ヲ撿査スルトキハ其意見ヲ內務大臣ニ具申スヘシ

第七條　巡視長ハ內務大臣ノ招集ニ應シ土木會議ヲ開キ全國土木事業ノ得失ヲ討議スルコトヲ得

但會議ノ規則ハ內務大臣ノ定ムル所ニ依ル

第八條　巡視ハ三等乃至六等ノ技師ヲ以テ之ニ充ツ巡視長ノ命ヲ承ケ土木ノ事務ニ從事ス

第九條　巡視補ハ技手又ハ屬ヲ以テ之ニ充ツ上官ノ命ヲ受ケ庶務及

土木ノ事務ニ從事ス

●第三章　海軍

○第壹節　海軍會計撿査部官制　明治十九年四月廿二日

勅令　朕海軍會計撿査部官制ヲ裁可シ茲ニ之ヲ公布セシム

御名　御璽

勅令第三十號

海軍會計撿査部官制

第一條　海軍會計撿査部ハ海軍一般ノ金錢物品ノ會計ヲ撿査スル所トス

第二條　會計撿査部ニ左ノ職員ヲ置ク

部長一人主計大監

撿査官四人主計官

撿査官補屬

第三條　部長ハ海軍大臣ノ命ヲ承ケ主管ノ事務ヲ總理ス

第四條　部長ハ會計撿査及決算證明ノ事ニ付テハ會計撿査院長ニ對シ辨明ノ責ニ任ス

第五條　部長ハ大臣ノ命ヲ承ケ又ハ其允許ヲ得テ各官廨艦船營ヲ巡視シ其會計ヲ撿査ス

第六條　部長ハ出納法規金錢物品給與ノ規則ニ付意見アルトキハ之ヲ大臣ニ開申スヘシ

第七條　部長ハ撿査上ニ於テ主任者ノ說明ヲ要スルトキハ之ヲ喚問シ又ハ直ニ之ト通信スルコトヲ得

第八條　撿査官ハ部長ノ命ヲ承ケ成規ニ從ヒ各官廨艦船營ノ會計ヲ撿査ス

第九條　撿査官補ハ撿査ノ事務ヲ補助ス

○第二節　海軍會計撿査規程

明治十九年四月三十日海軍省第廿七號令

海軍會計撿査規程左ノ通定ム

海軍會計撿査規程

第一條　海軍ノ會計撿査ハ海軍會計撿査部ノ掌ル所トス

第二條　會計撿査ノ要目ハ左ノ如シ

第一　金錢ノ出納及其決算

第二　物品ノ出納決算及其貯蓄法

第三　建築修繕ノ請負方法
第四　土地家屋物品ノ購買及拂下方法
第三條　會計檢査部ニ於テハ豫算決定額ニ基キ目以上ノ金額ヲ記簿シ出納決算檢査ノ照準ト爲スヘシ
第四條　歳入歳出出納規則第三十七條第三十八條第三十九條第六十五條第七十條第七十一條第七十二條第七十三條第七十七條第七十八條第七十九條第八十條ノ諸報告ハ大藏省或ハ會計檢査院ニ送付ノ以前會計檢査部ニ於テ之ヲ檢査スヘシ
第五條　收支決算檢査ノ方法ハ左ノ手續ニ從フヘシ
一　會計主務官ハ毎月十日マテニ前月分ノ決算帳ヲ會計檢査部ニ發送スヘシ
二　會計主務官ハ毎月十日マテニ歳入歳出出納規則ニ依リ四月以後支出シタル金額ノ決算書ヲ會計檢査部ニ發送スヘシ
三　會計檢査部長ハ諸決算ヲ檢査シ正當ト認定スルトキハ之ヲ會計檢査院ニ送付シ其都度會計主務官ニ通告ス其正當ナラサルモノハ會計主務官ヲシテ再調セシムヘシ
四　會計檢査部長ハ收支決算帳ノ檢査ヲ定了セハ其成績ヲ大臣ニ

明治十九年一月内閣第三號

明治七年四月太政官第五十七號達水路寮ニ於

具申スヘシ

五　會計檢査部長ハ會計檢査院長ノ決算認可狀ヲ受ケテ之ヲ會計主務官ニ送付スヘシ

第六條　物品主管ノ廳ハ會計檢査部ニ於テ定ムル所ノ樣式ニ從ヒ每月十日マテニ前月分ノ物品受拂報告ヲ會計檢査部ニ出シ檢査部ニ於テハ之ヲ檢査スヘシ

第七條　會計ノ實況ヲ檢査セシムル爲メニ每年一次又ハ臨時會計檢査部長又ハ檢査官ヲ派出ス

第八條　實況檢査ヲ行フトキハ派出ノ檢査部長又ハ檢査官ヨリ五日以前ニ其旨ヲ檢査ヲ受クヘキ廳ニ通知スルモノトス

第九條　會計檢査上會計官吏ノ會計法規ニ違フ者ヲ發見シタルトキハ會計檢査部長之ヲ所管長ヘ告知シ又時宜ニ依リ大臣ニ具申スヘシ

○第三節　海軍水路部官制

明治十九年四月廿二日

勅令　朕海軍水路部官制ヲ裁可シ茲ニ之ヲ公布セシム

御名　御璽

達ニ依リ廢ス

テ各洋海上現象記事本年ヨリ以後年々編輯候ニ付各廳所轄並人民所持西洋形船艦ハ航行及碇泊中ノ晴雨寒暖計針路方向羅鍼差違等都テ別表ノ通記載セシメ毎年六月十二月兩度管轄廳ヨリ同寮ヘ可差出

勅令第二十六號

第一條　海軍水路部ハ水路測量海圖調整水路誌編纂氣象觀測及圖誌測器ノ配備其他航海ノ保安ニ關スル事項ヲ掌ル

第二條　水路部ニ測量科圖誌科測器科觀象臺計算課ヲ置ク

第三條　水路部ニ左ノ職員ヲ置ク

部長一人少將

測量科長一人大佐或中佐

圖誌科長一人少佐

測量班長三人少佐或大尉

觀象臺長一人大尉或技術官

測器科長一人大尉

圖誌科僚一人同上

測量士六人大尉或中尉

觀測士一人尉官或技術官

計算課長一人屬

測量助手若干人判任技術官

觀測助手若干人屬或判任技術官

第四條　部長ハ海軍大臣ノ命ヲ承ケ主管ノ事務ヲ總理ス
第五條　部長ハ其名ヲ以テ水路告示ヲ發スルコトヲ得
第六條　測量科長ハ部長ノ命ヲ承ケ左ノ事務ヲ掌ル
一　各班ニ下スヘキ測量教令ヲ立案スル事
二　各班ノ測量原圖ノ精査及保管ニ關スル事項
三　圖誌科ニ於テ調整セル海圖ノ調査ニ關スル事項
四　各班ノ水路記事ノ調査ニ關スル事項
五　測量經費豫算ニ關スル事項
六　測量成績報告書及測量ニ關スル書類ヲ立案シ又ハ調査スル事
七　測量ニ係ル報告統計ノ整理ニ關スル事項
第七條　測量科長ハ須要ナル方面ノ測量ニハ班長以下ヲ指揮シテ之ニ從事ス
第八條　測量班長ハ各班ニ長トシテ一方面ノ測量事業ヲ主幹シ原圖ヲ調整シ其水路記事ヲ記述スル事ヲ掌ル
第九條　測量士ハ各班ニ分屬ス
第十條　測量方面ノ狹少ナルモノハ測量士ヲシテ之ヲ主幹セシムルコトヲ得

第十一條　測量助手ハ各班ニ分屬シテ班長ノ命ヲ承ケ測量士ヲ助ク
第十二條　圖誌科ニ於テハ左ノ事務ヲ掌ル
一　測量原圖ニ依リ海圖ヲ調整スル事
二　諸報告ヲ調査シ海圖水路誌ヲ編成補正改正シテ之ヲ出版スル事
三　水路告示ヲ起案スル事
四　艦船營ニ備フル海圖水路誌ノ定數ニ關スル事項
五　海圖水路誌ヲ各鎭守府ニ配賦シ及新舊圖誌ヲ交換スル事
六　圖誌ノ經費豫算ニ關スル事項
七　圖誌ヲ保管スル事
八　圖誌ニ係ル報告統計ノ整理ニ關スル事項
第十三條　測量科ニ於テハ左ノ事務ヲ掌ル
一　測器ヲ保護整頓製造修理スル事
二　艦船營ニ備フル測器ノ定數ニ關スル事項
三　測器ヲ各鎭守府ニ配賦シ及新舊測器ヲ交換スル事
四　測器ノ購買及經費豫算ニ關スル事項
五　測器ニ係ル報告統計ノ整理ニ關スル事項

第十四條　科長ハ部長ノ命ヲ承ケ科務ヲ整理ス
第十五條　科僚ハ科長ノ命ヲ承ケ科務ニ服ス
第十六條　觀象臺ニ於テハ左ノ事務ヲ掌ル
一　天體氣象及鑛氣ヲ觀測シ經度ノ聯測ヲ行ヒ測器ヲ試驗シ警報ヲ發スル事
二　沿海ノ氣象ヲ調査シ天候圖海流圖ヲ編成スル事
三　觀象及測器試驗ニ係ル報告統計ノ整理ニ關スル事項
第十七條　觀象臺長ハ部長ノ命ヲ承ケ觀象臺ノ事務ヲ整理ス
第十八條　觀測士ハ臺長ノ命ヲ承ケ觀象臺ノ事務ヲ分掌ス
第十九條　觀測助手ハ臺長ノ命ヲ承ケ觀測其他ノ事ニ服ス
第二十條　計算課長ハ部長ノ命ヲ承ケ課務ヲ整理ス
第二十一條　計算課ニ於テハ左ノ事務ヲ掌ル
一　本部經費金收入金ノ豫算書決算書ノ調整ニ關スル事項
二　部內經費金收入金ノ出納ニ關スル事項
三　部內ノ庶務
第二十二條　第三條ニ揭クル職員ノ外屬員トシテ判任官若干人ヲ置ク

○第四節　海軍衛生部官制

明治十九年
四月廿二日

勅令　朕海軍衛生部官制ヲ裁可シ茲ニ之ヲ公布セシム

御　名　御　璽

勅令第二拾八號

海軍衛生部官制

第一條　海軍衛生部ハ海軍ノ醫務衛生ニ關スル事項ヲ掌ル

第二條　衛生部ニ第一課第二課及衛生會議ヲ置ク

第三條　衛生部ニ左ノ職員ヲ置ク

部長一人軍醫總監

第一課長一人軍醫監

第一課僚一人軍醫

第二課長一人軍醫監

衛生會議議員四人軍醫監專務一人兼務三人

第四條　部長ハ海軍大臣ノ命ヲ承ケ主管ノ事務ヲ總理ス

第五條　第一課ニ於テハ左ノ事務ヲ掌ル

一　鎭守府艦隊及官廨ノ醫務衛生ニ關スル事項

二　戰時ノ醫務衛生ニ關スル事項

三　軍人ノ體格ニ關スル事項
四　艦船營學校病院監獄ノ構造ニ關スル衛生上ノ事項
五　恩給及賑恤金ニ係ル診斷書ノ調査ニ關スル事項
六　斷訟醫事ノ紀事
七　各海港ノ風土氣象及風土病ニ關スル事項
八　傳染病及流行病ノ豫防ニ關スル事項
九　遠洋航艦船ノ軍醫ニ與フル訓條ヲ立案スル事
十　軍醫官ノ職務及勤務ニ關スル事項
十一　軍醫官ノ採用及其試驗ニ關スル事項
十二　軍醫官軍醫生徒看護手看病夫教育方法ノ創設改良ニ關スル事項
十三　外國海軍ノ醫務衛生ニ關スル事項
十四　軍醫學ノ進步及其參考品ニ關スル事項
十五　衛生費及醫事ニ係ル報告統計ノ整理ニ關スル事項

第六條　第二課ニ於テハ左ノ事務ヲ掌ル
一　病院及艦船營各官廨ノ病室ニ備フル藥品用品ノ品種及定數ニ關スル事項

二　前項諸品ノ費用ノ調査ニ關スル事項
三　第一項諸品ノ良否及保存ノ調査ニ關スル事項
四　糧食ノ良否及保存ノ調査ニ關スル事項
五　理化學上ノ諸檢査及記事ニ關スル事項
第七條　課長ハ部長ノ命ヲ承ケ課務ヲ整理ス
第八條　課僚ハ課長ノ命ヲ承ケ課務ニ服ス
第九條　部長ハ衞生會議ノ議長ト爲リ議事ヲ整理ス
第十條　部長ハ海軍一般ノ醫務衞生及軍醫官ノ學術ヲ監督シ其能否ヲ熟知スルヲ要ス
第十一條　部長ハ大臣ノ命ニ依リ或ハ其允許ヲ得テ海軍部內ノ各病院室ヲ巡檢ス
第十二條　衞生會議ニ於テ議スヘキ事項ノ概目ハ左ノ如シ
一　海軍一般ノ醫務衞生ニ關スル事項ノ當否及其改良
二　軍醫官軍醫生徒看護手看病夫ノ敎育方法
第十三條　第三條ニ揭ケル職員ノ外屬員トシテ判任官若干人ヲ置ク

○第五節　海軍各廳處務通則　明治十九年三月海軍省要第一八五號達

明治九年九月丙第一號達海軍假條例ヲ廢シ更ニ海軍各廳處務通則別冊ノ通之ヲ定ム

但諸會議艦船及委員等ニ於テモ亦本則ニ準據スヘシ

海軍各廳處務通則

第一條　此通則ハ海軍部內大臣ニ直隸スル各廳處務ノ要領ヲ示スモノトス但其廳長ノ權限ニ屬スル條項ヲ除クノ外ハ附屬諸廳ニ於テモ亦之ニ準據スヘシ又大臣官房及各局ノ處務ニ關シ處務細則ニ正條アルモノハ其細則ニ從フヘシ

第二條　凡ソ事務ヲ處スルハ繁文ヲ去リ簡易ヲ主トシ重要ノ事件又ハ物品金錢ノ計算書受授交換ノ證書ノ如キ不得止モノヽ外ハ可成文書ヲ用ヒス互ニ面議シテ處辨スヘシ但省外各官廨ノ如キ隔離スルモノハ面議ニ代フルニ書信ヲ以テスルハ其便宜ニ任スト雖モ極メテ簡短便捷ナルヲ要ス

第三條　各廳長ハ其主務ニ就キ書面上ノ調査ニテ明了ナラサル事件アルトキハ各廳旅費豫算定額內ニ於テ所屬員ヲ浦賀以內ニ派出スルコトヲ得

第四條　各廳長ハ所轄課僚ニ掛ヲ命シ及屬員ニ分課ヲ命スルコトヲ

得但其分課ヲ命シタルトキハ届出ヘシ
第五條　各廳長ハ臨時事務ノ繁閑ニ依リ甲務ノ吏員ニ乙務ノ補助ヲ命スルコトヲ得
第六條　各廳長ハ毎週一次其廳ノ件名簿ヲ調査シテ延滯稽留ノ文書ヲ査シ其理由ヲ撿明スヘシ
第七條　各廳長ハ臨時廳中ヲ巡視シ事務ノ繁閑及部下諸員服務ノ狀況ヲ視察スヘシ
第八條　各廳長ハ海軍大臣ヨリ下附ノ文書若クハ他廳或ハ其附屬廳ヨリ受領スル文書ヲ故ナク一週以上留置スヘカラス其留置セサルヘカラサル理由アルモノハ之ヲ摘記上申シ或ハ報告スヘシ
第九條　各廳長互ニ相連係スル事務ヲ處スルニ當リ其權限内ニ屬スルモノハ互ニ相協議シ其權限内ニ屬セサルモノハ協議ノ上上申スヘシ
第十條　各廳長ハ毎年四月ニ於テ各會計年度中施行シタル事業ノ狀況及成績ヲ具ヘ報告書ヲ出スヘシ
第十一條　各廳ニ於テ事務多忙出勤退出ノ定時限内ニ於テ處辨シ難キトキハ各廳長或ハ各課長其部下諸員ヲシテ定時限外ノ服務ヲ命

シ處辨セシムヘシ

第十二條　各廳ニ於テ條例規則ノ疑義アルトキハ其主務廳ニ質疑シ主務廳直ニ之ヲ説明スヘシ

第十三條　各廳ニ於テ文書ノ處分未濟ニシテ重要ナルモノハ箱櫃ニ藏メ庫中又ハ適宜ノ場所ニ藏ムヘシ

第十四條　凡ソ公文ハ左ノ種類ニ從ヒ各結文ニ於テ之ヲ區別スヘシ其統計報告ニ關スルモノハ各便宜ニ從フ

第一　上申

第二　伺

第三　屆

第四　照會、回答、通牒

第五　願

第十五條　公文ハ美濃野紙ヲ用ヒ其大臣ニ進達スルモノハ總テ該長ノ職官爵氏名ヲ署シ代理者タルトキハ其官爵氏名ノ右傍ニ職官爵氏名代理ト書スヘシ

第十六條　前條ノ公文及他ノ官署ニ往復スル公文ハ該長ノ職印ヲ捺シ其職印ナキモノハ各自ノ印ヲ捺スヘシ

第十七條　自己ノ身上ニ關スルモノハ美濃白紙ヲ用ヒ官爵氏名ヲ署シテ自己ノ印ヲ捺シ奏任以上ハ大臣ニ宛判任官ハ各廳長ニ宛差出スヘシ但奏任官以上ト雖モ各廳長ノ權限內ニ屬スル事項ハ其廳長ニ宛差出スモノトス

第十八條　第十五條及第十七條ノ公文書類ハ前行ニ各要旨ヲ撮記シ其指令ヲ要スルモノハ總テ二通差出スヘシ

第十九條　官吏事務ヲ取扱フニ當リテハ其公文ノ紙端ニ自己ノ印ヲ捺シ起案調査處辨若クハ領知ノ證ト爲スヘシ

第二十條　各廳ニハ勤務簿ヲ置キ官吏ヲシテ出勤ノ時之ニ捺印セシメ各廳長之ヲ監査スヘシ

第二十一條　官吏病氣ニ依リ出勤スル能ハサルトキハ各廳長ニ屆出ヘシ日數延テ一週間ヲ超ユルトキハ醫證ヲ添ヘ奏任官ハ各廳長ヲ經テ大臣ニ屆出判任官ハ該長ニ屆出尙癒サルトキハ三週間每ニ屆出ヘシ但各廳長ハ直ニ大臣ニ屆出ヘシ

第二十二條　官吏歸省湯治セントスルトキハ往返日數ヲ除キ三十日以內ヲ限リ病氣ノ節ハ醫證ヲ添ヘ奏任官ハ各廳長ヲ經テ大臣ニ願出ヘシ判任官ハ該長ニ願出該長之ヲ許否スヘシ若シ延期ヲ要ス

ルトキハ更ニ三十日以内ヲ限リ前手續ニ依リテ逭願スヘシ但各廳長ハ直ニ大臣ニ願出ヘシ

第二十三條　官吏父母ノ看病其他不得已事故アリ公務ニ從事スル能ハサルトキハ三日以內ハ各廳長之ヲ許否シ四日以上ハ奏任官ハ其廳長ヲ經テ大臣ニ願出ヘシ判任官ハ該長ニ願出該長之ヲ許否スヘシ八日以上ハ出願スルヲ得サルモノトス

但各廳長ハ直ニ大臣ニ願出ヘシ

第二十四條　官吏忌服ヲ受クルトキハ其忌服日數ヲ認メ各廳長ハ直ヲニ大臣ニ届出奏任官ハ各廳長ヲ經テ大臣ニ届出判任官ハ該長ニ届出ヘシ各廳長若シ除服ヲ要スルトキハ奏任官ハ大臣ニ申請シ判任官ハ直ニ之ヲ命スヘシ

第二十五條　各廳近傍出火ノ時ハ其廳勤務ノモノハ勿論他廳ノモノト雖モ速ニ馳付相當ノ盡力ヲ爲スヘシ但出勤中他廳近傍ノ出火ニ當リテハ該長ノ指揮ヲ受ケテ進退スヘシ

第二十六條　各廳ニ於テ退出後ヨリ翌朝諸官員出廳時間マテノ間及休暇日ハ宿直ヲ置クヘシ

第二十七條　宿直ハ平常ハ屬員ヲシテ交番勤務セシメ戰時或ハ事變

ニ際シテハ課僚以上臨時ノ法ヲ設ケ宿直セシムヘシ其人員ノ如キハ各廳長ノ見込ヲ以テ定ムヘシ但特ニ宿直員ノ定規アルモノハ此限ニアラス

第二十八條　各廳ニ於テ急報又ハ即時處分スヘキ事件生スルトキハ宿直者ヨリ其主務者ニ急報シテ出廳ヲ求ル等適宜ノ法ヲ設クヘシ

第二十九條　官吏執務中ハ各自分擔ノ事件ノ外談話論説スヘカラス

第三十條　官吏ハ職務上相關係アルモノヽ外ハ其擔任ノ事件或ハ其趣意ヲ他言スヘカラス其秘密ニ渉ルモノハ職務上關係アルモノト雖モ談話スヘカラス

第三十一條　官吏ハ其長ノ許可ナクシテ其主管ノ公文書類ヲ他人ニ示シ或ハ其寫帖ヲ與フヘカラス又他主管ノ公文ヲ披閲スヘカラス

第三十二條　官吏ハ自己主管ノ事件ハ勿論自己ノ見聞スル官事ヲ漏泄スヘカラス新聞諸社ニ通告スル等ハ最嚴禁トス

○第六節　鎭守府官制　明治十九年四月二十二日

勅令

朕鎭守府官制ヲ裁可シ茲ニ之ヲ公布セシム

御名　御璽

勅令第二十五號

鎭守府官制

第一條　鎭守府ニ參謀部軍醫部主計部造船部兵器部建築部軍法會議監獄署ヲ置ク

第二條　鎭守府管內ニ屯營水電營病院武庫倉庫ヲ配置ス

第三條　鎭守府ニ左ノ職員ヲ置ク

司令長官一人將官

參謀部

參謀長一人大佐或中佐

參謀二人少佐及大尉

司令長官傳令使一人大尉或中尉

司令長官秘書一人主計少監

司令長官秘書補三人以內主計及主計補

文庫主管一人尉官

測器試驗所主管一人同上

軍醫部

部長一人軍醫大監或軍醫中監

部員若干人軍醫少監及軍醫
病院長一人軍醫監
主計部
部長一人主計大監或主計中監
計算課長一人主計少監或大主計
人員課長一人大主計或中主計
材料課長一人同上
衣糧課長一人同上
給與課長一人同上
課員若干人主計及主計補
中央倉庫主管一人大主計或中主計
中央倉庫副主管一人主計
造船部
部長一人大佐或中佐
次長一人匠司「部內一科ノ長ヲ兼子シム」
造船科長一人匠司
造船科主幹三人以內同上

機械科長一人同上
機械科主幹三人以內同上
兵器部
部長一人佐官
次長一人少佐或大尉
主幹二人以內尉官
武庫主管一人同上
水雷庫主管一人同上
建築部
部長一人佐官
主幹三人以內匠司
軍法會議
判士長海軍治罪法ニ依リ之ヲ置ク
判士同上
監獄署
署長一人大尉
警査長三人尉官

第四條　司令長官ハ其所屬ノ艦船軍人軍屬ヲ管轄シ軍港要港ノ防禦管內警保艦船ノ製造修理兵器軍需品ノ貯藏配賦及兵員ノ召集徵集訓練ヲ掌ル

第五條　司令長官ハ其港內ニ旗艦ヲ置キ在港ノ艦船ヲ指揮ス

第六條　司令長官ハ平時ニ於テ麾下艦船ノ管外航海及例外行軍例外演習等ノ軍令ニ關スルモノハ海軍大臣ニ申報シ又軍人軍屬ノ進退黜陟轉換撰任及會計給與等ニ關スルモノハ海軍大臣ノ區處ヲ承クヘシ

第七條　司令長官ハ其管內ニ疑ハシキ艦船アルトキハ其搜索警戒ノ爲メ麾下ノ艦船ヲ管內ニ巡航セシムルコトヲ得但定例巡航外ニ渉ルトキハ海軍大臣ノ區處ヲ承クヘシ

第八條　司令長官ハ他管ノ艦隊又ハ艦船其港內ニ入港スルトキハ港內一般ニ係ル事項ニ就キ之ヲ指揮スヘシ

第九條　司令長官ハ管內騷擾ノ警アルトキハ先ツ情狀ヲ海軍大臣ニ申報シテ其區處ヲ承クヘシ但事火急ニシテ兵力ヲ要シ地方長官ヨリ出兵ヲ要求スルトキハ之ニ應シ狀ヲ具シテ海軍大臣ニ急報シ仍ホ比隣鎭守府ニ通報スヘシ

第十條　司令長官ハ戰時若クハ事變ニ際シテハ其港内ニアル他管ノ艦船其他軍人ヲ以テ其港ノ守衞ニ供スルコトヲ得

第十一條　軍政ニ關スル重要ノ事項ハ司令長官臨時軍政會議ヲ開キ其議長ト爲リ之ヲ審議決定スベシ

第十二條　軍政會議ハ軍港司令官造艦部長兵器部長建築部長主計部長ヲ以テ組織ス但時宜ニ依リ參謀長又ハ軍醫部長ヲ列セシム

第十三條　參謀長ハ司令長官ノ職務ヲ補佐シ專ラ其機務ニ參シ軍醫部主計部其他各官廨ノ職員ヲ監視ス

第十四條　參謀長ハ司令長官不在中特ニ委任セラレタル事件ハ司令長官ノ名ヲ以テ命令ヲ出スコトヲ得

第十五條　參謀長ハ鎭守府所屬ノ病院監獄等ノ紀律ヲ監督ス

第十六條　參謀長ハ文庫及測器試驗所ヲ管理ス

第十七條　參謀長前諸條ニ掲グル職務ノ外左ノ事務ヲ掌ル

一　軍港ノ守衞警保及造船部兵器部建築部ノ警察幷ニ門衞ニ關スル事項

二　海軍所屬砲臺ノ守衞及哨營等ニ關スル事項

三　管内沿岸ノ警報ニ關スル事項

四　海圖水路誌航海日誌ニ關スル事項

第十八條　參謀ハ參謀長ノ命ヲ承ケ參謀部ノ事務ヲ分掌ス

第十九條　司令長官傳令使ハ差使及命令傳達ヲ掌リ又參謀部ノ事務ヲ分掌ス

第二十條　司令長官秘書ハ機密文書ヲ掌リ府內ノ庶務ヲ整理シ官印ヲ監守ス

第二十一條　司令長官秘書補ハ秘書ノ命ヲ承ケ文書往復等ノ事務ニ服ス

第二十二條　文庫主管ハ參謀長ノ命ヲ承ケ圖書ノ保存出納ヲ掌ル

第二十三條　測器試驗所主管ハ參謀長ノ命ヲ承ケ測器ノ試驗ヲ掌ル

第二十四條　軍醫部ニ於テハ左ノ事務ヲ掌ル

一　鎭守府所屬ノ艦船營及諸官廨ノ醫務衛生上ニ關スル事項

二　軍港內ノ衛生ニ關スル事項

三　軍人ノ體格調査ニ關スル事項

四　恩給及賑恤金ニ係ル診斷書ニ關スル事項

五　斷訟醫事ノ紀事

六　藥品醫療器械ニ關スル事項
七　糧食及飲料ノ撿査ニ關スル事項
八　看護手看病夫ノ教育ニ關スル事項
九　醫務衞生ニ係ル報告統計ニ關スル事項
第二十五條　軍醫部長ハ司令長官ノ命ヲ承ケ主管ノ事務ヲ總理ス
第二十六條　軍醫部長ハ鎭守府一般ノ醫務衞生及軍醫官以下ヲ監督ス
第二十七條　部員ハ各所ニ派出シ治療及調劑ノ事ヲ掌ル
第二十八條　病院長ハ軍醫部長ノ命ヲ承ケ院内ノ紀律及患者ノ治療ヲ掌ル
第二十九條　病院長ノ下ニ軍醫少監以下若干人ヲ置キ治療及調劑ノ事ヲ掌ラシム
第三十條　醫務衞生ニ關スル重要ノ事項ハ軍醫部長司令長官ノ命ヲ承ケ臨時衞生會議ヲ開キ其議長ト爲リ之ヲ審議決定スヘシ
第三十一條　衞生會議ハ病院長鑑船營軍醫長及部員若干名ヲ以テ組織ス
第三十二條　主計部ニ計算課人員課材料課衣糧課給與課ヲ置其事ヲ

分掌セシム

第三十三條　計算課ニ於テハ左ノ事務ヲ掌ル

一　鎭守府ニ屬スル軍事費鎭守府所掌ノ營繕費下士卒ノ家族扶助金及鎭守府收入金ノ豫算調査ニ關スル事項

二　兵器ノ修理ニ係ル經費金ノ豫算調査ニ關スル事項

三　支出額仕譯書ノ調整ニ關スル事項

四　各部ニ於テ製造シタル器具物品ノ價額調査ニ關スル事項

五　鎭守府及所屬諸官廨ノ準備金管理ニ關スル事項

六　鎭守府及所屬諸官廨ノ金錢出納ニ關スル事項

七　下士卒家族扶助金ノ支給ニ關スル事項

八　第一項收支決算書ノ調整ニ關スル事項

九　鎭守府及所屬諸官廨ノ金錢出納ニ係ル報告統計ノ整理ニ關スル事項

第三十四條　計算課ハ其課員ヲ造船部兵器部建築部ニ派出シ左ノ事項ヲ掌理セシム

一　職工ノ出場退場ノ撿查ニ關スル事項

二　職工ノ名簿整頓ニ關スル事項

三 職工ノ賃錢計算並其支給ニ關スル事項
四 職工ノ增減ニ係ル報告統計ノ整理ニ關スル事項

第三十五條 計算課ハ其課員ヲ病院及監獄署ニ派出シ左ノ事務ヲ掌理セシム
一 病院及監獄署ノ金錢出納ニ關スル事項
二 病院及監獄署ノ庶務
三 藥品醫療器械ノ出納ニ關スル事項
四 四ハニ係ル報告統計ノ整理ニ關スル事項

第三十六條 人員課ニ於テハ左ノ事務ヲ掌ル
一 鎭守府及所屬諸官廨ノ人員調査ニ關スル事項
二 下士卒ノ名簿履歷簿調整ニ關スル事項
三 下士卒ノ出入ニ關スル事項
四 徵兵募兵ニ關スル事項
五 豫備兵後備兵及海員ニ關スル事項
六 下士卒ノ人員ニ係ル報告統計ノ整理ニ關スル事項

第三十七條 材料課ニ於テハ左ノ事務ヲ掌ル
一 材料物品ノ購買運搬供給出納ニ關スル事項

二　材料物品ノ保存方法ニ關スル事項
三　各部貯藏ノ材料物品ノ價額調査ニ關スル事項
四　材料物品ニ係ル報告統計ノ整理ニ關スル事項
第三十八條　衣糧課ニ於テハ左ノ事務ヲ掌ル
一　被服糧食ノ員數調査ニ關スル事項
二　被服糧食ノ準備ニ關スル事項
三　被服糧食ノ運搬供給出納ニ關スル事項
四　被服糧食ノ支給ニ關スル事項
五　被服糧食ノ出納ニ係ル報告統計ノ整理ニ關スル事項
第三十九條　給與課ニ於テハ左ノ事務ヲ掌ル
一　俸給日給其他金錢給與ノ例規ニ關スル事項
二　藥品醫療器械及患者ノ給與ニ關スル事項
三　四八ノ給與ニ關スル事項
四　職工ノ賃錢ニ關スル事項
五　府內ノ用度ニ關スル事項
第四十條　主計部長ハ司令長官ノ命ヲ承ケ主管ノ事務ヲ總理ス
第四十一條　主計部長ハ鎭守府一般ノ主計官以下ヲ監督ス

第四十二條　課長ハ部長ノ命ヲ承ケ課務ヲ整理ス
第四十三條　課員ハ課長ノ命ヲ承ケ課務ヲ分掌ス
第四十四條　主計部ハ中央倉庫ヲ所轄シ各部各官廨艦船營一般ノ需用ニ供スル爲メ普通材料物品ヲ貯藏配付セシム
第四十五條　中央倉庫主管ハ主計部長ノ命ヲ承ケ倉庫ヲ管守シ材料物品ノ保存出納ヲ掌ル
第四十六條　副主管ハ主管ヲ助ケ其主務ヲ整理ス
第四十七條　造船部ニ於テハ左ノ事務ヲ掌ル
一　艦船及其機關ヲ新製改造修理スル事
二　所屬ノ諸工塲諸機械ヲ管理スル事
三　艦材圓材等ヲ貯蓄保存シ及所用ノ材料ヲ撿査スル事
四　船台ニ於テ製造中ノ艦船ヲ管守スル事
五　所管倉庫ノ材料物品ノ保存出納ニ關スル事項
六　職工ヲ敎育スル事
七　兵器ヲ修理スル事
八　艦船ノ新製改造修理ニ係ル概算書ヲ調整スル事
九　造船ニ係ル報告統計ノ整理ニ關スル事項

第四十八條　兵器部ニ於テハ左ノ事務ヲ掌ル
一　兵器ノ貯藏保存配賦出納ニ關スル事項
二　砲銃水雷彈藥ノ試驗ニ關スル事項
三　火工ニ關スル事項
四　大砲水雷ノ備裝ニ關スル事項
五　兵器ノ修理ニ係ル概算書ヲ調理スル事
六　兵器ノ修理ニ係ル報告統計ヲ整理スル事
第四十九條　建築部ニ於テハ左ノ事務ヲ掌ル
一　官廨兵營學校病院官舍等ノ建築修理及其主管ニ關スル事項
二　船渠船台及埠頭ノ築造修理ニ關スル事項
三　海軍ニ屬スル燈台浮標電信其他水陸ノ工事ニ關スル事項
四　港內ノ浚渫ニ關スル事項
五　官廨造修簿ヲ記注シ及之ヲ管守スル事
六　鎭守府所屬地ノ地劵ヲ管守スル事
七　所管倉庫ノ材料物品ノ保存出納ニ關スル事項
八　建築修理ニ係ル仕樣帳及概算書ノ調整ニ關スル事項
九　建築修理ニ係ル報告統計ノ整理ニ關スル事項

第五十條　造船部兵器部建築部ノ長ハ司令長官ノ命ヲ承ケ主管ノ事務ヲ總理ス

第五十一條　造船部ノ各科長ハ部長ノ命ヲ承ケ科務ヲ整理ス

第五十二條　造船部各科及兵器部建築部ノ主幹ハ部長ノ命ヲ承ケ各分掌ノ工業ヲ擔任ス

第五十三條　武庫水雷庫ノ主管ハ兵器部長ノ命ヲ承ケ兵器水雷及其屬具ノ保存出納ヲ掌ル

第五十四條　監獄署長ハ司令長官ノ命ヲ承ケ主管ノ事務ヲ總理ス

第五十五條　警査長ハ署長ノ命ヲ承ケ警査ヲ指揮シ監獄ノ巡視警戒ヲ掌ル

第五十六條　各軍港ニ軍港司令部ヲ置キ其部下ニ豫備艦部水雷部航海部ヲ置キ其職員ヲ定ムルコト左ノ如シ

軍港司令部

軍港司令官一人少將或大佐

軍港副官一人大尉

軍港司令官傳令使一人大尉或中尉

豫備艦部

豫備艦總理一人大佐或中佐
豫備艦副總理一人大尉
豫備艦機關長一人機關監
豫備艦船具庫主管一人尉官
水雷部
水雷司令二人佐官
水雷副司令二人大尉
航海部
部長一人豫備艦總理ヲ以テ之ニ充ツ
部員二人少佐及大尉
倉庫主管一人豫備艦船具庫主管ヲ以テ之ニ充ツ
第五十七條　軍港司令官ハ艦船營兵員及海軍所屬ノ砲臺ヲ指揮シ軍港ノ守備ヲ掌ル
第五十八條　軍港司令官ハ軍紀風紀ヲ維持シ所屬軍人軍屬ノ訓練教育ヲ監督ス
第五十九條　軍港司令官ハ鎭守府管轄ノ左ノ艦船ヲ指揮ス
一　常備艦船

二 練習艦
三 艤裝中ノ艦船
四 豫備艦船
五 水雷船
第六十條 軍港司令官ハ其港內ニ在ル艦船ニ港內規則ヲ遵守セシムベシ
第六十一條 軍港司令官ハ諸般ノ法律命令ヲ麾下ニ布達シ又麾下艦船營長ノ上申及報告ヲ點檢シ鎭守府司令長官ニ進達ス
第六十二條 軍港司令官ハ麾下ノ艦船ヲ點檢シ其現狀性質並ニ乘員ノ景況ヲ詳知シ又常ニ艦船ヲ整頓準備シ若シ役務ニ適セザルコトヲ發見スルトキハ速ニ鎭守府司令長官ニ報告スベシ
第六十三條 軍港司令官ハ麾下ノ艦船ヲ各所ニ配置スルトキハ發航ノ前歸着ノ後及艦船新ニ麾下ニ屬スルトキハ之ヲ點檢シ其詳細ヲ鎭守府司令長官ニ報告スヘシ
第六十四條 軍港司令官自ラ點檢ヲ行フ能ハザルトキハ豫備艦總理ヲシテ之ヲ行ハシムルコトヲ得
第六十五條 軍港司令官ハ麾下將校以下服務ノ程度ヲ覈察シ其黜陟

轉換等ノ事ニ就テ意見アルトキハ之ヲ鎭守府司令長官ニ申告スヘシ

第六十六條　軍港副官ハ司令官ノ命ヲ承ケ軍港司令部ノ庶務ヲ整理シ文書ノ往復受附等ノ事ヲ掌ル

第六十七條　軍港司令官傳令使ハ差使及命令傳達ヲ掌リ又軍港司令事務ヲ分掌ス

第六十八條　豫備艦總理ハ軍港司令官ノ命ヲ承ケ豫備艦船ヲ管轄シ其守備保存及就任準備ノ事ヲ總理ス

第六十九條　豫備艦副總理ハ總理ヲ補佐シ其主務ヲ整理ス

第七十條　豫備艦機關長ハ豫備艦ノ機關ニ係ル事ヲ整理シ機關官以下ヲ監督ス

第七十一條　豫備艦船具庫主管ハ總理ノ命ヲ承ケ豫備艦ニ屬スル器具物品ノ準備保存ヲ掌ル

第七十二條　水雷司令ハ軍港司令官ノ命ヲ承ケ攻擊水雷及防禦水雷ニ關スル事項幷ニ水雷艇隊及布設水雷ノ指揮ヲ掌ル

第七十三條　水雷副司令ハ司令ヲ補佐シ其主務ヲ整理ス

第七十四條　航海部ニ於テハ左ノ事務ヲ掌ル

一　新艦ノ索具ヲ装置スル事
二　所管倉庫ノ諸具ノ保存出納ニ關スル事項
三　桅檣掛脫ニ關スル事項
四　消防隊ヲ監督シ及消防具ヲ監視スル事
五　航海用信號及信号所管理ニ關スル事項
六　港內規則ノ維持ニ關スル事項
七　港內艦船ノ錨地轉換及繫泊ニ關スル事項
八　艦船出入渠ニ關スル事項
九　繫船用錨鎖ノ配置及其檢査ニ關スル事項
十　海軍所屬ノ浮標礁標及目標ノ管理ニ關スル事項
十一　軍港內ノ水路嚮導ニ關スル事項
十二　難破船救助ニ關スル事項

第七十五條　航海部長ハ軍港司令官ノ命ヲ承ケ主管ノ事務ヲ總理ス
第七十六條　部員ハ部長ヲ助ケ各分任ノ事項ヲ整理ス
第七十七條　倉庫主管ハ部長ノ命ヲ承ケ艦船附屬具等ノ保存出納ヲ掌ル
第七十八條　第三條第五十六條ニ掲グル職員ノ外屬員トシテ判任官

若干人ヲ置ク

第七十九條　作業費ニ屬スル職員ハ此官制ニ依ラス

●第四章　官等俸給

○第壹節　高等官官等俸給令　明治十九年三月第六號

勅令　朕茲ニ高等官官等俸給令ヲ裁可ス

御名　御璽

勅令第六號

高等官々等俸給令

官等及叙任

第一條　高等官ヲ分テ勅任官奏任官トス

第二條　勅任官中親任式ヲ以テ叙任スル官ノ辭令書ハ親署ノ後御璽ヲ鈐シ内閣總理大臣又ハ首坐ノ大臣之ニ副署ス

第三條　親任式ヲ以テ叙任スル官ヲ除ク外勅任官ヲ分テ二等トス其辭令書ハ御璽ヲ鈐シ内閣總理大臣之ヲ奉行ス

第四條　奏任官ヲ分テ六等トス其任官ハ内閣總理大臣之ヲ奏薦シ其各省ニ屬スルモノハ内閣總理大臣ヲ經由シテ主任大臣之ヲ奏薦ス

第五條　奏任官ノ辭令書ハ内閣ノ印ヲ鈐シ内閣總理大臣之ヲ宣行ス
第六條　各官同等内ノ順序ハ任官ノ前後ニ依ル
第七條　勅任官又ハ奏任官ノ官等内ニ於テ特ニ官等ヲ限ルコトヲ要スルモノハ各別ニ之ヲ定ム
第八條　内閣及各省中ノ局長ハ奏任官一等又ハ二等トシ局次長ハ現任局長ノ次等以下トス
第九條　同一ノ官名ニシテ等差アルモノハ毎等人員ヲ定メ内閣總理大臣ノ認可ヲ受クヘシ其毎等ノ定員變更ヲ要スルトキモ亦同シ

俸給

第十條　勅任奏任文官ノ年俸ハ別表ニ依ル
第十一條　陸海軍武官ノ年俸ハ從前定ムル所ニ依ル
第十二條　議官交際官領事貿易事務官判事撿事理事地方官敎官技術官ノ類其特ニ定ムル俸給ハ前條ノ外トス
第十三條　奏任官ノ年俸ハ各廳俸給定額内及其官等年俸ノ等級ニ依リ事務ノ繁簡ニ從ヒ各大臣便宜之ヲ增減スルコトヲ得

陞敍及特例

第十四條　官等ハ五年ヲ踰ユルニアラサレハ陞敍スルコトヲ得ス

第十五條　毎等八員ヲ定ムルノ官ハ五年ヲ踰ユルモ闕員アルニアラサレハ陞敍スルコトヲ得ス
第十六條　局長ノ闕員ニ依リ局次長ヲ以テ其闕ヲ補フコトヲ要スルトキハ第十四條ノ例ニ依ラス
第十七條　各大臣秘書官ノ進退ハ第十四條第十五條ノ例外トス
第十八條　勅任官ハ本令ノ外勅旨ヲ以テ特ニ其年俸ヲ增給スルコトアルヘシ
第十九條　奏任官一等ニシテ上給俸ヲ受ケタル者勞績拔群顯著ナルハ内閣ノ上奏ニ依リ特旨ヲ以テ勅任官二等ノ下給俸ヲ給スルコトアルヘシ
第二十條　奏任官他ノ官廳ニ渉ルノ兼官ハ兼ヌル所ノ俸給三分ノ一以内ヲ增給スルコトヲ得　同官廳ニ於ケル兼官ハ俸給ノ多額ニ就キ之ヲ給ス
第二十一條　官ニ在リテ死亡シタル者ハ年俸三分ノ一ヲ其遺族ニ給ス其非職者ニ於テモ亦同シ
第二十二條　本令中俸給ニ關スル細則ハ大藏大臣其省令ヲ以テ之ヲ定ムヘシ

別表

勅任官	內閣總理大臣	九千六百圓		
	各省大臣	六千圓		
	一等	五千圓	四千五百圓	
	二等	四千圓	三千五百圓	
		上	中	下
奏任官	一等	三千圓	二千八百圓	二千六百圓
	二等	二千四百圓	二千二百圓	二千圓
	三等	千八百圓	千六百圓	千四百圓
	四等	千二百圓	千百圓	千圓
	五等	九百圓	八百圓	七百圓
	六等	六百圓	五百圓	四百圓

○第二節　高等官俸給支給細則

明治十九年　月大藏省令第十二號

高等官俸給支給細則左之通相定ム

第一條　高等官ノ年俸ハ之ヲ四分シ二月五月八月十一月ノ四期ニ於テ之ヲ支給スルモノトス

第二條　俸給ノ支給ハ新任轉任增俸減俸共總テ發令ノ翌日ヨリ記算シ其當月分ハ日割ヲ以テ計算スルモノトス

第三條　廢官退官及死亡ノ時ハ當月分ノ俸給ヲ給シ日割ヲ以テ計算

セス
第四條　非職廢官退官ノ者事務引繼殘務取調ノ爲メ特ニ命ヲ承ケ公務ニ從事スルトキハ其間尙ホ從前ノ俸ヲ給與ス
第五條　願濟休暇旅行ノ者及ヒ私事ノ故障「自己ノ病氣ヲ除ク」ニ由リ上廳セサルモノ三十日以後ハ日割ヲ以テ俸給ノ半額ヲ減スルモノトス
第六條　病氣「轉地療養トモ」ニ由リ上廳セサルモノハ九十日以後ハ日割ヲ以テ俸給ノ半額ヲ減スルモノトス
但公務ノ爲メ傷痍ヲ受ケ又ハ疾病ニ罹リタルモノハ此限ニアラス
第七條　優恩ニ由リ賜暇休養及暑中休暇ハ第五條及第六條ノ限ニアラス
第八條　兼官ノ增俸ハ其兼任廳經費ノ內ヨリ支給スルモノトス
第九條　各廳俸給ノ支給ハ左ノ日割ニ依ルモノトス但休日ニ當ルトキハ順延トス○四日、外務省、內務省、大藏省○五日、陸軍省、海軍省、司法省、文部省○六日、農商務省、遞信省、元老院、會計撿查院
第十條　轉任ノ塲合ニ於テハ發令ノ日マテ前任廳ヨリ其俸ヲ支給スルモノトス

第十一條　轉任ノ時前任廳ニ於テ俸給ノ過渡アルトキハ新任廳ヨリ直チニ之ヲ前任廳ニ返付ス
第十二條　降等減俸賜暇旅行病氣其他ノ事故ニ由リ俸給ヲ追徴スヘキモノアルトキハ次期ノ俸給ヨリ差引計算スルモノトス
第十三條　非職ノ時其追徴スヘキ金額ハ大藏省ヨリ曩キニ支給シタル官廳ニ返付シ大藏省ハ次期ノ俸給ヨリ差引計算スルモノトス
第十四條　會計ヲ異ニスル廳ヨリ官吏ヲ借用スルトキハ其間ノ俸給ハ日割ヲ以テ借用廳ヨリ該官吏所屬ノ廳ニ返付ス
第十五條　第五條ノ場合ト第六條ノ場合ト相續テ起ルトキ其第五條ニ始マリ第六條ニ終レハ其間通算シ九十日ノ後俸給ヲ減シ第六條ニ始マリ第五條ニ終レハ其間通算シ三十日ノ後俸給ヲ減ス
第十六條　日割計算ノ法ハ年俸十二分ノ一ヲ以テ一箇月分トシ其月ノ現日數ニ割合計算スルモノトス

○農商務省照會　十九年六月二日
高等官俸給支給細則第十四條ニ會計ヲ異ニスル廳ヨリ官吏ヲ借用スルトキハ其間ノ俸給ハ日割ヲ以テ借用廳ヨリ該官吏所屬ノ廳ヘ返付ストアリ右ハ通常經費ヲ以テ支辨スル則チ各省又ハ各府縣廳等ノ間

ニ借用スルモノハ正條ノ限ニアラスシテ通常經費ト作業費ノ如キヲ指稱セラレタルモノニ之アルヘキヤ

○大藏省（回答）六月四日

高等官俸給支給細則第十四條中會計ヲ異ニスル廳トアルハ御見解ノ通

○第三節　交際官及領事官制裁可

明治十九年三月第五號

勅令

朕交際官及領事官制ヲ裁可シ之ヲ茲ニ公布セシム

御名　御璽

勅令第五號

交際官及領事官制

第一條　交際官ノ制ヲ定ムルコト左ノ如シ

特命全權公使　勅任　一等

辨理公使　勅任　二等

代理公使　奏任　一等

公使館參事官　奏任　一等

公使館書記官　奏任　二等　三等　四等

交際官試補　奏任　五等　六等

第二條　各公使館ニ書記生ヲ置ク判任トス專ラ公使館會計ノ事務ニ從事セシム

第三條　交際官ノ未タ任所ヲ命セラレサルモノハ無任所交官トシテ外務省ニ出仕シ外務大臣ノ指命スル所ニ就キ省務ニ從事ス

無任所交官ハ公使五八參事官書記官交際官試補十六人ヲ超過スルコトヲ得ス

第四條　領事ノ制ヲ定ムルコト左ノ如シ

總領事	奏任	一等		
領事	奏任	二等	三等	四等
副領事	奏任	五等	六等	
領事館書記生	判任			

第五條　領事ヲ置カサルノ地ニ於テハ便宜貿易事務官ヲ置クコトヲ得貿易事務官ハ奏任三等以下トス

○第四節　交際官並領事費用條例　十九年七月二日

朕交際官並領事費用條例ノ改正ヲ裁可ス

御名　御璽

勅令第四十九號

交際官並領事費用條例

第一條　海外在勤ノ公使領事以下官員ノ年俸ハ第一號表ニ照シテ之ヲ支給ス但任所着翌日ヨリ起算シ任所出發ノ前日マテ日割ヲ以テ支給ス

第二條　公使領事參事官書記官赴任前許可ヲ得テ妻ヲ携帶スル者及赴任後許可ヲ得テ任所ヘ妻ヲ呼寄スル者ハ總テ其妻任所着翌日ヨリ起算シ任所出發歸朝ノ前日マテ日割ヲ以テ妻携帶ノ俸給ヲ支給ス

第三條　出發前ノ俸給ハ新拜命ノ官員出發前滯京ノ日數ヲ六十日ト定メ第二號表ニ照シ通貨ヲ以テ支給ス妻携帶ノ許可ヲ得タル公使領事參事官書記官ニハ其給額ノ二割增ヲ支給ス

第四條　前條ノ期限內ニ於テ任所替ヲ命セラレタル者ハ出發前ノ俸給ヲ六十日ニ分割シ前任所後任所ニ從ヒ支給ス又出發ノ延期ヲ命セラレタル者ハ六十日以後ハ第四號表公用滯京ノ項ニ照シテ支給シ病氣ニテ出發ノ延期ヲ願出タル者ハ同表養痾歸朝ノ項ニ照シテ

支給ス
第五條　出發前三十日以內ニ於テ免官セラレタル者及赴任ヲ免セラレタル者ハ出發前俸給ノ半額ヲ返納セシムヘシ又免官免任ノ期三十日以後ニ方レハ其給額ヲ六十日ニ割リ之ヲ返納セシムヘシ其願ニ依リ赴任ヲ免セラレタル者ハ悉皆返納セシムヘシ
第六條　往返旅中俸給ハ本邦任所往返旅中上陸賄料馬車代公用郵便稅電信料接待費等一切ノ諸雜費ニ充ツルモノトス
第七條　往返旅中俸給ハ現日數ニ拘ハラス又赴任歸朝ノ途次交際或ハ貿易ノ景況視察ノ爲メ許可ヲ得テ他ノ地方ヘ巡回スルニ拘ハラス第三號表本任所ノ項ニ就テ支給ス
第八條　養痾歸省等願ニ依リ歸朝スル者ニモ亦前條ノ俸給ヲ支給スト雖モ任所ニ於テ免官ノ者ニハ之ヲ支給セス
第九條　任所往返ノ途次命ヲ受ケテ他ノ公館等ニ巡回シ或ハ航行中非常ノ事故アリテ郵船ヲ待合セ又ハ某港ニ滯留スル者之カ爲メ第三號表中限日數ヨリ延着スルトキハ外務大臣定ムル所ノ費額ヲ支給ス
第十條　甲地在勤ノ者乙地ヘ任所替ヲ命セラレタルトキハ旅中俸給

トシテ甲地出發ノ日ヨリ乙地着任ノ日マテヲ算シ本邦任所往返旅中俸給ノ額ヲ日割トシ現日數ニ乘シテ支給ス

第十一條　公使領事交代スルトキ公使ハ解任狀捧呈謁見濟ノ日ヲ以テ事務ヲ引繼キ領事ハ新任領事到着ノ日ヨリ一週間內ニ之ヲ引繼キ共ニ其當日ヨリ三週間內ニ其任所ヲ發程スヘシ

第十二條　公使領事歸朝ヲ命セラレ又ハ歸朝ノ許可ヲ得或ハ任所替ヲ命セラレタルトキハ其命令到達ノ日ヨリ三週間內ニ事務ヲ其代理ニ引繼キ任所ヲ發程スヘシ

第十三條　參事官書記官交際官試補書記生ノ交代幷歸朝任所替發程期日ハ第十一條第十二條ノ例ニ同シ

第十四條　發程ノ延期ヲ命セラレタル者ノ外公館ノ公務ニ依リ發程ノ延期ヲ要スル者ハ外務大臣ノ許可ヲ得テ仍ホ一週間延期スルコトヲ得ヘシト雖モ此延期中ハ公使領事ハ年俸二分ノ一參事官以下ハ年俸三分ノ二日割ヲ以テ支給ス

病氣其他事故ニ依リ出發ヲ延期セシ公使領事ニハ年俸三分ノ一參事官以下ニハ年俸二分ノ一日割ヲ以テ支給ス

第十五條　任所ヲ轉スル者ニハ事務引繼濟ニ拘ハラス新任ノ年俸ヲ

支給ス

第十六條　公使領事公用ニテ在留國內外ニ旅行スルトキ其代理ヲ任スルコトアルモ事務ノ引繼ヲ爲スニ及ハス故ニ代理者ニ代理年俸ヲ支給セスシテ公館費用ハ公使領事ノ擔任トス

第十七條　公使領事任所不在中其代理者ニハ本任官出發ノ日ヨリ起算シ本官ノ年俸ヲ支給セス代理年俸ヲ支給ス本任官歸任スルカ或ハ新任公使領事到着スルトキハ事務引繼ノ日數ニ拘ハラス着翌日ヨリ代理者ニ代理年俸ヲ支給セス

第十八條　交代濟歸朝ノ後無任所外交官ヲ命セラレサル者ニハ着京翌日ヨリ百八十日ヲ限リ第四號表交代濟歸朝日當ノ項ニ照シテ日給ヲ支給ス此期滿レハ官吏非職條例ニ依リ非職ヲ命ス但非職俸ハ交代濟歸朝日當ノ三分ノ二ヲ以テ算出スヘシ

第十九條　在勤滿三箇年以上ニ瀰リ外務大臣ノ許可ヲ得往復順路ノ日數ヲ除キ六箇月間賜暇歸朝ノ者ニハ着京翌日ヨリ第四號表賜暇歸朝ノ項ニ照シテ日給ヲ支給ス
休暇期日ヲ過キ病氣其他ノ事故ニ依リ歸任ヲ延期スル者ニハ同表養痾滯京ノ項ニ照シテ日給ヲ支給ス

第二十條　公用ニテ歸朝ヲ命セラレタル者及航海不便ノ港ニシテ毎歳冬季例ニ從ヒ閉館シ隨テ歸朝スル者ノ日給支給法亦前條ニ同シ
第二十一條　歸省養痾等ノ許可ヲ得テ歸朝スル者ニハ着京翌日ヨリ第四號表養痾歸朝ノ項ニ照シテ日給ヲ支給ス
第二十二條　臨時代理公使ニハ代理公使ノ年俸ヲ支給ス
第二十三條　貿易事務官其他特設ノ官名ヲ以テ領事ノ職務ヲ行ハシムル場合ニ於テハ其官等ニ應シ領事ノ例ニ照シテ年俸其他ノ支給ヲ爲スヘシ
第二十四條　公使領事以下死亡シタルトキハ第四號表一時賜金年俸三分ノ一ヲ給與ス海外ニ於テ死亡シタル者ニハ別ニ在勤年俸一箇月分ヲ支給ス
赴任前死亡シタルトキハ出發前ノ俸給ヲ返納セシムルニ及ハス
第二十五條　移轉費、交際費、事務所費、公館雇員費、妻幷從者旅費、航行費、陸路費、在留國內外公用旅行雜費、公館借入、公館備付品科目買上代價幷修理費、事務引繼前後經費負擔ノ區分、公館經費、公館非常備金其他計算等ニ關スル細則ハ外務大藏兩大臣ノ定ムル所ニ依ル

ラス

第八條　副領事ニテ總領事又ハ領事管轄内ノ一地ニ常住シテ事務ヲ擔任スルトキハ事務取扱所借料其他一切ノ公費トシテ一箇年五百圓以上貳千五百圓以内ノ金額月割ヲ以テ（十五日前後ヲ區別ス）支給シ精算ニ及ハス

第九條　各領事館ニ於テ其事務多端或ハ事故アリテ特ニ臨時交際費用ヲ要スルトキハ五百圓以上千圓以内ノ金額ヲ臨時給與スルコトアルヘシ

第十條　歐洲在勤ノ公使兼任國ヘ滯留スルトキハ旅行雜費ノ外臨時交際費トシテ兼任地着翌日ヨリ同地出發前日迄ヲ限リ一日英貨壹磅ヲ其日數ニ應シ支給スヘシ

第六章　公館雇人

第十一條　公館ニ於テ事務ノ都合ニヨリ書記通辨等ノ爲メ外國人ノ雇入ヲ必要トナストキハ一館ニ一人ヲ限リ許可シ其給料ハ外務省ニ於テ之レヲ定ム依テ雇入ノ節ハ其事情及給額ヲ定メ前以テ外務省ヘ申請スヘシ但雇入ノ事情ニヨリ申請ノ暇ナキトキハ一時月期ヲ以テ雇入其情狀具ニ外務省ヘ申出ヘシ勿論假雇間ノ給料公使館

ハ一箇月四百圓以內領事館ハ同貳百圓以內タルヘシ
第十二條　公館屬員ノ內不時缺員アルトキノ外公館使用ノ爲メ我國人ヲ雇入ルヽコトヲ許サス但雇間ノ給料ハ歐米各國ニ在テハ一箇月英貨貳拾磅以內亞細亞地方ハ銀貨五拾圓以內タル可シ

第七章　妻幷從者旅費

第十三條　許可ヲ得テ妻ヲ携帶スル者ニハ任所往復及ヒ在勤中兼任國往復幷任所替ノトキニ限リ妻ノ旅費トシテ甲號表ニ照シ航行費ノ一等陸路費ノ上等ヲ支給スヘシ
第十四條　許可ヲ得テ從者一人ヲ携フル者公使ニハ任所往復及在勤中兼任國往復並任所替ノトキ領事參事官書記官ニハ任所往復並任所替ノトキニ限リ其從者ノ旅費トシテ甲號表ニ照ラシ航行費ノ二等陸路費ノ中等ヲ支給スヘシ
第十五條　妻並從者ニシテ其夫又ハ其主ト同行シ難キ事故アリテ單行スルトキハ任所往復一次ニ限リ航行費及陸路費ヲ支給スヘシ
但御用歸朝及賜暇歸朝ノ節ハ其都度之レヲ支給スヘシ
第十六條　公館附雇書記外國人公用ニテ在留國內外及公使兼任國ニ旅行スルモ妻並從者ノ旅費ハ支給セサルヘシ

第八章　航行費並陸路費

第十七條　航行費並陸路費ハ船車賃旅具運搬費艀入足賃等一切ノ諸雜費ニ充ツルモノトス

第十八條　航行費並陸路費ハ赴任歸朝ノ途次交際或ハ貿易ノ景況視察ノ爲メ許可ヲ得テ他ノ公館等ニ巡廻スル者ニモ甲號表定所ノ外支給セス

第十九條　任所往復ノ途次命ヲ受ケテ他ノ公館等ニ巡廻スル者ニハ迂廻ノ距離ニ準シ航行費並陸路費ヲ支給スヘシ

第二十條　養痾歸省等願ニ依リ歸朝スル者又ハ任所ニ於テ願ニ依リ免官スル者ニハ航行費並陸路費ヲ給セス

第二十一條　歸省願濟日數滿チ或ハ病氣全快歸任ノ際公用ニテ滯在ヲ命セラレ出發ヲ延期セシムル者ハ歸任一次ノ旅費ヲ支給ス

第二十二條　東京外ニ於テ拜命直ニ赴任スル者ノ旅費ハ現費支拂ノ精算ニ依テ支給スヘシ但私屬荷物運賃勅任ハ七十貫目奏任ハ五十貫目判任ハ三十五貫目迄官費ヲ以テ支給ス

第二十三條　官船或ハ官ノ傭船ニテ任所ニ往復スル者ハ航行費ヲ給セス官船乘組賄料トシテ勅任ハ一日壹圓五十錢奏任ハ同壹圓貳拾

錢判任ハ同九拾錢ヲ支給ス但官仕賄ノ節ハ之レヲ給セス

第九章　在留國內外公用旅行雜費

第二十四條　旅行雜費ハ旅中賄料接待費馬車觧人足賃公用郵便税等一切ノ諸雜費ニ充ツルモノトス

第二十五條　旅行雜費ハ公使領事以下命ニ依リ其在留國內外ヲ旅行スルトキ任所出發ノ日ヨリ歸着ノ日迄航行費ヲ要スル日數ヲ除クヲ算シ年俸ノ外乙號表ニ照ラシ其日數ニ應シテ之レヲ支給スヘシ但往復一日ノ者ニハ之レヲ給セス

第二十六條　順路ノ船車賃ニシテ甲號表ニ定額ナキモノハ實費ヲ支給ス但實費支給ノ精算帳ニハ其金額及旅次ノ順路發着日限ヲ記載シ其館ノ長官捺印シタル證明書ヲ添フヘシ

第二十七條　旅行雜費ハ出張先二週間（着翌日ヨリ起算ス）ヲ限リ全額ヲ支給シ二週間後ハ半額ヲ支給ス兼任國滯在ハ五週間（同上）ヲ限リ全額ヲ支給シ其後ハ半額ヲ支給ス但國書捧呈等ノ爲メ兼任國政府ノ都合ニ依リ此期ヲ經過スルトキハ其事情已ムヲ得スト認定スルトキニ限リ期日後ト雖モ仍ホ全額ヲ支給スルコトアルヘシ

第二十八條　前條旅費等請求ノ節ハ任地出發ヨリ各地着發及滯在ノ

日時等明記シタル旅中經歴書ヲ勘定書ニ添ヘ差出スヘシ

第二十九條　在勤者ノ内事務ノ都合ニヨリ外務省ノ許可ヲ得テ甲廳ノ官員ヲシテ乙廳ニ至リ其事務ヲ執ラシムルトキハ其俸給ハ甲廳ヨリ旅費並旅行雜費ハ乙廳ヨリ支給シ留勤中ハ旅行雜費ヲ給セス但乙廳留勤中其廳ノ公用ニテ旅行スルトキハ其廳ヨリ旅費並旅行雜費ヲ支給スヘシ

第三十條　在哥爾薩港領事館管内漁場巡廻中日數ニ應シ旅行雜費ヲ支給シ且賄道具及運輸人馬賃等現場仕拂官費タルヘシ

第十章　公使領事以下恩給並一時賜金

第三十一條　公使領事以下ノ恩給幷一時賜金ヲ算出スヘキ年俸額ハ本例第四號表恩給幷一時賜金ヲ算出スヘキ年俸額ニ依ル

第三十二條　公使領事以下海外ニ於テ死亡セシトキハ埋葬墓碑ノ費用ハ官ヨリ之レヲ支給ス

第十一章　公館借入及移轉

第三十三條　公館ニ充ツル爲メ借入ルヽ家屋ノ借料ハ年々定ムル所ノ豫算額ヲ超ユヘカラス若シ此定額ヲ超ユルトキハ其超過ハ公使領事ノ自辨トス但此條例發行前既ニ借入レ約定ヲ結ヒタル家屋ニ

シテ借料定額ヲ超ユルモノハ其期限迄ハ條約ニ隨ヒ支給スヘシ
第三十四條　公館借入條約ハ正副二通ト爲シ其副書ヲ外務省ヘ差出スヘシ
第三十五條　公館ノ爲メ借入ルヽ家屋ハ備付什器ナキ家屋トス若シ什器アル家屋ヲ借受ケ夫レカ爲メ定額ヲ超過スルトキハ公使領事ノ自辨トス
第三十六條　公館移轉ノ際新舊兩館ノ借料重複スルトキハ一箇月ニ限リ官費ヲ以テ之レヲ仕拂ヒ其餘ハ公使領事ノ自費トス
第三十七條　公館ノ移轉ニ依リ手數料謝金其他新館ノ窓掛ケ敷物等總テ移轉ヨリ生スル費用ハ公館經費ヲ以テ支辨スヘシ若シ移轉ノ爲メ定額外ノ費用ヲ要スルトキハ其事由ヲ詳細外務省ヘ具狀シ費用支出ノ許可ヲ得タル後ニ非サレハ移轉スヘカラス此許可ヲ得スシテ定額ヲ超過スルトキハ其超過ハ公使領事ノ自辨トス
第三十八條　公館移轉ノ際荷物運搬ノ費用ハ總テ官費ヲ以テ支辨スヘシ

第十二章　公館備付品科目買上代價額並修理

第三十九條　公館備付品科目ハ丁號表ニ依ル

第四十條　公館諸什器買上代定額ハ歐米公使館ハ銀貨壹万五千六百圓清國公使館ハ同壹万三千七百圓朝鮮國公使館ハ通貨壹万貳千圓領事館ハ總テ銀貨四千圓朝鮮國領事館ハ通貨公館創立ノ際一度限リ之レヲ支給スヘシ

第四十一條　公館備付ノ諸什器ハ官費ヲ以テ修理若クハ買足ヲ為シタルモノト公使領事ノ自費ヲ以テ修理スヘキモノトヲ分チ什器目錄ヲ製シ其一冊ハ外務省ニ差出シ一冊ハ公館ニ備置キ物品撿査ノ用ニ供スヘシ故ニ物品缺損アルカ又ハ買足等ノ為メ員數ニ增減ヲ生スルトキハ其時々外務省ヘ報告ノ上目錄帳ヲ加除スヘシ

第四十二條　公館備付什器ノ官費修理ハ其定額ヲ超ユヘカラス若シ之レヲ超ユルトキハ其超過ハ公使領事ノ自費トス但年暦ヲ經タル等ニテ修理費定額ニ超過スヘキトキ及公使領事自費ヲ以テ修理スヘキ什器ニテモ年暦ヲ經タル為メ其自力ニ及ヒ難キ巨多ノ費用ヲ要スルトキハ其事由ヲ詳細外務省ニ具申スヘシ外務省ニ於テハ其申請ヲ至當ト認ムルトキハ公使館ハ銀貨貳千圓朝鮮國ハ通貨以下領事館ハ同八百圓朝鮮國ハ通貨以下ノ修理費若クハ買足料ヲ支給スルコトアルヘシ

第四十三條　公使館庖厨具及廐諸雜具ノ費用トシテ銀貨五百圓（朝鮮國ハ通貨百圓）公使初赴任ノ節一度限リ支給シ精算ニ及ハス

第十三章　公館經費

第四十四條　公使領事館ノ經費ニ立ツヘキ各件左ノ如シ

一雇人料費ノ内

公使領事館雇人料　裁判所及護衛并警察所ニ使役スル押丁并小使雇料ニ限ル

一器具及圖書費ノ内

器具　丁號表一類備付ノ内公務所書房具ヲ除キ其他ノ諸器具

戒具　朝鮮國領事館ニ限ル

書籍地圖

製本費

一被服費ノ内

巡査徽章帯具費　徽章、帯劍、捕繩、手帖、呼子笛等

（清國并朝鮮國ニ限ル）

一通信運搬費ノ内

電信料

運搬費

保險料
一　地所家屋借料
公館借料
公館用地借料
一　雜費ノ內
諸謝金
公館借入或ハ購買等ノ節其約定書ニ付其地法律家ノ撿閲ヲ依賴スルトキ又ハ臨時公館ヨリ訴訟若クハ要求ヲ爲サヽルヘカラサル場合ニ於テ其地ノ法律取調ニ關シ代言人ニ依賴スルトキニ限ル
廣告料
諸手數料
道路疏水手當及家屋地稅等
火災保險料　公館、公館備付器具
爲換料
印紙料
一　修繕費
家屋修繕費
帝國政府ニ屬スル家屋ノ修繕又ハ借家ナレハ契約書ニ依リ貸主ニ於テ負擔セサル修繕ニ限ル
一　裁判及囚徒費
一　警察及護衞費
但巡査死傷手當幷賄料ニ限ル

右實費精算スヘキモノニ付證書ヲ添ヘテ之レヲ證明スヘシ

一雇人料ノ内
　公使館雇人料　僕長、馭者、馬車附添、門番、公務所小使、玄關番、轎夫等

一器具及圖書費ノ内
　新聞雜誌類　内外各國ノ新聞、雜誌、アルマナツク、ディレクトレー、人員録、路程表ノ類

一筆紙墨文具
　用紙　各種ノ日本紙、西洋紙、計算表用紙、諸封袋等一切ノ紙類但罫引公館記名印刷費等
　筆墨印肉類　各種ノ筆類、常用墨、朱墨、墨汁、繪ノ具、白墨、印肉等ノ類
　硯小道具類　硯石、硯箱、墨壺、墨汁入、同臺、罫引道具、石盤、算盤、水入、糊入、肉池、繪ノ具皿、簿記具、筆架、文鎮、鋏、裁刀、小刀、錐、綴金、留針、字消ゴム、刷毛、海綿、複寫版、其他文房一切ノ諸具新規買入並修復共
　諸帳簿　新規修補共

一消耗品
　薪炭油茶類　朝鮮國護衛所及警察所ニ限ル
　雜品　糊、封蠟、付木、除蟲薬品、書類綴絲、締紐、締絲等ノ類

一被服費ノ内
　雇人被服　前項ニ細記スル雇人ノ仕被セ衣服冠物、手袋、雨具、靴ノ類

一通信運搬費ノ内

公用郵便税　一切ノ郵便賃、不足税及郵便發送ノ爲メニ要スル費用等

一雜費ノ内

舟車馬類雇賃　舟、馬車、借馬、雜乘物等ノ類但領事館ハ端舟雇賃ニ限ル

馬飼料　飼食費、馬毛苅料、蹄鐵打替、馬匹治療費等但公使館ニ限ル

一宴會費

天長節其他交際ニ係ル宴會諸費　但領事館ハ天長節ニ限ル

右費用ハ一箇年定額ヲ十二分シ一箇月毎ニ各科目定額ノ高ヲ拂ニ立テ過不足ヲ問ハス渡切ノ分ニ付證書ヲ添ユルニ不及又明細品名ヲ揭クルニ不及

右月費精算ノ事

但此箇條ニ明文ナキ費用ハ公使領事ノ自辨タルヘシ

第四十五條　經費金ノ内定額ヲ以テ渡切ノ費用ハ不足アルモ追給セス又餘リアルモ返納ニ及ハス其定額金ヲ以テ彼此流用支辨スヘシ

第四十六條　經費金ノ內實費精算ノ分ハ年々外務省ヨリ通知スル處ノ豫算ニ基キ支出シ各課目ニ就テ超過セサランコトヲ豫計スヘシ

第四十七條　公館經費ノ內定額ヲ以テ渡切ノ分ハ公使領事交代ノ節事務引繼濟ノ當日ヲ以テ區分シ日割計算スヘシ

第十四章　公館非常準備金

第四十八條　公使館ハ銀貨五千圓（朝鮮國ハ通貨四千圓）領事館ハ總テ同三千圓（朝鮮國ハ通貨）迄ハ非常巳ムヲ得サルトキニ限リ公使領事ニ於テ大藏省預ケ金ノ內或ハ預ケ金無之場所ハ其他ノ銀行ヨリ借入ルヽコトヲ得ヘシ右ハ公館屬員等ノ定員ニ缺員アルトキ一時雇員費及漂民窮民貸與費患者費埋葬費等ノ如キ定額外臨時ノ仕拂ニ充テ至急外務省ニ報告シ銷還ノ手續ヲ爲スヘシ但公館所在地ニ於テ借金スヘキ銀行ナキトキハ本交ノ金額ヲ豫メ送致シ置ヘシ

第四十九條　右準備金ハ大藏省ノ主管ナルヲ以テ借入等ノ手續ハ同省ノ通知ニ據リ取扱フヘシ

第十五章　回送金

第五十條　各公館經費金ハ其年額ヲ四季ニ割每季節前大藏省ヨリ各公館ニ送達シ右送金ニ對スル明細ノ仕譯書ハ外務省ヨリ之レヲ送付スヘシ

第五十一條　前條ノ送金ヲ受取タルトキハ直ニ大藏省金庫局長宛領收證書ヲ發シ其旨外務省ヘ報告スヘシ

第十六章　經費金出納

第五十二條　在勤員年俸ハ三箇月分ヲ其中間ノ月ノ初日（假令ハ一月ヨリ三月迄ノ分ハ其二月ノ初日ニ於ケル如シ）ニ渡方取計ヒ經費金ハ第十三章ノ科目ニ照シ支出シ現金受拂簿等ヲ設ケテ之レカ出納ヲ明瞭ニスヘシ

第五十三條　常費外臨時費用ヲ要スルトキハ事ノ大小ヲ不論總テ外務省ヘ申請シ許可ヲ受クヘシ但非常急場ヲ要スルトキハ此限ニアラス

第五十四條　公館經費金ハ他費ヘ繰替支出スルコトヲ許サス萬一非常ノ場合ニ際シ一時繰替ヲ爲サヽルヲ得サルトキハ直ニ繰替勘定帳ヲ以テ外務省ヘ報告シ償還ノ手續ヲナシ本拂ノ分ト混用スヘカラス

第十七章　經費金勘定

第五十五條　毎一箇月其出納スル處ノ金員科目及ヒ事要ヲ摘記シタル精算書ヲ雛形ニ倣ヒ調製シ翌月十五日迄ニ其地ヲ發シ外務省ニ送付スヘシ但實費精算ノ分ニ對シテハ正當請取證書寫或ハ事故アリテ請取證書ナキ分ハ其事故ヲ記シタル其館長官ノ證明書ヲ添ヘ又渡切ノ費用ハ其館長官ノ領收證書ヲ添付スヘシ

第五十六條　甲月ニ買入レタルモノ或ハ甲月ニ屬スヘキ費用ヲ乙月

ニ於テ仕拂フコトヲ得ルト雖モ其勘定帳ヲ製スルニハ乙月ニ於テ現實仕拂タルニ拘ハラス甲月分ノ勘定帳ニ記載スヘシ但借家料及ヒ保險料ノ類前拂後拂等ノ約定アルモノハ此限ニアラス

第五十七條　各館於テハ毎一月其出納スル所ノ現金受拂計算書ヲ別紙雛形ニ據リ調製シ毎月精算書ト共ニ外務省ヘ差出スヘシ

第十八章　收入金及返納金

第五十八條　旅劵其他諸手數料及ヒ不用品拂下代金等總テ收入金ハ一箇月分取纒メ兼テ外務省ヨリ回付シアル明細仕譯書用紙ニ書載セ外務省及各主管廳ヘ報告シ現金ハ其館ニ監守大藏省ノ指揮ニ隨ヒ處分スヘシ

第五十九條　公使領事以下官員歸朝スルカ或ハ任所替ヲ命セラレタルトキハ兼テ回付シタル本人年俸金ニ對シ過不足ヲ精算シ無遲滯外務省ヘ報告スヘシ尤殘餘アルトキハ預リ證書ヲ以テ返納ノ手續ヲ爲スヘシ但任所替ノ者ハ便宜之レヲ新任所ヘ轉送スルモ妨ケナシ

第六十條　年度末ニ至リ經費金等殘餘ヲ生スルトキハ預リ證書ヲ以テ其年度末期勘定帳差出ノ節共ニ返納スヘシ

第十九章　雜

第六十一條　官金ハ其公館ヘ堅牢ナル器物ヲ備ヘ貯藏スルカ或ハ信用アル銀行ヘ預ケ置ク等便宜ニ任スト雖モ銀行ヘ預ケ入ルヽトキハ其銀行名等豫テ外務省ヘ報告スヘシ

第六十二條　備付什器等不用ニ屬シ拂下ケヲ爲ストキハ其品名及原價ヲ付シ前以テ伺出ヘシ但拂下ケ代金ハ他費ヘ仕用スルヲ許サス

第六十三條　公使領事館ヘ各省廳ヨリ依頼スル注文品代價ハ其依頼廳ノ通知額ヲ目途ニ其地最寄ニアル正金銀行支店ヨリ金額ヲ引出シ依頼廳ニ向テ逆爲換ヲ取組之レカ償還ノ手續ヲナシ經費金等ヲ以テ繰替ヲ爲スヘカラス

第六十四條　淸國或ハ朝鮮國ニ在ル公使館若クハ領事館ニ雇ノ名義ヲ以テ在勤スル者ハ費用條例ニ據ラス左ノ通支給ス

一在勤俸給ハ時々之レヲ定ム

一本邦ニテ拜命ノ者ニ限リ出發前支度料トシテ在勤俸ノ一箇月分ヲ支給ス

一滯京及旅中ノ俸給ハ在勤俸ノ半額トス

一航費ハ費用條例中定額アル分ハ右ノ二等ヲ給シ定額ナキ分ハ中

等若クハ中等ナキトキハ下等船車賃等實費ニ基キ支給スヘシ但私用荷物運賃ハ二十貫目迄ヲ限リ官費支給スヘシ

一航海中ノ日當ハ金六拾錢ヲ給ス但官船ニテ渡航ノ節ハ右日當ノ外賄料トシテ一日金六拾錢ヲ支給スヘシ

一內地滯在中ハ日當金三拾五錢ヲ支給シ前欵ノ航海日當ハ支給セス

一外國諸港ニ滯在スルトキハ一般旅費定則等外ニ準シ旅舍賄料（朝鮮國ハ一日金七十錢）ヲ支給スヘシ

第六十五條　在勤中公用ニテ旅行ノ節ハ旅行雜費トシテ一日金壹圓三十錢ヲ日數ニ應シ支給スヘシ

第六十六條　妻呼寄願ハ本人ノ願書ニ限ル留守宅或ハ親戚等ヨリ願出ルモ之レヲ許サス尤本人ヨリノ依賴狀等其情願ヲ證スル丈ケノモノアルトキハ此限ニアラス

甲號

外國行航費定額　但船客料荷物運賃船中諸費共

	區間	往返	一等一人分	二等一人分
佛	從横濱至香港	往	銀貨百〇四圓	銀貨七拾圓四拾錢
		返	佛貨五百貳拾佛	佛貨三百五拾貳佛
	同至柴棍	往	同百八拾五圓拾錢	同百三拾八圓
		返	同九百貳拾五佛五拾山	同六百九拾佛
	同至新嘉坡	往	同百八拾五圓拾錢	同百四拾七圓
		返	同九百貳拾五佛五拾山	同七百三拾五佛
	同至マニラ	往	同貳百貳拾五圓七拾五錢	同百八拾圓六拾錢
		返	同千百貳拾八佛七拾五山	同九百〇三佛
郵	同至バタブイヤ	往	同貳百貳拾壹圓五拾錢	同百七拾七圓貳拾錢
		返	同千百七佛五拾山	同八百八拾六佛

便船			
同 至カルカツタ	往	同貳百九拾貳圓	同貳百三拾壹圓六拾錢
	返	同千四百五拾九佛五拾山	同千百五拾八佛
同 至ポンデイセリ マドラス	往	同貳百七拾六圓七拾五錢	同貳百貳拾壹圓四拾錢
	返	同千三百八拾三佛七拾五山	同千百○七佛
同 至錫蘭コロンボ	往	同貳百六拾壹圓六拾錢	同貳百○八圓貳拾錢
	返	同千三百○八佛	同千○四拾壹佛
同 至亞丁	往	同三百拾五圓	同貳百五拾貳圓
	返	同千五百七拾五佛	同千貳百六拾佛
同 至蘇西	往	同三百九拾七圓五拾錢	同三百拾五圓貳拾錢
	返	同千九百八拾七佛五拾山	同千五百七拾六佛
同 至ポルトサイド	往	同四百○六圓	同三百貳拾四圓
	返	同貳千三拾佛	同千六百貳拾佛
那不留	往	同四百拾八圓七拾五錢	同三百三拾四圓貳拾錢

	同　至馬耳塞	返	同貳千〇九拾三佛七拾五山	同千六百七拾壹佛
	從香港至マニラ		佛貨千〇五拾五佛	佛貨七百八拾佛
英郵便船	從横濱至メルボルン	往	銀貨三百六拾六圓	銀貨貳百三拾五圓
		返	英貨八拾貳磅壹志八片	英貨四拾六磅五志
	同　至ブリンデシ ヴエニス	往	同四百〇壹圓七拾五錢	同貳百四拾三圓貳拾五錢
		返	同九拾磅拾四志四片	同四拾六磅拾八志四片
	同　至シド子ー	往	同三百六拾六圓	同貳百三拾五圓
		返	同八拾貳磅壹志八片	同四拾六磅五志
	同　至倫敦 プリマス	往	同四百〇壹圓七拾五錢	同貳百六拾四圓五拾錢
		返	同九拾磅拾四志四片	同五拾壹磅三志四片
	同　至米國桑港 布哇國ホノルヽ	往	銀貨三百圓	銀貨貳百圓
		返	米金三百弗	米金貳百弗

但東京横濱間汽車賃ハ一般旅費規則ニ照ラシ支給ス

	一等	二等
從東京至清國上海	銀貨八拾圓	銀貨四拾五圓
同至朝鮮國釜山	同七拾五圓	同四拾壹圓
同至朝鮮國元山仁川	同九拾四圓	同五拾貳圓
從釜山至元山	同貳拾五圓	同拾三圓
同至仁川	同貳拾八圓	同拾五圓
從上海至香港	同九拾圓	同四拾五圓
從香港至廈門	同四拾七圓	同貳拾三圓
從上海至廈門	同六拾圓	同三拾圓
從上海至天津	同六拾圓	同三拾圓
從上海至芝罘	同四拾圓	同貳拾圓
從米國桑港至布哇ホノルヽ	米金九拾弗	米金三拾貳弗五拾仙
從米國紐育至英國リパプール	同百貳拾弗	同五拾貳弗

従瑞典マルモ至丁抹コペンハーゲン	銀貨六拾銭	銀貨五拾銭
従丁抹コルセル至獨國キール	同四圓六拾銭	同壹圓八拾銭
従露國アボー港至瑞典ストックホルム	同拾四圓貳拾銭	同九圓貳拾銭

同陸路旅費定額　但汽車幷荷物運賃等一人分ノ算計ナリ

	上等	中等
従佛國馬耳塞至同國リオン	銀貨拾四圓	銀貨拾壹圓
同至同國巴里府	同三拾五圓	同貳拾七圓
従佛國リオン至同國巴里府	同貳拾壹圓	同拾六圓
従佛國巴里府至英國倫敦府	同貳拾五圓	同拾九圓
同至和蘭海牙府	同貳拾圓	同拾五圓
同至澳國維也納府	同五拾九圓	同四拾三圓
同至澳國トリエスト	同五拾九圓	同四拾三圓

同至伊國羅馬府	同六拾六圓	同四拾九圓
同至伊國ミラン	同四拾圓	同三拾圓
同至伊國ウエニヘス	同五拾貳圓	同三拾九圓
同至伊國ブリンジーシ	同七拾六圓	同五拾四圓
同至伊國フロレンス	同五拾三圓	同三拾八圓
同至伊國ナープル	同七拾七圓	同五拾五圓
同至伊國チユリン	同三拾三圓	同貳拾五圓
同至伊國ゼーヌア	同五拾貳圓	同三拾九圓
同至瑞西國ベルヌ府	同貳拾三圓	同拾七圓
同至瑞西國チユーリヒ	同貳拾四圓	同拾八圓
同至瑞西國ゼチーウ	同貳拾六圓	同拾九圓
同至瑞典ストツクホルム	同七拾圓	同五拾四圓
同至丁抹コペンハーゲン	同四拾五圓	同三拾七圓

同至白耳義ブリユセル府	同拾三圓	同拾圓
同至白耳義チステンド	同拾四圓	同拾壹圓
同至西班牙マドリト府	同五拾八圓	同四拾四圓
同至葡國リスボンヌ府	同八拾八圓	同六拾六圓
同至那威クリスチアーニヤ	同七拾八圓	同五拾五圓
同至獨國伯林府	同四拾圓	同三拾四圓
同至獨國バーデン	同貳拾三圓	同拾七圓
同至獨國コロンニユ	同拾九圓	同拾四圓
同至獨國フランクホルト	同貳拾七圓	同貳拾圓
同至獨國ドレスド	同四拾四圓	同三拾三圓
同至獨國ハンブルク	同三拾七圓	同貳拾七圓
同至獨國ムユニツク	同三拾七圓	同貳拾七圓
同至獨國ストラスフルク	同貳拾圓	同拾五圓

同至獨國ライプチツク	同三拾九圓	同貳拾九圓
同至洪葛利ブーダペスト	同七拾貳圓	同五拾五圓
同至土耳古コンスタンチノープル	同百四拾五圓	同百五圓
同至露國モスコーウ	同百拾貳圓	同八拾圓
同至露國チデッサ	同百〇八圓	同八拾壹圓
同至露國彼得堡府	同九拾四圓	同七拾四圓
從露國彼得堡府至同國モスコーウ	同拾九圓	同拾三圓
同至同國リヴヂヤ	同六拾七圓	同三拾九圓
同至同國チレンブルグ	同六拾六圓	同四拾六圓
同至同國ウラジカフカズ	同七拾六圓	同五拾六圓
同至同國チデッサ	同五拾六圓	同四拾五圓
同至同國アボー港	同貳拾壹圓	同拾四圓
同至同國ヘルシングフオルス	同拾圓	同七圓

同至同國レーウエル	同　拾壹圓	同　八圓
同至同國クラスノエ、セロ	同　八拾錢	同　六拾錢
同至同國ツアルスコエ、セロ	同　八拾錢	同　六拾錢
同至同國ペテルホフ	同　八拾錢	同　六拾錢
同至同國クロンスタット	同　壹圓三拾錢	同　壹圓
同至澳國クラコウイー	同　四拾貳圓	同　三拾貳圓
同至獨國エードターチン	同　貳拾六圓	同　貳拾圓
從獨國エードンチン至同國伯林府	同　貳拾八圓	同　貳拾圓
從獨國キール至同國ハンブルク	同　四圓	同　三圓
從獨國ハンブルク至同國伯林府	同　拾圓	同　七圓
從獨國伯林府至澳國維也納府	同　貳拾四圓	同　拾八圓
同至白耳義ブリユッセル	同　三拾五圓	同　貳拾六圓
同至英國倫敦府	同　五拾八圓	同　五拾圓

同至和蘭アムステダルム	同貳拾六圓	同貳拾圓
從和蘭アムステダルム至同國海牙	同壹圓貳拾錢	同七拾錢
從伊國ナープル至同國羅馬府	同九圓	同六圓
從伊國羅馬府至同國ウヱニース	同貳拾四圓	同拾八圓
同至同國ミラン	同貳拾六圓	同拾九圓
從伊國ウヱニース至同國ミラン	同拾貳圓	同九圓
同至澳國維也納府	同拾九圓	同拾四圓
從澳國トリヱスト至伊國ウヱニース	同九圓	同七圓
同至同國維也納府	同拾九圓	同拾四圓
從澳國クラコウイ至同國維也納府	同拾三圓	同拾圓
從瑞典ストックホルム至同國マルモ	同貳拾圓	同拾五圓
從丁抹コペンハーゲン至同國コル・セル	同四圓	同三圓
從英國サウサンプトン至同國倫敦府	同七圓	同五圓

從英國倫敦府至同國リウルプール	同 拾五圓	同 拾壹圓
從米國桑港至同國華盛頓府 紐育	同 貳百三拾五圓五拾錢	同 百五拾七圓五拾錢
從清國天津至同國北京府	同 四拾圓	同 三拾圓

但此表面ニ揭出セサル旅行ハ英壹里ニ付銀貨七錢ヲ一等トシ同五錢ヲ二等トシ支給ス

亞細亞其他鐵道ナキ地方ハ現場仕拂精算スヘシ

乙號

公使領事以下官員在留國內外公用旅行雜費

	歐米	亞細亞
勅任一等 全權公使上級	英貨貳磅六志	銀貨拾圓 但一日分
同 全權公使下級	同壹磅拾八志四片	同八圓 同
同二等 辨理公使	同壹磅拾八志四片	同八圓 同

奏任一等 代理公使 參事官 總領事	同壹磅拾志八片	同七圓	同
同二等 書記官 領事	同壹磅六志拾片	同六圓五拾錢	同
同三等 書記官 領事	同壹磅四志拾壹片	同六圓	同
同四等 書記官 領事	同壹磅三志	同五圓	同
同五等 交際官試補 副領事	同壹磅	同四圓五拾錢	同
同六等 交際官試補 副領事	同拾九志貳片	同四圓	同
判任 書記生	同拾九志貳片	同四圓	同

勅任	金五圓	但一日分
奏任	同三圓五拾錢	同
判任一級年俸ヨリ四級年俸マテ	同貳圓五拾錢	同
同五級年俸ヨリ十級年俸マテ	同貳圓	同

丙號

公使領事以下移轉諸費 △印ハ妻携帶費ヲ合ス

但歐米淸ハ銀貨朝鮮國ハ紙幣ヲ以テ給ス

	英露佛米		獨伊澳蘭淸		朝	
勅任一等全權公使	五百〇八圓	△七百七拾五圓	四百九拾貳圓	△七百五拾九圓	貳百八拾壹圓	淸△三百八拾五圓 朝△三百貳拾三圓
同二等辨理公使	四百七拾五圓	△七百貳拾五圓	四百五拾八圓	△七百〇八圓	貳百四拾圓	同△三百貳拾三圓 同△貳百七拾三圓
奏任一等代理公使	三百貳拾七圓	△四百九拾四圓	三百〇九圓	△四百五拾九圓	貳百圓	同△貳百六拾三圓 同△貳百貳拾五圓

同 参事官	百九拾壹圓 △貳百五拾三圓	百八拾六圓 △貳百四拾三圓	百○壹圓 同△百貳拾圓 同△百拾貳圓
同二等 書記官	百七拾壹圓 △貳百三拾三圓	百六拾六圓 △貳百貳拾三圓	八拾六圓 同△百○五圓 同△九拾七圓
同三等 同	百五拾八圓 △貳百貳拾圓	百五拾三圓 △貳百拾圓	七拾八圓 同△九拾七圓 同△八拾九圓
同四等 同	百四拾五圓 △貳百○七圓	百四拾圓 △百九拾七圓	六拾七圓 同△八拾六圓 同△七拾八圓
同五等 交際官試補	百拾八圓	百拾三圓	四拾七圓
同六等 同	百○五圓	百圓	三拾六圓
判任 書記生 一級年俸	百○五圓	百圓	三拾六圓

同 同 二級同	九拾五圓	九拾圓	三拾壹圓
同 同 三級同	八拾五圓	八拾圓	貳拾五圓
同 同 四級同	八拾圓	七拾五圓	貳拾貳圓
同 同 五級同	七拾五圓	七拾圓	拾九圓
同 同 六級同	七拾貳圓	六拾八圓	拾八圓
同 同 七級同	七拾圓	六拾五圓	拾七圓
同 同 八級同	六拾八圓	六拾貳圓	拾五圓
同 同 九級同	六拾五圓	六拾圓	拾四圓
同 同 十級同	六拾貳圓	五拾七圓	拾三圓

	倫敦、馬耳塞、里昂、紐育、桑港、ホノルル、		上海、京城、仁川		香港、天津、釜山		芝罘、漢口、哥爾薩、浦潮、元山	
奏任一等 總領事	百九拾六圓	△貳百四拾六圓	百貳拾三圓	濟△百五拾壹圓 朝△百三拾七圓	百〇九圓	△百三拾七圓 △百貳拾三圓	九拾五圓	△百貳拾三圓 △百〇九圓
同二等 領事	百八拾四圓	△貳百三拾四圓	百拾六圓	同△百四拾四圓 同△百貳拾七圓	百〇貳圓	△百三拾圓 △百拾三圓	八拾八圓	△百拾六圓 △九拾九圓
同三等 同	百七拾壹圓	△貳百貳拾壹圓	百〇九圓	同△百三拾七圓 同△百貳拾圓	九拾五圓	△百貳拾三圓 △百〇六圓	八拾貳圓	△百拾圓 △九拾三圓
同四等 同	百五拾九圓	△貳百〇九圓	百〇貳圓	同△百三拾圓 同△百拾三圓	八拾八圓	△百拾六圓 △九拾九圓	七拾六圓	△百〇四圓 △八拾七圓
同五等 副領事	百拾圓		五拾六圓		五拾三圓		五拾三圓	
同六等 同	百〇五圓		五拾圓		四拾七圓		四拾七圓	

領事代理	百五拾圓	九拾四圓	八拾壹圓	六拾九圓
判任書記生一級年俸	百〇五圓	五拾圓	四拾七圓	四拾七圓
同同二級同	九拾貳圓	三拾六圓	三拾六圓	三拾六圓
同同三級同	八拾三圓	三拾壹圓	三拾壹圓	三拾壹圓
同同四級同	七拾貳圓	貳拾五圓	貳拾五圓	貳拾五圓
同同五級同	六拾貳圓	拾九圓	拾九圓	拾九圓
同同六級同	六拾圓	拾八圓	拾八圓	拾八圓
同同七級同	五拾七圓	拾七圓	拾七圓	拾七圓
同同八級同	五拾五圓	拾五圓	拾五圓	拾五圓

同 同 九級同	五拾三圓	拾四圓	拾四圓	拾四圓
同 同 十級同	五拾圓	拾三圓	拾三圓	拾三圓

丁號

細則第三十九條ニ揭示スル備付品科目

一國旗
一官印
一備付書籍地圖
一敷物
一テーブル小卓幷卓覆
一帽子掛沓拭
一簞笥書棚鐵函書物机
一窓飾戸張
一暖爐
一椅子
一公務所書房具

一公使館備付大馬車壹輛　付屬品共
一淸國及朝鮮國公使館備付大轎子貳座　付屬品共
右十三件ハ公使領事公務所參事官以下事務取扱所對客間來客扣所食堂備付ノ分ニシテ細則第四十四條ニ掲載スル區分ニ依リ定額又ハ實費ヲ以テ修覆新規買足ヲ爲スヘキ分
一食事用テーブル掛ノ類
一來客用食器具ノ類
一來客間掛額鏡ノ類
一時計及花瓶唾器ノ類
一來客用吸烟器ノ類
一暖爐用付屬品
一火燈ノ類
一庖厨具　領事館ニ限ル（朝鮮國ハ官ヨリ之レヲ備付ケス）
一端舟　但付屬品共　但領事館ニ限ル
一公使館備付臥具壹組　付屬品共（朝鮮國ハ官ヨリ之レヲ備付ケス）
但歐米公使館備夫寢具十一組附屬品共
右十件其外修覆新規買足トモ公使領事ノ自辨タルヘシ
右備付什器買上科目トシテ公館創立ノ際官費ヲ以テ買上追テ修覆又

ハ新規買足トモ書面ノ通區分相立取扱可申事
但此科目外從前官費ヲ以テ買上有之分ハ總テ拂下ケ取計代價上納スヘシ

明治十九年二月
宮內省號外達

○第六節　宮內省勅任奏任官員ノ官等及年俸

宮內省勅任奏任官員ノ官等及年俸ヲ改定スルコト左ノ如シ

奉勅

第一條　內大臣宮內大臣ノ年俸ハ六千圓トス

第二條　侍從長以下ノ官等及年俸ハ左ノ表ニ依ル

勅任一等

侍從長	五千五百圓
宮中顧問官	四　千　圓
宮內次官	上五千圓 下四千五百圓
式部長官	上四千圓 下三千五百圓
皇太后宮大夫	上四千圓 下三千五百圓

皇后宮大夫	上四千圓	下三千五百圓
勅任二等		
宮中顧問官	三千五百圓	
宮内次官	上四千圓	下三千五百圓
式部次官	上三千圓	下二千七百圓
掌典長	上二千四百圓	下二千百圓
大膳大夫	上三千圓	下二千五百圓
内藏頭	上四千圓	下三千五百圓
主殿頭	上三千五百圓	下三千圓
圖書頭	上三千五百圓	下三千圓

內匠頭	上	三千五百圓
	下	三千圓
主馬頭	上	三千五百圓
	下	三千圓
御料局長官	上	三千五百圓
	下	三千圓
侍醫局長官		四千圓
侍醫	上	四千圓
	下	三千八百圓
華族局長官	上	三千圓
	下	二千五百圓
親王家別當	上	三千圓
	下	二千五百圓
奏任一等		
書記官	上	三千圓
	中	二千八百圓
	下	二千六百圓
秘書官	上	三千圓
	中	二千八百圓

	下二千六百圓
侍從	上二千六百圓
	中二千四百圓
	下二千二百圓
式部官	二千四百圓
掌典	千八百圓
皇太后宮亮	上二千四百圓
	中二千二百圓
	下二千圓
皇后宮亮	上二千四百圓
	中二千二百圓
	下二千圓
大膳亮	上二千二百圓
	下二千圓
內藏權頭	上三千圓
	中二千八百圓
	下二千六百圓

主殿權頭
上二千六百圓
中二千四百圓
下二千二百圓

圖書權頭
上二千六百圓
中二千四百圓
下二千二百圓

內匠權頭
上二千六百圓
中二千四百圓
下二千二百圓

主馬權頭
上二千六百圓
中二千四百圓
下二千二百圓

諸陵頭
上二千六百圓
中二千四百圓
下二千二百圓

御料局主事
上二千六百圓
中二千四百圓

下二千二百圓

侍醫　上三千圓
　　　中二千八百圓
　　　下二千六百圓

調度局長　上三千圓
　　　　　中二千八百圓
　　　　　下二千六百圓

華族局主事　上二千四百圓
　　　　　　中二千二百圓
　　　　　　下二千圓

奏任二等

書記官　上二千四百圓
　　　　中二千二百圓
　　　　下二千圓

秘書官　上二千四百圓
　　　　中二千二百圓
　　　　下二千圓

侍從	上二千圓 中千八百圓 下千六百圓
式部官	千八百圓
掌典	千二百圓
內藏助	上二千四百圓 中二千二百圓 下二千圓
主殿助	上二千圓 中千八百圓 下千六百圓
圖書助	上二千圓 中千八百圓 下千六百圓
內匠助	上二千圓 中千八百圓 下千六百圓

主馬助	上二千圓	中千八百圓	下千六百圓
諸陵權頭	上二千圓	中千八百圓	下千六百圓
御料局主事	上二千圓	中千八百圓	下千六百圓
侍醫	上二千四百圓	中二千二百圓	下二千圓
華族局主事	上千八百圓	中千六百圓	下千四百圓

奏任三等

上千八百圓

書記官	中千六百圓
	下千四百圓
秘書官	上千八百圓
	中千六百圓
	下千四百圓
侍従	上千四百圓
	中千二百圓
	下千百圓
式部官	千二百圓
掌典	九百圓
內藏權助	上千八百圓
	中千六百圓
	下千四百圓
主殿權助	上千四百圓
	中千二百圓
	下千百圓
	上千四百圓

圖書權助	中千二百圓
	下千百圓
內匠權助	上千四百圓
	中千二百圓
	下千百圓
匠師	俸給ハ別ニ之ヲ定ム
主馬權助	上千四百圓
	中千二百圓
	下千百圓
諸陵助	上千四百圓
	中千二百圓
	下千百圓
御料局主事補	上千四百圓
	中千二百圓
侍醫	下千百圓
	上千八百圓
	中千六百圓

下千四百圓

調度局次長
上千八百圓
中千六百圓
下千四百圓

華族局主事補
上千二百圓
中千百圓
下千圓

奏任四等

書記官
上千二百圓
中千百圓
下千圓

秘書官
上千二百圓
中千百圓
下千圓

侍從
上千圓
中九百圓
下八百圓

式部官	九百圓
掌典	六百圓
匠師	俸給ハ別ニ之ヲ定ム
諸陵權助	上九百圓 中八百圓 下七百圓
御料局主事補	上千圓 中九百圓 下八百圓
侍醫	上千二百圓 中千百圓 下千圓
華族局主事補	上九百圓 中八百圓 下七百圓
家令	九百圓

奏任五等

侍從試補	上八百圓
	中七百圓
	下六百圓
式部官	六百圓
掌典	五百四十圓
雅樂師長	四百二十圓
匠師	俸給ハ別ニ之ヲ定ム
家令	八百圓

奏任六等

侍從試補	五百五十圓
	上四百圓
內豎	中三百圓
	下二百五十圓
式部官	五百四十圓
掌典	四百八十圓
雅樂師副長	三百六十圓
匠師	俸給ハ別ニ之ヲ定ム

家令　七百圓

○第七節　陸軍海軍武官官等

明治十九年四月廿九日

朕茲ニ陸軍海軍武官ノ官等ヲ裁可ス

御名　御璽

勅令第三十七號

陸軍海軍武官官等

第一條　陸軍海軍大將ハ親任式ヲ以テ叙任スルノ官トシ中將ハ勅任一等少將及相當官ハ勅任二等トス

第二條　陸軍海軍大佐ハ奏任一等中佐ハ奏任二等少佐ハ奏任三等大尉ハ奏任四等中尉ハ奏任五等少尉ハ奏任六等トス佐官尉官ノ相當官亦同シ

第三條　陸軍准士官下士ノ官等ハ判任一等ヨリ四等ニ至リ海軍准士官下士ノ官等ハ判任一等ヨリ五等ニ至ル

○第八節　海軍武官々等表

十九年七月二日

朕海軍武官々等表ノ改正ヲ裁可シ茲ニ之ヲ公布セシム

御名　御璽

勅令第五十二號

海軍武官官等表

勅任		將官	大將							
勅任	一等	將官	中將							
勅任	二等	將官	少將						機技總監	
奏任	一等	上長官	大佐					機技部上長官	機關大監	大技監
奏任	二等	上長官	大佐					機技部上長官	機關大監	大技監
奏任	三等	上長官	少佐					機技部上長官	機關少監	少技監
奏任	四等	士官	大尉					機技部士官	大機關士	大技士
奏任	五等	士官	大尉					機技部士官	大機關士	大技士
奏任	六等	士官	少尉					機技部士官	少機關士	少技士
判任	一等	准士官		上等兵曹			軍樂師	機技部准士官	機關師	上等技工
判任	二等	下士 一等		一等兵曹	一等艦內教授	一等警吏	一等軍樂手	機技部下士	一等機關手	一等技工
判任	三等	下士 二等		二等兵曹	二等艦內教授	二等警吏	二等軍樂手	機技部下士	二等機關手	二等技工
判任	四等	下士 三等		三等兵曹	三等艦內教授	三等警吏	三等軍樂手	機技部下士	三等機關手	三等技工

		船匠師 一等船匠手 二等船匠手 三等船匠手
		一等水雷工手 二等水雷工手 三等水雷工手
		一等鍛冶手 二等鍛冶手 三等鍛冶手
軍醫部上長官	軍醫部士官	軍醫部下士
軍醫總監 軍醫大監 軍醫少監	大軍醫 少軍醫	
藥劑官	大藥劑官 少藥劑官	
		一等看護手 二等看護手 三等看護手
主計部上長官	主計部士官	主計部下士
主計總監 主計大監 主計少監	大主計 少主計	
		一等筆記 二等筆記 三等筆記
		一等主厨 二等主厨 三等主厨

○第九節　海軍高等武官俸給

明治十九年七月十二日

朕茲ニ海軍高等武官俸給令ヲ裁可ス

御名　御璽

勅令第五十三號

海軍高等武官俸給令

第一條　海軍高等武官ノ年俸ハ別表ニ依ル

第二條　航行ノ役務ニ服スル艦船ノ定員ニハ第一表ノ甲俸ヲ給シ港內繫留艦船ノ定員ニハ乙俸ヲ給ス

定員外ニシテ航行ノ艦船ニ乘組ヲ命セラレタル者ニハ第一表ノ乙俸ヲ給シ港內繫留艦船ニ乘組ヲ命セラレタル者ニハ丙俸ヲ給ス

第三條　陸上勤務ノ者ニハ丙俸ヲ給ス

第四條　鎭守府司令長官軍港司令官ニハ甲俸ヲ給ス

第五條　參謀官及敎官ノ職ヲ奉スル者奏任三等以上ニハ年俸百貳拾圓ヲ加給シ四等以下ニハ年俸六拾圓ヲ加給ス

第六條　尉官及其同等官ニ上等俸ヲ給スルハ全員ノ半數ニ超過スルヲ得ス

第七條　軍醫總監主計總監ニシテ多年勤勞アリ成績顯著ナル者ニハ內閣ノ上奏ニ依リ特旨ヲ以テ乙俸ヲ給スルコトアルヘシ

第八條　第一表ニ掲クル武官ニシテ待命ヲ命セラレタル者ニハ丙俸ノ十分ノ七其非職者ニハ丙俸ノ十分ノ五停職解職ニ依ル非職者ニハ丙俸ノ十分ノ三ヲ給ス

第九條　機技總監技監技士ノ年俸ハ第二表ニ從ヒ其事業ノ繁閑ニ應シ上中下俸ヲ給ス

第十條　第二表ニ掲クル武官ニシテ待命ヲ命セラレタル者及非職者ニハ其本俸ニ照シ第八條ニ準シテ給ス

第十一條　本令ニ關スル細則ハ海軍大臣大藏大臣ト商議シ其省令ヲ以テ之ヲ定ムヘシ

別表

第一表

官名	甲	乙	丙
大將	八千圓		六千圓
中將	五千五百圓	四千八百圓	四千四百圓
少將 軍醫總監 主計總監	四千六百圓	四千圓	三千六百圓
大佐（奏任一等） 機關大監同同 軍醫大監同同 主計大監同同	三千圓	貳千七百圓	貳千五百圓
大佐（奏任二等） 機關大監同同 軍醫大監同同 主計大監同同	貳千三百圓	貳千百圓	千九百圓
少佐 機關少監 軍醫少監 藥劑監 主計少監	千七百圓	千四百八拾圓	千貳百八拾圓
大尉（奏任四等） 大機關士同同 大軍醫同同 大藥劑官同同 大主計同同	上九百八拾圓 下九百貳拾圓	上九百貳拾圓 下八百六拾圓	上八百八拾圓 下八百貳拾圓
大尉（奏任五等） 大機關士同同 大軍醫同同 大藥劑官同同 大主計同同	上七百八拾圓 下七百貳拾圓	上七百二拾圓 下六百六拾圓	上六百八拾圓 下六百貳拾圓
少尉 少機關士 少軍醫 少藥劑官 少主計	上五百六拾圓 下五百圓	上五百圓 下四百四拾圓	上四百六拾圓 下四百圓

第二表

官名
機技總監
大機監（奏任一等）
大技監（奏任二等）
少技監
大技士（奏任四等）
大技士（奏任五等）
少技士

二表		
上	中	下
四千五百圓	四千圓	三千五百圓
貳千九百圓	貳千七百圓	貳千五百圓
貳千三百圓	貳千百圓	千九百圓
千六百八拾圓	千六百八拾圓	千二百八拾圓
千百八拾圓	千八拾圓	九百八拾圓
八百八拾圓	七百八拾圓	六百八拾圓
五百八拾圓	四百八拾圓	四百圓

○第十節

海軍高等武官俸給支給細則　十九年七月海軍省令第七十三號

海軍高等武官俸給支給細則左ノ通相定ム

海軍高等武官俸給支給細則

第一條　高等武官ノ俸給ハ其年俸ヲ十二分シ毎月之ヲ支給ス

第二條　俸給支給定日ハ左ノ如シ其日休暇ニ當ルトキハ順延トス

一　在職俸　毎月十五日

一　待命並非職俸　毎月十七日

第三條　新任及轉任黜陟增俸減俸等其當月分ノ俸給ハ總テ日割支給トス

第四條　新任ノトキハ發令ノ翌日ヨリ起算シテ其俸ヲ支給ス

第五條　轉任ノトキハ發令ノ當日マテ前任ノ俸ヲ支給シ其翌日ヨリ現任ノ俸ヲ支給ス黜陟及增俸減俸等モ之ニ準ス

第六條　艦船乘退ニ依テ俸給ニ增減アルトキハ發令ノ日ニ拘ハラス

現ニ乘退ノ日ヲ以テ區分ス

第七條　退職或ハ死亡若クハ退官廢官ノトキハ日割ヲ以テ計算セス其月ノ俸給全額ヲ支給ス但第二條ノ支給定日ニ拘ハラス其際支給スヘシ

第八條　免職或ハ退職退官若クハ廢職廢官又ハ廢廳廢艦等ノトキ特ニ命ヲ受ケ事務引繼或ハ殘務取調等ニ從事スルモノハ其間尙ホ從前ノ俸ヲ支給ス但其擔務結了シタルトキ本官ナキモノハ第七條ニ準シ本官アルモノハ第五條ニ準ス

第九條　俸給ノ增減或ハ停止等ニ關スル發令アリシトキ他所在勤或ハ出張又ハ航海中ノモノハ其發令到達ノ日マテハ尙ホ從前ノ俸ヲ支給ス但其發令ヲ官報ニ掲載シテ布告スルモノハ此限ニ在ラス

第十條　他所在勤或ハ出張又ハ航海中第九條ノ塲合ニ於テ復命セシムルモノハ其復命ヲ終ルノ日マテ尙ホ從前ノ俸ヲ支給ス

第十一條　兼官或ハ兼職及兼勤ノモノハ本官或ハ本務ノ俸給ニ比較シ其多額ニ就テ支給シ其俸給ニ差異ナキモノハ本務ノ廳ニ於テ支給ス

第十二條　甲俸或ハ乙俸ヲ受ル職員ノ代理或ハ心得勤務ヲ命シタル

モノニハ本職員ニ準シ甲俸或ハ乙俸ヲ支給ス但兼勤ノモノハ第十一條ニ依ル

第十三條　在職俸ハ勤務場所ノ異同ニ拘ハラス第二條ノ支給定日所屬ノ各廳艦船營ニ於テ之ヲ支給ス

第十四條　待命並非職俸ハ會計局ニ於テ之ヲ支給ス但東京ニ在住セサルモノハ之ヲ所在地ノ支廳或ハ地方廳ヘ依托スヘシ

第十五條　昇等或ハ増俸ニ依リ追給スヘキモノアルトキハ翌月ノ俸給ト共ニ之ヲ支給ス

第十六條　降等或ハ減俸其他事故アリテ追徴スヘキモノアルトキハ翌月ノ俸給ヨリ之ヲ扣除ス

第十七條　在職ヨリ待命或ハ非職ニ轉シ又ハ待命或ハ非職ヨリ在職ニ轉シタルトキハ第十八條ニ準シ其會計ヲ區分スヘシ

第十八條　會計ヲ異ニスル廳ヘ轉シタルモノヽ俸給ハ定日ニ拘ハラス其當日マテ前廳ニ於テ支給シ其翌日ヨリ該廳ニ於テ支給ス但前廳ニ於テ追徴スヘキモノアルトキハ之ヲ該廳ヨリ償還スヘシ

第十九條　會計ヲ異ニスル廳ノ所屬員ヲ借用スルトキハ其間ノ俸給ハ日數ニ應シ借用廳ヨリ其廳ヘ償還スヘシ但往返ノ日數モ借用日

數ニ算入ス

第二十條　海上二百里以上ノ航海及陸路百里以上ノ旅行ヲ命シタルモノニハ第二條ノ支給定日ニ拘ハラス其際翌月マテノ俸給ヲ繰上ケ支給スルコトヲ得

第二十一條　日割計算ノ法ハ年俸ヲ十二分シ之ニ給スヘキ日數ヲ乘シ其月ノ現日數ニテ除シ以テ支給額ヲ得ルモノトス

〇第十一節　無任所外交官年俸

明治十九年四月廿六日

勅令　朕茲ニ無任所外交官ノ年俸ヲ裁可ス

御名　御璽

勅令第三十三號

一無任所外交官ノ年俸ヲ定ムルコト左ノ如シ

特命全權公使	勅任一等	自二千三百圓至三千圓
辨理公使	勅任二等	自千七百圓至二千三百圓
代理公使	奏任一等	自千四百圓至千七百圓
公使館參事官	奏任一等	自千四百圓至千七百圓
公使館書記官	奏任二等	自千二百圓至千四百圓

公使館書記官　奏任三等　自千百圓至千二百圓
公使館書記官　奏任四等　自九百圓至千百圓
交際官試補　奏任五等　自五百圓至七百圓
交際官試補　奏任六等　自三百圓至五百圓

一無任所外交官外務省參事官ニ兼任セラレタルトキハ勅令第六號高等官等俸給令ニ依リ其年俸ヲ支給ス

○第十二節　地方官々等俸給令　明治十九年七月十二日

朕玆ニ地方官官等俸給令ヲ裁可ス

御名　御璽

勅令第五十五號（官報七月二十日）

地方官官等俸給令

第一條　知事ノ年俸ヲ定ムル左ノ如シ

勅任二等　上　四千五百圓
　　　　　下　四千圓
奏任一等　上　三千五百圓
　　　　　下　三千圓

第二條　知事ハ五年ヲ踰ユルニアラサレハ其年俸ヲ増給セス

第三條　東京府知事ノ勅任一等ニ陞リタル場合及知事ノ敍任特例ハ

勅例第六號高等官々等俸給令ニ依ル

第四條　書記官警部長收稅長郡區長ノ敍任同等內ノ順序定員年俸及陞敍特例ハ前條ニ同シ

第五條　屬典獄副典獄郡區書記監獄書記ノ俸給昇等毎等ノ定員及在官死亡者ノ賜金ハ勅令第三十六號判任官官等俸給令ニ依ル

第六條　警部警部補看守長看守副長及收稅屬ノ俸給ハ別表定ムル所ニ依リ昇等毎等ノ定員及在官死亡者ノ賜金ハ前條ニ同シ

別表

判任官

官等	一等	二等	三等	四等	五等	六等	七等	八等	九等	十等
警部	四拾五圓	四拾圓	三拾六圓	三拾貳圓	貳拾八圓	貳拾四圓	貳拾壹圓			
看守長					貳拾八圓	貳拾四圓	貳拾壹圓			
警部補								拾八圓	拾五圓	拾貳圓
看守副長								拾八圓	拾五圓	拾貳圓
收稅屬	五拾圓	四拾五圓	四拾圓	三拾五圓	三拾圓	貳拾五圓	貳拾圓	拾五圓	拾貳圓	上拾圓 下八圓

○第十三節　判任官官等俸給令　明治十九年四月二十九日

勅令　朕茲ニ判任官官等俸給令ヲ裁可ス

御名　御璽

勅令第三拾六號

判任官官等俸給令

第一條　判任官ヲ分テ十等トシ一等ヨリ十等ニ至ル

第二條　判任文官ノ月俸ハ別表ニ依ル

第三條　陸海軍准士官下士ノ月俸ハ從前定ムル所ニ依ル其他特ニ定ムルモノハ前條ノ限ニアラス

第四條　判任官五等以上ハ毎等在職四年六等以下ハ毎等在職三年ヲ踰ユルニアラザレハ昇等スルコトヲ得ズ

第五條　毎等ニ定員ヲ限リ缺員アルニアラザレハ定期ヲ踰ユルト雖モ昇等スルコトヲ得ス

第六條　判任官一等ニシテ上級俸ヲ受ケ三年ヲ踰ヘタル者勞績拔群顯著ナルモノハ特別ヲ以テ別表ノ範圍ニ拘ハラス漸次百圓マテ增俸スルコトアルヘシ

第七條　官ニ在リテ死亡シタル者ハ月俸三箇月分ヲ其遺族ニ給ス其非職者ニ於テモ亦同シ

第八條　本令中俸給細則ハ大藏大臣其省令ヲ以テ之ヲ定ムヘシ

別表

判任官									
一等	二等	三等	四等	五等	六等	七等	八等	九等	十等
上 七十五圓 下 六十圓	五十圓	四十五圓	四十圓	三十五圓	三十圓	二十五圓	二十圓	十五圓	十二圓

○第十四節

判任官俸給支給細則　明治十九年五月四日大藏省第二十號令

判任官俸給支給細則左ノ通相定ム

判任官俸給支給細則

第一條　判任官ノ月俸ハ毎月左ノ日割ニ依リ支給スルモノトス

但休日ニ當ルトキハ順次繰上トス

二十六日　（内閣　外務省　内務省　大藏省　陸軍省　海軍省

二十七日　（司法省　文部省

二十八日　（農商務省　遞信省　元老院　會計檢査院　右ニ屬セサル諸廳）

第二條　增俸減俸（非職減俸共）ハ發令ノ翌日ヨリ起算シ其當月分ハ日割ヲ以テ計算スルモノトス

第三條　新任ノトキハ職務ニ就キタル當日ヨリ新官ノ俸給ヲ支給スルモノトス

第四條　轉任ノトキハ前任廳ノ事務ヲ終リタル翌日ヨリ新官ノ俸給ヲ支給スルモノトス

第五條　公務ニ由リ旅行スルモノニハ第一條ノ日割ニ拘ラス翌月マデノ俸給ヲ給與スルコトヲ得

第六條　右ニ掲グル者ノ外ハ總テ高等官年俸支給法ノ例ニ據ル

附則

一　新官制ニ依リ本年五月一日以前ニ任官ノモノハ總テ五月一日ヨリ起算シテ俸給ヲ支給シ同日以後任官ノモノハ其月ノ現日數ニ依リ日割ヲ以テ舊官俸給ノ額ヲ支給シ新官ノ俸給ハ其翌日ヨリ起算スルモノトス

○第十五節　技術官官等俸給令　明治十九年四月二十九日

勅令　朕茲ニ技術官々等俸給令ヲ裁可ス

御名　御璽

勅令第拾八號

技術官々等俸給令

第一條　各廳ニ於テ工藝技術ヲ要スルモノハ職員ノ外特ニ技術官ヲ置ク

第二條　技術官ヲ分テ技監技師技手トス

第三條　技監ハ勅任トシ技師ハ奏任トシ十等技師ヨリ六等技師ニ至リ技手ハ判任トシ一等技手ヨリ十等技手ニ至ル

第四條　技監技師ノ叙任奏薦辭令書同等內ノ順序定員年俸及陞叙特例ハ勅令第六號高等官々等俸給令ニ依ル

第五條　技手ノ月俸ハ別表定ムル所ニ從ヒ各廳俸給定額內ニ於テ事業ノ繁簡ニ應シ便宜增減支給ス

第六條　技手ハ各廳ノ便宜ニ從ヒ別表技手俸給範圍內ニ於テ日給トナスコトヲ得

第七條　技手ノ昇等每等ノ定員特別增俸及在官死亡者ノ賜金ハ勅令第三十六號判任官々等俸給令ニ依ル

第八條　技手ノ人員ハ事業ノ繁簡ニ從ヒ本屬大臣ノ定ムル所ニ依ル

但定員ノ外俸給定額内ニ於テ臨時雇員ヲ使用スルコトヲ得

第九條　日給ノ技手疾病ニ罹リ缺勤三十日以内ニシテ其證據明白ナルトキハ日給ノ半額ヲ給スルコトアルヘシ但公務ニ依リ傷痍シ又ハ疾病ニ罹リタル者ハ本條ノ限ニアラス

第十條　日給ノ技手ヲ定時間外ニ服業セシムルトキハ俸給定額内ニ於テ便宜加給スルコトヲ得

第十一條　日給技手ヲ除クノ外總テ技術官ハ其主務ノ便宜ニ依リ其年俸又ハ月俸ノ半額ヲ給シ之ニ休職ヲ命スルコトアルヘシ

第十二條　技術官ニシテ休職ヲ命セラレ普通文官ノ事務ヲ兼ヌルモノハ兼官ニ就テ其年俸又ハ月俸ヲ給ス但此ノ場合ニ於テハ別ニ休職俸ヲ給セス

別表

判任官

一等技手	上八拾圓
二等技手	七拾圓
三等技手	五拾五圓
四等技手	五拾圓
五等技手	四拾五圓
六等技手	四拾圓
七等技手	三拾五圓
八等技手	三拾圓
九等技手	貳拾五圓
十等技手	拾八圓

中	七拾圓	六拾圓	五拾圓	四拾圓	四拾圓	三拾五圓	三拾圓	二拾五圓	二拾圓	拾五圓
下	六拾圓	五拾圓	四拾五圓	四拾圓	三拾五圓	三拾圓	二拾五圓	二拾圓	拾五圓	拾二圓

○第十六節　内閣賞勳局職員及官等年俸　明治十九年三月廿九日

勅令　朕内閣賞勳局職員及官等年俸ヲ裁可ス

御名　御璽

勅令第拾號

内閣賞勳局職員及官等年俸

第一條　賞勳局ニ左ノ職員ヲ置ク

總裁　一人　勅任　一等

副總裁　一人　勅任　二等

書記官　二人　奏任自一等至四等

屬　判任

第二條　總裁副總裁及書記官ノ年俸ハ左ノ如ク定ム

總裁　四千圓

副總裁　三千圓

書記官　奏任一等　上二千四百圓下二千二百圓　奏任二等　上二千圓下千八百圓　奏任三等　上千六百圓下千四百圓　奏任四等上千二百圓下千圓

○第十七節　元老院議長副議長及議官書記官々等年俸　明治十九年三月廿九日

勅令　朕元老院議長副議長議官書記官ノ官等年俸ノ改正ヲ裁可ス

御名　御璽

勅令第拾二號

元老院議長副議長議官書記官官等年俸

議長　勅任　五千圓

副議長　勅任一等　四千圓

議官　勅任一等　三千五百圓

議官　勅任二等　三千圓

書記官　奏任一等　上　二千四百圓
　　　　　　　　　下　二千二百圓
書記官　奏任二等　上　二千圓
　　　　　　　　　下　千八百圓
書記官　奏任三等　上　千六百圓
　　　　　　　　　下　千四百圓
書記官　奏任四等　上　千二百圓
　　　　　　　　　下　千圓

○第十八節　華族女學校職員官等俸給　明治十九年二月宮內省第二號達

華族女學校職員及官等俸給ヲ改定スルコト左ノ如シ

第一條　華族女學校ニ左ノ職員ヲ置ク

長
學監
幹事
教授
助教

書　記

第二條　長一人勅任トス宮内大臣ノ命ヲ受ケ學校ノ事ヲ總理ス

第三條　學監一人奏任トス長ノ命ヲ受ケ敎授及校中ノ事務ヲ監督ス

第四條　幹事二人奏任トス長ノ命ヲ受ケ庶務ヲ幹理ス

第五條　敎授ハ奏任トス生徒ノ敎授ヲ掌ル

第六條　助敎ハ判任トス敎授ノ職掌ヲ助ク

第七條　書記ハ判任トス長及幹事ノ命ヲ受ケ庶務ニ從事ス

第八條　女學校職員等級及俸給ハ左ノ表ニ依ル

長	勅任	年俸	三千圓	二千五百圓									
學監	奏任	同	千八百圓	千五百圓	千二百圓								
幹事	奏任	同	七百圓	六百圓	四百圓								
敎授	奏任	同	千八百圓	千五百圓	千二百圓	千百圓	千圓	九百圓	八百圓	七百圓	六百圓	五百圓	四百圓
助敎	判任	同	四百圓	二百五十圓	三百圓	二百五十圓	二百圓						
書記	判任	月給	二十圓	十五圓	十二圓								

○第十九節　學習院職員及官等

十九年六月宮內省第八號達

學習院職員及官等ヲ改定スルコト左ノ如シ

第一條　學習院ニ左ノ職員ヲ置ク

院長
敎頭
敎授
幹事
寮監
醫員
助敎授
書記

第二條　院長一人勅任二等トス宮內大臣ノ命ヲ承ケ院務ヲ總理シ所屬職員ヲ統督ス

第三條　敎頭一人奏任トス敎授ヨリ之ニ兼任シ院長ノ指揮ヲ承ケ敎務ヲ整理シ敎室ノ秩序ヲ保持スルコトヲ掌ル

第四條　敎授ハ奏任一等以下トス生徒ノ敎授ヲ掌ル

第五條　幹事二人奏任四等以下トス院長ノ指揮ヲ承ケ庶務ヲ幹理ス
第六條　寮監二人奏任五等以下トス院長ノ指揮ヲ承ケ生徒ヲ監督シ寄宿舍ヲ管理ス
第七條　醫員ハ一人又ハ二人奏任五等以下トス院中ノ衞生及治療ヲ掌ル
第八條　助敎授ハ判任一等以下トス敎授ノ職掌ヲ助ク
第九條　書記ハ判任四等以下トス院長及幹事ノ指揮ヲ承ケ庶務ニ從事ス

○第二十節　帝國大學職員官等

明治十九年三月廿六日

勅令　朕茲ニ帝國大學ノ職員官等ヲ裁可ス

御名　御璽

勅令第九號

帝國大學職員官等

總　長　勅任　自一等至二等
分科大學長　奏任　自一等至二等

敎頭	奏任	自一等至二等
敎授	奏任	自一等至四等
書記官	奏任	自二等至六等
助敎授	奏任	自四等至六等
舍監	奏任	自四等至六等
書記	判任	

●第五章　官吏

○第一節　稟請ヲ要セス處分シテ後報告條件　明治十九年三月内務省第一號令

自今左ニ掲クル條件ハ稟請ヲ要セス處分シテ後報告スヘシ但報告期限ハ別ニ之ヲ定ム

一　恤救規則心得第八條一家數人救助ノ事

一　國縣道々幅取擴ノ事

一　社寺創立再興等建設延期ノ事

一　社寺由緒アル地所建物處分ノ事

一　地租改正以前ヨリ人民ノ埋葬シ來リタル官有墓地ヲ民有墓地ニ組替ル事

一　耕宅地ニ非サル民有地ヲ斃牛馬捨場ニ撰定シ及之ヲ廢スル事
一　廢合神社跡地ヲ明治八年乙第百十三號達ニ準シ處分スル事
一　民設ノ用惡水路堤塘溜池井溝ヲ官有地ニ組換並ニ明治九年乙第八十一號達同十六年乙第四十五號達ニ依リ代地ヲ下ケ渡ス事
一　官有市街地ヲ明治十三年太政官第六號達ニ依リ公立小學校公立中學校公立專門學校敷地ニ附與スル事
一　人民ノ願ニ依リ土地建物ノ寄附ヲ許可シ其土地ヲ官有ニ組替ル事
一　官有ノ湖沼池等埋立ノ事
　但工事ノ一町歩以上ニ渉ルモノハ此限ニアラス
一　素地相當代價ノ既定セル開墾地ヲ拂下ル事
　但河川ノ寄洲川沿ニ係ル地所ハ此限ニアラス
一　土石砂利ヲ堀取及拂下ル事
　但修路治水ニ害アルヘキモノハ此限ニアラス
一　地方稅ノ經濟ニ於テ土地建物ヲ買上及拂下ル事
一　阿片賣買特許藥舗鑑札下付ノ事
一　阿片製造鑑札下付ノ事

一　劇藥配伍ノ賣藥許否ノ事
一　避病院開設ノ事
一　撿疫委員設置ノ事
一　養魚其他殖產ノ爲メ官有池沼ヲ貸渡ス事
一　社寺境內一時貸下ノ事
一　府縣官舍ノ內官宅警察署郡區役所等建築ノ事

○第二節　大審院裁判所職員考績條例　明治十七年十二月司法省無號達

大審院裁判所職員考績條例左ノ通相定候條此旨相達候事

大審院裁判所職員考績條例

第一條　考績ハ判事撿事以下職員ノ功過行能ヲ考覈シ司法卿ノ銓定ニ供スルモノトス

第二條　考績ノ法四善十最三殿ト爲ス其目左ノ如シ

一　操心公正ナルヲ一善トス
一　制行廉潔ナルヲ一善トス
一　學識博高ナルヲ一善トス
一　職務勉勵ナルヲ一善トス

以上四善

一　法理ニ精ク事體ニ達シ明斷嚴肅廳務整理シ所部ヲ奬勵シ兼テ人望アルヲ院長所長ノ最ト爲ス

一　法令ヲ遵奉シ所部ヲ監視シ明敏勇毅能ク職務ヲ盡シ兼テ人望アルヲ檢事長ノ最ト爲ス

一　聽訟聽敏與奪理ニ當リ判文申暢ナルヲ民事掛判事ノ最ト爲ス

一　審理情ヲ盡シ裁決法ニ適シ判文申暢ナルヲ刑事掛判事ノ最ト爲ス

一　糺問敏詳擧證明確判文申暢ナルヲ豫審判事ノ最ト爲ス

一　搜査精密起訴嚴明良ヲ扶ケ奸ヲ懲シ法律ヲ保護シ公安ヲ維持スルヲ檢事ノ最ト爲ス

一　忠恕倦マス懇篤勸解シ能ク治安ヲ保維セシムルヲ勸解判事ノ最ト爲ス

一　記錄詳明文理通達簿冊整頓處務敏捷兼テ書算ヲ善クスルヲ書記ノ最ト爲ス

一　淸白强幹書算ヲ善クシ出納ヲ謹ミ帳簿ヲ整ヘ勘査明確ナルヲ會計屬ノ最ト爲ス

一　供承懈ラス職掌闕クルコナキヲ附屬員ノ最ト爲ス

以上十最

一　愛憎情ニ任セ處斷法ニ違フヲ一殿トス

一　公ヲ忘レ私ニ徇ヒ職務廢闕アルヲ一殿トス

一　諂諛名ヲ求メ巧詐貪汚ナルヲ一殿トス

以上三殿

第三條　院長所長檢事長（始審廳ハ上席檢事）ハ各其廳及ヒ管轄廳ノ職員ヲ監視シ其功過行能ノ實ヲ精密調査シ左ノ雛形ニ照準シテ功過明細書ヲ作リ毎年九月司法卿ニ上申ス可シ

大審院又ハ何裁判所　職員功過明細書

族籍

官　氏　名

年　齡

一　奉職年月日　本年本月迄何年何月

一　赴任年月日　同　上

一　現時爵位勳等俸給

但何年何月增俸

功ノ部

一此部ニハ專ラ職務上ノ功績ニ係ル事件ヲ記ス即チ勤勉。年勞。事務練達。裁判允當。公訴嚴正。庶務整理。會計精確。ノ類ナリ

過ノ部

一此部ニハ專ラ職務上ノ過愆ニ係ル事件ヲ記ス即チ怠慢。闕勤。諂諛。貪穢。事務延滯。裁判不法。起訴錯誤。庶務紛雜。會計無度。其他曾テ懲戒ヲ受ケタルノ類ナリ

行ノ部

一此部ニハ專ラ品行ノ善惡ニ係ル事件ヲ記ス即チ性質ノ忠邪。制行ノ良否。交際ノ得失。活潑。愼重。健康。病患。驕奢。淫佚。其他八望ノ有無。親族ノ關係及ヒ負債重積。屢訴訟ヲ受クルノ類ナリ

能ノ部

一此部ニハ專ラ學識才藝ニ係ル事件ヲ記ス即チ法律。經濟。文學等諸般ノ學科ヲ修メ及ヒ其學位ヲ有シ又ハ才力。敏智。決斷。辯舌。書算ヲ善クシ。其他外國語ニ通シ。外國文ヲ綴ルノ類ナリ

備考ノ部

一此部ニハ前四部中ニ記載セサル事項ヲ記ス即チ本人ノ技量。民

刑及ヒ撿察事務ノ適否。交際ノ摸様。其他學業ノ敎授。若クハ著述等ノ類ナリ

右注狀ノ通確實ナルニ依リ此段上申候也

大審院長又ハ何裁判所長

又ハ撿事長撿事

年月日 官氏名

○第三節 行政官吏服務規律

明治十五年七月太政官第四十四號達

行政官吏服務規律左ノ通相定候條此旨相達候事

行政官吏服務規律

第一條 凡ソ官吏ハ法律及職務章程ニ從ヒ其職ヲ盡スヘシ

第二條 凡ソ官吏ハ太政大臣又ハ本屬長官ヨリ下ス所ノ達示ヲ循守スヘシ

第三條 所屬官ハ事ヲ本屬長官ニ受ケ其命ニ順ヒ職務ヲ執行スヘシ

第四條 凡ソ官吏ハ職務ノ內外ヲ論セス廉耻ヲ勵マスコトヲ務ムヘシ

第五條 官吏官ノ機密ヲ漏洩スルコトヲ得ス其職ヲ退クノ後ニ於テ

亦同様タルヘシ
第六條　官吏本屬長官ノ許可ヲ得ルニ非サレハ其職務ニ關シ他人ノ贈遺ヲ受クルコトヲ得ス
第七條　官吏本屬長官ノ許可ヲ得ルニ非サレハ直接ト間接トヲ論セス本職ノ外ニ給料ヲ得テ他ノ事務ヲ行フコトヲ得ス
第八條　官吏他人ノ請托ヲ受ケ私ニ殉ヒ公ヲ亂ルコトヲ得ス
第九條　官吏本屬長官ノ許可ナクシテ擅ニ職役ヲ離ルヽコトヲ得ス及ヒ事ニ托シ疾ヲ引キ職事ヲ曠廢スルコトヲ得ス
第十條　官吏前ノ各條ニ違ヒ顯狀アル者ハ本屬長官其輕重ニ從ヒ旨ヲ論シ職ヲ辭セシメ又ハ懲戒例ニ依リ處分スヘシ其功過相補フヲ以テ處分ヲ宥恕スヘシト認ムル者ハ本屬長官其情狀ヲ具シ太政大臣ニ上申シテ量定ヲ請フヘシ
第十一條　長官ハ各其所屬官ヲ檢察スルノ務ニ任スヘシ
第十二條　臨時巡察使ヲ派出シテ官吏ノ治績及ヒ功過ヲ檢察シ狀ヲ具シテ直ニ太政大臣ニ上申セシムヘシ

○第四節　同　心得　明治十五年七月太政官第四十五號達

本年第四十四號達行政官吏服務紀律ハ司法官吏ニ通用スヘシ但第三條ノ判事ニ於ケルハ此限ニアラス
判事撿事ハ職務ニ關シ他人ノ贈遺ヲ受クルヲ得ス故ニ第七條ハ通用ノ限ニアラス
右相達候事

○明治十五年七月廿七日無號達
各般行政官吏服務紀律施行候ニ付テハ各長官ニ於テ厚ク注意ヲ加ヘ將來嚴肅ニ取締相立候樣各所屬官ヘモ告示ニ可及尤モ本紀律施行以前ノ事件ハ其ノ自新ニ任セ更ニ撿擧ニ及ハス此旨可相心得事

○明治十五年八月五日司法省達
本年太政官第四十四號及ヒ第四十五號達書ノ儀ニ付內達有之ニ依リ各官吏ニ於テ厚ク其趣意ヲ奉体シ嚴肅履行セシム

○第五節　同說明書

明治十五年七月
太政官無號達

今般第四拾四號ヲ以テ行政官吏服務紀律相定候ニ付テハ心得ノ為メ別紙說明書下附候條其旨趣貫徹候樣注意致スヘシ此旨內達候事

官吏服務紀律說明

刑法ノ外ニ紀律アルハ風紀ヲ粛シ節制ヲ嚴ニスル所以ナリ行政官吏ハ政府ノ機關ニシテ治化ノ本源タリ宜シク特別ノ紀律アリテ以テ精神ヲ維持シ義務ヲ嚴明ニセサルヘカラス紀律ノ重キ者ハ一ニ曰ク法ヲ守ル二ニ曰ク順從三ニ曰ク廉恥四ニ曰ク愼密五ニ曰ク淸白六ニ曰ク公正七ニ曰ク勤勉

第一條　凡ソ大小官吏奉シテ以テ準繩尺度トナス所ノモノ第一法律第二職制章程ノミ若シ法律ト職制章程トヲ以テ一定ノ準ト爲サヽレハ官事百端其局ニ當ル者各意ヲ以テ左右スルトキハ將ニ其弊ニ堪ヘサラントス故ニ其職ヲ行フニ於テ法律ニ違ヒ若クハ職制章程ニ違ヒ威權ヲ弄シ弊端ヲ作シ又ハ權限ヲ越ヘ職事ヲ怠マル者ハ重キ者ハ刑法ニ條アリ輕キ者ハ懲戒ヲ加フトアリ而シテ其人ニ損害ヲ加フルニ至ッテハ更ニ賠償ノ責ヲ免レサラントス

第二條　ハ現行ノ達シ內諭內達及ヒ將來ニ行フ處ノ達ヲ兼子稱スルナリ現行ノ達シハ即チ明治八年四月廿三日官吏商業ヲ營ム事ヲ禁スルノ達シ十四年五月六日官吏商業株主タルコトヲ禁スルノ達シノ類是ナリ

第三條　ハ順從ヲ示スナリ本屬長官ノ所屬官ニ於ケル手ノ指ヲ使フ

カ如ク遞次ニ聯串シテ精神始メテ通スル故ニ所屬官タル者其職ヲ行フニ當ツテ長官ノ命ニ順ヒ專ラ其指示スル所ニ依ルヘシ蓋シ人心同シカラス意見各異ナリ若シ人々各其是トスル所ヲ行ハシメハ機關澁滯シテ事務壅塞シ空議日ヲ曠クシテ終ニ成功ナキニ歸セントス若シ所屬官長官ノ處分又ハ指令ヲ以テ不法非理ナリト思惟スルトキハ敬禮ヲ失フコト無ク及ヒ遲滯シテ事ニ害アルトキニ至ルコト無ク意見ヲ具陳シテ長官ノ採用ヲ仰キ諄々忠告シテ諱マサルヘシ若シ長官ニ於テ仍ホ前令ヲ執リ之ヲ改メサルトキハ屬官タル者己ヲ舍テ命ニ順フノ外唯タ職ヲ辭シ官ヲ去ルノ一途アルノミ但シ輔官ノ輔弼ノ責アル議事官ノ任アルニ至ツテハ一例ヲ以テ概スルヿヲ得サルナリ

第四條　法ノ及ハサル所律ノ問ハサル所唯々廉耻アリテ以テ之カ防ヲ爲ス官吏ノ身ヲ處スル職務ノ内外ヲ論セス人民ノ具ニ瞻ル所ナリ苟クモ廉耻ヲ失ヒ貪汚ノ行アルニ至ラハ官吏ノ体面何ニ由テ之ヲ保タン而シテ政府ノ威信將ニ是ニ由テ地ヲ拂フニ至ラントス

第五條　ハ愼密ヲ示スナリ機密ニ二樣アリ第一ハ事固ヨリ機密ニ屬スル者其二ハ長官ヨリ特ニ機密約束スル是ナリ機密ヲ漏洩スル者

懲戒重キヲ加フルハ行政ノ已ムヿヲ得サルニ出ルナリ其職ヲ退クノ後ニ於テモ亦同シキ者ハ道義ノ宜シク然ルヘキナリ

第六條第七條　ハ清白ヲ望ムナリ官吏他ノ事務ヲ行フモ本職ヲ缺カサルトキハ事ニ害ナキカ如シト雖モ志嚮一ナラスシテ職務專ナラサレハ以テ官ニ居ルヘカラサルナリ但シ給料ナキノ事務ハ之ヲ行フコトヲ妨ケス長官ノ許可ヲ得ルトキハ給料ヲ得テ事務ヲ行フモ亦妨ケス猶狹隘ニ失ハサルナリ職務ニ關シ他人ニ勞効アリ從テ禮儀ヲ以テ贈遺報酬ス然ルニ猶長官ノ許可ヲ要シ始メテ收受スルコトヲ許ス者ハ官吏私ヲ以テ物ヲ受クルハ淸廉ヲ傷ル、嫌アレハナリ

第八條　ハ公正ヲ重スルナリ人ヲ用ヒ事ヲ處スルノ際請謁ヲ納レ貨賄ニ瀆ル、トキハ情實ノ弊終ニ公義ヲ亂ルニ至ル是レ尤モ官吏ノ意ヲ致スヘキ所ナリ

第九條　ハ勤勉ヲ重スルナリ倨傲怠慢ハ官ニ居ルノ道ニ非ス事意ニ協ハサルコトアリ誠ヲ竭シ忠言スルヿ可ナリ若シ長官ノ許可ナクシテ擅ニ其任地ヲ去リ其職務ヲ離レ或ハ事ニ托シ疾ヲ引キ以テ自ラ高シトナスカ如キニ至テハ義ヲ棄テ務ヲ敗ル公ニ於テ政機ヲ愆

マリ私ニ於テ忠亮ニ乖ク是レ懲戒ノ宜シク加フヘキ所ナリ或ハ僚友朋比シテ故意ニ連串シ相率井テ退引スルカ如キニ至テハ情罪尤モ重シトス

第十條　ハ處分ヲ示スナリ凡ソ紀律ニ違フヲ以テ職ヲ辭セシメ又ハ懲戒スル者ハ必ス其顯狀ニ據ルヘシ曖昧ノ隱事及ヒ風聞ヲ以テ處分スルコヲ得ス其過失アリト雖モ素ヨリ功勞アリ以テ相補フヘク從テ處分ヲ宥恕スヘキ者ハ本屬長官其情狀ヲ酌ミ一定ノ尺度ニ拘泥スヘカラス是レ其刑法ト同シカラサル所以ナリ但シ宜シク狀ヲ具ヘテ太政大臣ノ量定ヲ請フヘクシテ本屬長官意ニ任シ上下スルコトヲ得サルハ其私ニ庇蔭スルコトヲ防クナリ其輕重ニ從ヒ小過ヲ略シ才能ヲ使フ等機宜活用スルハ宜シク長官ノ意見ニ任スヘキナリ

第十一條　長官ノ所屬官ニ於ケルハ固ヨリ監督ノ責アリ從テ撿察ノ務ニ任スベシ

但シ長官ニ大明ヲ欲シテ細察ヲ尙ハス是レ其意ヲ加ヘテ操縱スヘキ所ナリ

第十二條　官吏ハ固ヨリ其本屬長官監督ノ下ニ屬スト雖モ其治績ヲ

考ヘ其功過チ計ルニ於テ勢極メテ難キ者アリ是レ巡察使ノ臨時ニ派遣スルコト已ムチ得サル所以ナリ

大寶令太政官部ニ

巡察使掌ニル巡ニ察ヲ諸國ニ、不ニ常置ニ、應須ニ巡察ニ、權ニ於ニ内外官ニ、取ニ清正灼然者ニ充ツ巡察ノ事條ハ及使ノ人數ハ臨時ニ量定ス

○第六節

皇宮警察官服務規程　明治十九年五月宮内省第六號達

皇宮警察官服務規程左ノ通相定ム

皇宮警察官服務規程

第一條　皇宮警察官ハ皇居離宮禁苑ノ巡邏査察諸御門ノ開閉通行人及出入物品ノ撿査惡疫流行病ノ豫防火災豫防及消防ノ事チ掌ル

第二條　警察長ハ主殿頭ノ命チ承ケ前條ノ主務チ總管シ警部以下チ指揮監督ス警察次長ハ警察長ノ職務ヲ佐ケ其事故アルトキハ之ヲ代理ス

第三條　警部以下甲乙ノ二部ニ分チ非番當番チ設ケテ隔日ニ出勤シ輪次第一條ニ掲グル職務ニ服セシム交代時限ハ時々警察長ノ定ムル所ニ依ル

第四條　非番ノ內警部ハ一人警部補以下ハ其三分ノ一ヲ以テ非常員ニ充ツ
第五條　非常員ハ自宅外ニ出ヅルヲ禁ス
但警察長ノ認可ヲ得テ講習ニ從事スルハ此限ニアラス
第六條　警部ハ各部二人ヲ以テ定員トシ警察長ノ命ヲ承ケ各其部內半數ノ長トナリテ警部補以下ヲ指揮監督シ第一條ニ揭グル職務及署中ノ庶務ヲ整理ス
第七條　警部補ハ警部ノ命ヲ承ケ警手ヲ指揮監督シ諸門ノ管鑰ヲ主管シ署內ノ庶務ヲ分掌シ交番所ヲ巡視シテ警手ノ規律及勤怠ヲ監察ス警手ハ各上官ノ命ヲ承ケ第一條ニ揭グル職務ニ服ス
第八條　皇宮警察官第一條ニ揭グル職務ヲ施行スルノ際事例規ナキモノハ警部以下之ヲ警察長ニ上申シ警察長ハ之ヲ主殿頭ニ上申シ各其指揮ヲ得テ之ヲ施行スヘシ
第九條　皇宮警察官出勤ノ節ハ制服ヲ着シ制帽ヲ戴キ及制劔ヲ帶フベシ
第十條　警部補ハ交代時限ノ際警手ノ姓名ヲ點呼シテ其服務及缺勤ヲ查覈シ及其職務上必要ノ携帶品ヲ點檢シ交番所ヘ派出ヲ命スヘ

シ
第十一條　各部ニ日記簿ヲ備ヘテ毎日執務ノ事項ヲ登錄シ毎朝警察長之ヲ撿閱シテ其緊要ヲ拔抄シ主殿頭ニ報告スヘシ
第十二條　前條服務規程ニ關スル細則ハ主殿頭ノ認可ヲ經警察長之ヲ定ム

○第七節　地方巡察條規

明治十六年四月
第十八號達

地方巡察使條規
地方巡察條規左ノ通相定候條此旨相達候事
第一條　行政官吏服務紀律第十二條ニ隨ヒ臨時巡察使ヲ地方ニ派遣スヘシ
第二條　巡察使ハ勅任官中ヨリ臨時特選ヲ以テ之ニ充ツ
第三條　全國ヲ五部ニ分チ各部巡察使ヲ派遣ス
第四條　巡察使ハ法律規則ノ實施行政事務ノ擧否利弊ヲ撿視シ官吏服務紀律ニ照シテ功過ヲ撿シ並ニ治蹟ヲ察スルヲ以テ務トス
第五條　巡察使ハ各官署ニ臨ミ主任官ニ就テ事務ノ狀況ヲ訪問シ其簿冊文書等ヲ撿スルヿアルヘシ尤モ其行政處分ニ干預スルヿヲ得

ス

第六條　巡察使鎭臺鎭守府又ハ營所アル所ニ到ル卄ハ事宜ニヨリ行政事務ト軍務トノ關係ニ付事狀如何ヲ訪問スルコトアルヘシ

第七條　巡察使ハ其巡察撿視スル所ノ事狀ヲ具ヘ太政大臣ニ上申スルヲ以テ其職ヲ終ル者トス

▲（參看）明治十五年七月第四十四號公達中抄出

第十二條　臨時巡察使ヲ派出シテ官吏ノ治蹟及ヒ功過ヲ撿察シ狀ヲ具シテ直ニ太政大臣ニ上申セシムヘシ

○第八節　官吏非職條例

明治十七年一月
太政官第三號達

官吏非職條例左ノ通相定候條此旨相達候事

官吏非職條例

第一條　官吏判任以上幷ニ出仕御用掛モ之ニ準ス奉職中各官廳ノ事務張弛其他疾病等ノ事故ニ因リ本屬長官ハ其僚屬ノ官吏ニ非職ヲ命スルコトヲ得但勅任官ノ非職ハ上裁ニ依リ奏任官ハ太政大臣ノ認可ヲ經テ之ヲ命ス

（十七年四月第三十九號達ヲ以テ更正）

第二條　非職員ハ其本官ヲ奉シテ常ニ其職務ニ從事セス其他總テ在職官吏ニ異ナルコナシ
第三條　本屬長官ハ事務ノ都合ニ依リ何時ニテモ非職員ヲシテ更ニ其職務ニ從事セシムルコヲ得
非職員復職スルトキ勅任官ハ上裁ニ依リ奏任官ハ太政大臣ノ認可ヲ經テ之ヲ命ス
第四條　非職ハ三年ヲ一期トス期滿レハ其官ヲ免ス
第五條　非職中ノ俸給ハ現俸三分ノ一ヲ支給ス
第六條　廢廳廢官ノ際御用滯在ヲ命スル者アルトキハ本條例ニ準據ス

（十七年四月第三十九號達追加）
第七條　非職員ハ特ニ本屬長官ノ許可ヲ得テ地方病院學校及ヒ農工商陸海運輸等會社ノ業務ニ從事シ其役員ト爲ルコトヲ得
本屬長官ハ其非職員ノ勅任官ニ係ルモノハ上裁ニ依リ奏任官ニ係ルモノハ太政大臣ノ認可ヲ經テ之ヲ許可ス
第八條　非職中第七條ノ業務ニ從事シ其給料ヲ受クルノ時間ハ第五條ノ俸給ヲ支給セス

（十七年九月第七十七號ヲ以テ第七條第八條ヲ追加ス）

○第九節

非職官吏俸給交附手續　十九年七月大藏省令第三十一號

非職官吏俸給交付手續左ノ通相定メ當七月分ヨリ施行ス

但從前ノ達又ハ指令中本文ニ抵觸ノ廉ハ取消ス

一大藏省ハ毎月非職官吏ノ俸給交付額ヲ定メ北海道廳府縣ニ其交付ノ令達ヲナス

一北海道廳長官府知事縣令ハ前項ノ令達ヲ受クルトキハ其支拂ヲ會計主務官ニ命ス

一會計主務官前項支拂ノ命令ヲ受ルトキハ通常經費支拂ノ手續ニ據リ支拂切符ヲ發シテ之ヲ受取人ニ交付ス

一會計主務官ハ其管下隔地ニ居住スルモノニ非職俸給ヲ交付セントスルトキハ歳出取扱順序第七條ニ準シ送金ヲ金庫ニ請求シ送金手形ヲ得テ之ヲ受取人現住地方ノ郡區長ニ送付シ受取人ニ交付ヲセシムルコトヲ得

一大藏省ノ令達額中他管下ニ轉住シタルモノアルトキハ會計主務官ハ前項ノ手續ニ準シ送金手形ヲ得テ受取人新住地ノ管廳ニ送付シ

之ヲ交付セシム

一北海道廳長官府知事縣令ハ歲入歲出出納規則第七十一條ニ據リ每月歲出ノ報告書ヲ製シ內譯明細書ヲ添テ之ヲ大藏省ヘ送付ス

○第十節 海軍武官非職條例

明治十六年十一月 海軍省丙第百二號達

海軍武官非職條例左ノ通相定ム此旨相達候事

但十三年二月丙第九號達相廢ス

海軍武官非職條例

第一條 此條例ハ將校准將校准士官下士ノ非職定規ヲ揭クル者トス

第二條 將校准將校非職ニ入ルノ事項ハ免黜條例ノ定規ニ據ル者トス

第三條 准士官及ヒ下士ニシテ現ニ海軍ノ職務ナキ者ヲ非職ト稱ス

第四條 非職將校准將校及ヒ准士官ハ直ニ海軍卿ニ隷シ下士ハ鎭守府ニ於テ管轄スル者トス

第五條 在職ノ准士官及ヒ下士ハ左ノ記列スル事項ノ一ニ因ラサレハ非職ニ入ラシメス

第一 廢職 職務ヲ廢止シ又ハ定員ヲ減少スルノ類ヲ云フ

第二　敵ノ俘虜ヨリ歸來シタル者但當時他員代リテ其職ニ任シタル者
第三　傷痍疾病六ヶ月以上ニ至リ猶快復ノ候ナキ者
但代員ヲ要スル時ハ六ヶ月以内ト雖モ非職ニ入ラシムルヿアリ
第六條　准士官及ヒ下士ヲ非職ニ入ラシムルハ前條ノ如シト雖モ滿三年以上引續キ在職ノ者或ハ品行不正等ノ事アルト認ムル者ハ海軍卿ノ意見ヲ以テ臨時非職ニ入ラシムルヿアル可シ
第七條　非職ニシテ待命ヲ命セラレタル准士官以上ハ指定ノ地ニ滯在シ其下士ハ在營スル者トス
第八條　下士ノ職務ヲ免スルハ所管長官ノ權内ト雖モ時宜ニ由リ艦船長之ヲ免スルヿヲ得
但職務ヲ免スル時ハ必ス待命ヲ命ス可シ
第九條　下士ノ待命ヲ免スルニハ鎭守府長官海軍卿ノ許可ヲ得テ之ヲ施行スル者トス
第十條　非職員時宜ニ依リ左項ニ限リ官民ノ依頼ニ應シ其業務ニ從事スルヿヲ許ス

第一　官民ノ依頼ニ應シ其所有ノ船舶西洋形ノ乗組員ト為リ或ハ陸上ニ在テ該船舶ノ事務ニ從事スル事

第二　官民ノ依頼ニ應シ其所有ノ造船所又ハ製造所ノ所務ニ從事スル事

第三　公私立學校ノ依頼ニ應シ校務ニ從事スル事

第四　公私立病院ノ依頼ニ應シ院務ニ從事スル事

第五　前項ノ外ト雖𪜈其職分ニ相當スル諸業ニ從事スル事

第十一條　非職員前條ノ業務ニ從事セントスルトキハ其旨ヲ詳記シ出願ス可シ

第十二條　非職員第十條ノ業務ニ從事スル者ハ相當ノ給料ヲ受クルヿヲ得

第十三條　非職員東京府管外ニ住居ヲ定メントスルトキハ其地方ヲ詳記シ出願ス可シ但其管內ハ屆出可シ

第十四條　非職員東京府管外ヘ居住ノトキハ其發著日限及ヒ住所ヲ屆出又現住ノ地方管內ニテ轉居スルトキハ其住所ノミ屆出可シ但現住地方管外ヘ轉居セントスルトキハ出願ス可シ

第十五條　非職員十里以外旅行スルトキハ其場所ヲ詳記シ發着ノ都度

屆出可シ

第十六條　非職員不治ノ傷痍疾病ニ罹リ職務ニ堪ヘ難キ者ハ醫員ノ診斷書ヲ添ヘ屆出ヘシ

第十七條　非職員ノ俸給其他支給法ハ別ニ成規アルヲ以テ爰ニ揭ケス

○第十一節　陸軍武官進級條例

明治十九年七月廿四日

朕陸軍武官進級條例ノ改正ヲ裁可シ茲ニ之ヲ公布セシム

御名　御璽

勅令第五十八號

陸軍武官進級條例

第一章　軍級

第一條　凡軍級ノ最モ高キ者ヲ將官ト云ヒ之ニ次ク者ヲ佐官或ハ上長官ト云ヒ又之ニ次ク者ヲ尉官或ハ士官ト云フ而シテ三官各分テ三級トナス即チ大將中將少將大佐中佐少佐大尉中尉少尉是ナリ之ヲ總稱スルトキハ將校ト云フ

第二條　其將校ニ次ク者ヲ下士ト云フ即チ曹長一等軍曹二等軍曹是

ナリ

第三條　其下士ニ次ク者ヲ兵卒ト云フ即チ上等兵一等卒二等卒是ナリ

第二章　進級

第四條　凡軍人ノ進級ハ決シテ超級ノ陞進ヲ許スコトナク又缺員ナキ時ハ除任ヲ行フコトナシ

第五條　逐級歷進ノ法上ノ級次ニ從フト雖モ出身又ハ陞級ノ後其月日猶淺キ者ハ遽ニ昇進スルヲ許サス之カ爲メニ最下ノ期限ヲ定メ以テ歷進ノ道ヲ律ス即チ左ノ如シ

上等兵ヨリ二等軍曹ニ二等軍曹ヨリ一等軍曹ニ進ムハ實役停年半年以上一等軍曹ヨリ曹長ニ進ムハ實役停年一年以上曹長ヨリ少尉ニ進ムハ實役停年二年以上

少尉ヨリ中尉ニ中尉ヨリ大尉ニ進ムハ實役停年二年以上大尉ヨリ少佐ニ進ムハ實役停年四年以上

少佐ヨリ中佐ニ進ムハ實役停年三年以上中佐ヨリ大佐ニ大佐ヨリ少將ニ進ムハ實役停年二年以上

少將ヨリ中將ニ進ムハ實役停年三年以上

第六條　中將ノ大將ニ進ムハ歷戰者ニ就キ特旨ヲ以テ親任スルヲ例トス故ニ最下ノ期限ヲ定ムルコトナシ
第七條　戰時ニ在テハ各官ノ實役停年ヲ其半ニ減スルコトヲ得
第八條　進級ノ法二アリ一ヲ停年補除ト云ヒ一ヲ拔擢補除ト云フ參互之ヲ用フ其法左ノ如シ
上等兵ヨリ二等軍曹ニ二等軍曹ヨリ一等軍曹ニ一等軍曹ヨリ曹長ニ進ムハ皆拔擢ヲ以テス
少尉ヨリ中尉ニ進ムハ停年三分二拔擢三分一ヲ以テス
中尉ヨリ大尉ニ進ムハ停年拔擢相半ス
大尉ヨリ少佐ニ少佐ヨリ中佐ニ中佐ヨリ大佐ニ大佐ヨリ少將ニ少將ヨリ中將ニ進ムハ皆拔擢ヲ以テス
第九條　監督軍吏軍醫獸醫部ノ上長官士官下士並砲工兵監護陸軍諸工長同下長及ヒ諸卒モ亦本令ニ照シ其等級ニ準シテ進級ヲ律ス
第十條　平時少尉ノ進級ニ停年補除三分ノ二ヲ用フルノ例戰時ニ在テハ拔擢停年相半スルノ格ヲ用ヒ中尉以上ハ概シテ拔擢ノ例ヲ用フルコトヲ得
第十一條　左ニ揭クル場合ニ在テハ前諸條ノ例ニ據ルコトナク進級

セシムルコトヲ得

一　敵前ニ在テ殊勳ヲ奏シ首將ノ命令ヲ以テ之ヲ全軍ニ布告セシモノ

一　戰時敵前ノ軍隊ニ在テ人員多ク缺耗シ補除定規ヲ履ム能ハサル時

第十二條　將校敵ノ捕虜トナルモ正當ノ理由アルモノハ其年月ヲ實役停年ニ算入スルコトヲ得

第三章　會議

第十三條　上長官士官ノ進級順序ヲ定ムル爲メ毎年定期檢閲畢ルノ後陸軍大臣ハ同次官參謀本部長會計局長醫務局長陸軍省ニ會同シテ決定候補名簿ヲ作ルモノトス

第十四條　此名簿ヲ作ルノ法其上長官ニ在テハ候補名簿ニ就キ陸軍大臣之ヲ決シ停年順序ヲ以テ其列序ヲ定メ其士官ニ在テハ各兵科毎ニ同級合格者ヲ合シ停年順序ヲ以テ其列序ヲ定ム

第十五條　下士ノ進級順序ヲ定ムル爲メ毎年定期檢閲畢ルノ後各長官ハ委員ヲ會同シ之ヲ審議シ決定候補名簿ヲ作ルモノトス

第十六條　此名簿ヲ作ルノ法各隊毎ニ同級合格者ヲ合シ優劣ヲ比較

シ以テ其列序ヲ定ム

第四章　補除

第十七條　教導團生徒ニシテ卒業試驗ニ合格ノ者ハ二等軍曹ニ任スルヲ例トシ團長ハ豫メ陸軍大臣ノ認可ヲ得テ之ヲ補除スルモノトス

第十八條　上等兵ノ二等軍曹ニ二等軍曹ノ一等軍曹ニ一等軍曹ノ曹長ニ任スヘキ者ハ該隊長決定候補名簿ノ列序ニ從ヒ其長官ニ除任ノ事ヲ申請スヘシ

第十九條　士官學校生徒ニシテ卒業試驗ニ合格ノ者ハ少尉ニ任スルヲ例トス校長ハ名簿ヲ陸軍大臣ニ呈シ大臣ヨリ除任ノ事ヲ奏上スヘシ

第二十條　曹長ノ少尉ニ進級スルハ特例トス故ニ其功績拔群ニシテ士官タルノ學術ヲ有スルモノニ非サレハ此撰ニ當ルヲ得ス

第二十一條　將校ノ決定候補名簿ハ陸軍大臣ヨリ奏上シ置キ補除ヲ要スル毎ニ其列序ニ從ヒ士官ニ在テハ停年進級者ヲ參互シ除任ノコトヲ奏上スヘシ

第二十二條　將官ノ進列ハ上裁ニ出ツルト雖モ先ツ内旨ヲ陸軍大臣

ニ諭シ然ル後除任スルヲ例トス
第二十三條　輿軍ノ日ニ方リテ戰地ニ臨ムノ首將ニハ進級補除ノ權ヲ假スコトアルヘシト雖モ其權限ハ上旨ニ出ルヲ以テ之ヲ本條例ニ揭ケス

○第十二節　官吏ノ演說　明治十三年五月九日公達

凡ソ官吏タル者其職務ニ係ル外政談講學ヲ目的トシテ公衆ヲ聚メ演說ノ席ヲ開ク等不都合ノ儀無之樣各〻長官ニ於テ取締可致此旨相達候事

○第十三節　官吏商賈營業區分　明治八年四月第六十五號達

官吏商賈ノ營業不相成ハ勿論ニ候處其區分判然タラサルニ付自今左ノ通被定候條此旨相達候事
但從前ノ指令之レニ抵觸スルモノハ廢止ト可心得事
第一條　一凡ソ官吏タルモノ並ニ其家族トモ他ノ物品ヲ買入レ之ヲ餘人ニ賣以テ利ヲ獲ルモノ或ハ他ノ生產ヲ買入レ製作ヲ加ヘ之ヲ販賣シテ利ヲ獲ル等ノ業一切禁止ノ事

但神官敎導職區戸長郵便取扱人學區取締役及ヒ等外吏ノ分ハ此限ニアラレ（明治八年十月第百七十六號ヲ以テ但書改正ス）

第二條　一官吏ノ家族自己ノ財ヲ以テ商賈ノ業ヲ營マント欲スル者ハ分籍別居ノ上相營ムヘキ事

第三條　一左ノ數件ハ商賈ノ業ニアラサルニ付官吏タルモノト雖トモ制禁ニアラサル事

但商賈同樣ノ店ヲ開クハ不相成候事

一鑛山借區營業及ヒ田地ヲ所有シ其利ヲ獲ル事

（明治八年五月第八十七號達ヲ以テ第一項ヲ改正ス）

一田地家屋ヲ貸シテ地代宿賃ヲ獲ル事

一金銀ヲ貸シテ利息ヲ獲ル事

一所有地ヨリ生スル物產ニ製作ヲ加ヘ賣拂事

○明治十一年一月海軍省丙第十七號達

官吏商業不相成儀ハ明治八年四月中第六十五號公達ノ趣モ有之候處軍人軍屬ノ儀ハ一等卒以下ト雖モ軍艦乘組等級表ニ列載スル者ハ自今左ノ通可相心得此旨相達候事

一他ノ物品ヲ買入レ之ヲ餘人ニ賣以テ利ヲ獲ルモノ或ハ他ノ生產ヲ

買入製作ヲ加ヘ之ヲ販賣シテ利ヲ獲ル等ノ義一切禁止ノ事

○明治八年八月第百五十二號(院省使廳府縣)達

官地官林及ヒ不用ノ物品等公ケノ入札法ヲ以テ拂下候節其官廳ニ屬スル官員ニ限リ本人ハ勿論其代理人ト雖モ投票爲致候義不相成候條此旨相達候事

○明治十四年五月第三十七號(官省院使廳府縣)達

官吏商業區分ノ儀ニ付テハ兼テ相達候趣モ有之候處自今道路河港ノ修築海陸ノ運輸土地ノ開墾及ヒ殖産ノ事業ヲ以テ目的ト爲シ設立スル會社ノ株主トナルハ不苦候條此旨相達候事

○明治十四年五月陸軍省達乙第二十八號達

官吏商賈ノ營業不相成儀ハ明治八年第六十五號ヲ以テ御達相成居候處今般後備軍軀員(諸管廳ニ奉職スル判任官以上ノ者ヲ除ク)ニ限リ營業被差許候ニ付其業体ニ依リ認可スヘキ旨御達相成候條自今右望ノ者ハ其業体ヲ詳悉シ所管鎭臺ヲ經テ當省ヘ可申出此旨相達候事

但營業上ニ付テハ其官名ヲ稱スルヲ不得儀ト可相心得事

○明治十一年十二月內務省乙達八十號(府縣)達ノ內第四項

一郡區長書記ハ一般ノ官吏ト同ク商賈ノ營業相成サル儀ト心得ヘシ

○第十四節　乘馬飼養令

明治十七年八月太政官第六十六號達

乘馬飼養令左ノ通相定候條此旨相達候事

乘馬飼養令

第一條　勅奏任文武官（海軍武官ヲ除ク）ハ乘馬ヲ飼養スヘシ

但陸軍武官幷ニ警視官等ニシテ乘馬本分ノ職ヲ奉スル者ハ其本分ノ馬匹ハ各其規則ニ依ル（十八年六月第二十八號達ヲ以テ第一條中文武官ノ下七字ヲ加ヘ但書中（海軍武官ハ海上勤務奉職中ノ者ヲ除ク）ノ十七字ヲ削ル

第二條　文武官飼養ノ馬匹ハ戰時若クハ事變ニ際シ軍用ニ供給スルノ義務アルモノトス

第三條　勅奏任官ハ年俸ト月俸トヲ問ハス一箇月俸給百圓以上ヲ受ル者（出仕御用掛モ包含ス）限リ左ニ揭クル馬數ヲ飼養ス可シ

但各自ノ便宜ニ依リ定數以上ノ馬匹ヲ飼養スルコト及乘馬ヲ馬車馬ニ換フルコトハ妨ケナシ

俸給百圓以上三百圓未滿ノ者	乘馬一頭
同　三百圓以上四百圓未滿ノ者	同　二頭

同　四百圓以上五百圓未滿ノ者　同　三頭
同　五百圓ノ者　同　四頭
同　六百圓ノ者　同　五頭
同　八百圓ノ者　同　六頭

第四條　乘馬ハ各自ノ望ニ任セ陸軍省ヨリ官馬ヲ拂下クヘシ
但百圓以上二百圓未滿ノ俸給ヲ受クル者ニ限リ其代價ハ月賦ニテ上納セシム

第五條　事故アリ定數ノ乘馬ヲ飼養スルコト能ハサル者ハ飼養料トシテ毎一頭一箇月金十圓（百圓以上百五十圓未滿ノ俸給ヲ受ル者ハ七圓）ノ割合ヲ以テ毎月本管廳ニ納メ本官廳ハ其金額ヲ取纏メ翌月之ヲ陸軍省ニ送付スヘシ
但飼養料ヲ上納スル者ハ臨時陸軍省ヨリ官馬ヲ借用スルコトヲ得

第六條　陸軍省ニ於テハ第四條ノ官馬拂下ケ並ニ第五條ノ飼養料ニ充ツ可キ馬匹ヲ備ヘ置キ拂下ケ及臨時貸與ノ方法ヲ定ム可シ

第七條　各自乘馬ヲ飼養スル準備ノ爲メ本令頒布ノ日ヨリ左ニ揭クル年月日其飼養ヲ猶豫スルコトヲ得

但本令頒布ノ後新ニ任官シタル者若クハ百圓未滿ヨリ百圓以上ノ俸給ニ昇進シタル者ハ其新任若クハ昇進ノ日ヨリ起算ス可シ

（十八年六月第二十八號達ヲ以起算ノ下三十三字ヲ削ル）

俸給百圓以上百五拾圓未滿ノ者	一ケ年
同　百五拾圓以上二百圓未滿ノ者	十ケ月
同　二百圓以上三百圓未滿ノ者	六ケ月
同　三百圓以上四百圓未滿ノ者	二ケ月
同　四百圓以上ノ者	一ケ月

○第十五節　乘馬飼養令ニ依リ陸軍省ヘ納附スヘキ金

十九年七月司法省訓令第十六號

乘馬飼養令第五條ニ依リ陸軍省ヘ納付スヘキ金員ハ本年度以後ハ每月國庫金取扱所ヘ預ケ入レ其預リ書ニ一人別飼養料ノ金額及官姓名俸給ヲ詳記シタル書面ヲ添第一調馬隊麴町區元衞町ヘ送付スヘシ

但舊手續ニ據リ已ニ徵收濟ノ分ハ一旦下戻シ更ニ本文ノ手續ヲ爲ス可シ

○第十六節　乘馬飼養料送納方

十九年九月司法省訓令第二十三號

本年七月訓令第十六號乘馬飼養料ハ自今各控訴院ニ於テ取纒メ同院ヨリ送納スル儀ト心得ヘシ

○第十七節　官吏懲戒例

明治九年四月太政官第三十四號達

今般官吏懲戒例左ノ通相定候條此旨相達候事

官吏懲戒令

第一條　自今私罪ヲ除クノ外ハ官吏職務上ノ過失ハ本屬長官ニ於テ懲戒ノ權ヲ有スヘシ

第二條　懲戒法三種第一譴責第二罰俸第三免職

第三條　譴責ハ懲戒ノ輕キモノトシ本屬長官ヨリ譴責書ヲ付ス

第四條　罰俸ハ一月分ヨリ少ナカラス三月分ヨリ多カラサルノ俸ヲ奪フ（俸ヲ追スル法其一月給俸半額以下ハ一月俸中ニテ追了シ其以上ハ毎月給俸ノ半額ヲ領置シ數滿チテ大藏省ニ送付ス）

（十三年二月第四號達ヲ以テ第四條ヲ改正ス）

第五條　懲戒ヲ以テ免職スル者ハ本屬長官ノ意見ニ從ヒ其奏任ハ具狀奏請シテ之ヲ免シ位記ヲ返上セシム但懲戒ニ由ルニアラスシテ免職スルモノハ長官旨ヲ諭シ本人ヨリ辭職ノ願ヲ出サシメ然ル後

チ免許スヘシ

第六條　諸省長官ハ所屬奏判任官ヲ懲戒ス

第七條　府縣奏任官ハ太政大臣之ヲ懲戒ス府縣並ニ警視廳判任官ハ其長官之ヲ懲戒ス

第八條　四等以下ノ判事ハ司法卿之ヲ懲戒ス府縣官判事ヲ兼ルモノハ其所屬判任官ニ於ケルハ他ノ奏任以上府縣官ノ協議ヲ得タル後之ヲ懲戒ス

第九條　府縣長官警視長官其所屬判任官ヲ懲戒スルニ其譴責ヲ專行スルヿヲ得ルヲ除クノ外其罰俸免職ヲ行フハ便宜處分シテ速カニ內務卿ニ屆出ヘシ府縣官判事ヲ兼ルモノ其所屬判任官ノ罰俸免職ヲ行フハ便宜處分シテ速カニ司法卿ニ屆出ヘシ

第十條　其有心故造私罪ニ入ルモノハ職務上ノ罪ト雖ﾓ之ヲ司法官ニ移シ長官專ニ處分スルヿヲ得ス

〇九年六月內務省番外達

本年四月第三十四號達官吏懲戒例ノ儀ニ付伺又左ノ通相達候事

一準官吏並ニ等外吏ハ本例ニ照シテ處分シ傭其他種々ノ名義ヲ以テ公事ニ關スル者ハ本屬長官ノ見込ヲ以テ適宜處分スヘシ

一官國幣社神官並ニ教導職ノ過失發見スル時ハ所在地方官ヨリ其狀ヲ具ノ教部省ヘ屆出スヘシ
一（十三年第二十三號達削除）
一民費ヲ以テ給俸ニ充ル者ノ罰俸ハ各其民費ニ割戻スヘシ
○九年四月司法省第十四號達
官吏懲戒例第十條ニ有心故造私罪ニ入ル者ハ職務上ノ罪ト雖モ之ヲ司法官ニ移シ云々ト有之ニ付テハ以來右等ノ者ハ司法卿若クハ撿事直ヲニ之ヲ受ケ司法卿若クハ撿事ニ於テ其有心故造ニアラス又律ニ觸レサルコヲ判スル時ハ之ヲ本屬長官ニ還付シテ其處分ニ任スヘキ儀ト可相心得此旨相達候事

○第十八節　判事登用規則

明治十七年二月
第百二號達

判事登用規則左ノ通相定候條此旨相達候事

判事登用規則

第一條　判事ニ登用スルハ法學士代言人及ヒ試驗ヲ行ヒ及第シタル者ニ限ルベシ
但外國ニ於テ法學士狀師ノ稱號ヲ受ケタル者ハ尙ホ試驗ヲ行フ

ベシ

第二條　法學士代言人及ヒ試驗及第者ヲ登用スル時ハ先ツ判事試補ヲ命シ一箇年以上始審裁判所ニ試用シ判事定員ノ缺アルニ隨ヒ其本官ニ任スルモノトス（十九年一月内閣第五號達ヲ以テ本條ヲ右ノ如ク改正）

法學士ニシテ代言人タルモノハ二年以上其他ノ代言人ハ五年以上其業ヲ務メ學識經驗卓絶ナル者ハ判事定員ニ缺アル時直ニ其本官ニ登用スルコトアルベシ

判事試補服務一箇年以上ノ者ハ撿事ニ登用スルヿアル可シ

（此項モ第二條ト同時ニ改正ス）

第三條　左ニ揭クル者ハ登用スルコトヲ得ス

一　丁年未滿ノ者

一　品行方正ナラサル者

一　身代限ノ處分ヲ受ケ負債ノ辨償ヲ終ヘサル者

一　重禁錮一年以上ノ刑ニ處セラレシ者

一　重禁錮一年未滿及ヒ輕禁錮一年以上ノ刑ニ處セラレ其刑期ノ終リシ日ヨリ五年ヲ經過セサル者

一　盜罪贓罪詐欺取財ノ罪ニ付刑ニ處セラレシ者
一　貨幣僞造ノ罪印章文書僞造ノ罪及ヒ僞證誣告ノ罪ニ付刑ニ處セラレシ者
一　賭博犯ニ付懲罰一年以上ニ處セラレシ者
一　懲戒ニ依テ免官ト爲リタル者
第四條　試驗ハ司法省ニ於テ隨時之ヲ擧行ス但其期日及ヒ試驗出願等ノ手續ハ司法卿之ヲ定メ六ケ月前ニ告示スヘシ
第五條　司法卿ハ試驗ヲ擧行スル毎ニ試驗委員及ヒ委員ヲ命スヘシ
第六條　司法卿ハ試驗科目ヲ定メ試驗二ケ月前ニ之ヲ告示スヘシ
第七條　試驗ノ方法ハ筆記口述ノ二樣トス但筆記試驗ニ不合格ナル者ハ口述試驗ヲ爲サス
第八條　試驗及第者ニハ試驗委員連署ノ及第證書ヲ授與ス
第九條　左ニ揭クル者ハ試驗及ヒ判事試補ノ例ヲ用ヒス補欠ノ爲メ直ニ判事ニ任スルコアル可シ（十九年一月内閣第五號ヲ以テ本條改正ス）
一　判事補ノ職ヲ奉シ五年以上恪勤シ學識經驗判事ノ資格ニ適スル者

一　曾テ判事ノ職ヲ奉シ五年以上恪勤シ轉官シタル者
一　法學士代言人及ヒ試驗及第者ニシテ判事ノ職ヲ奉シ轉官シ若クハ法學士ニシテ他ノ官廳ニ奉職ノ者
一　法學士ニシテ撿事幷ニ判事補撿事補ノ職ヲ奉スル者
（十八年十一月第六十一號ヲ以テ右ノ一項ヲ追加）
第十條　撿事ノ職ヲ奉シ五年以上恪勤シタル者ハ判事定員ニ缺アル時判事ニ轉任セシムルコトアルヘシ

○第十九節　試驗出願人心得

明治十九年五月
司法省第一號告

明治十七年太政官第百貳號達ニ基キ判事登用ノ爲メ當省ニ於テ來ル十一月一日ヨリ試驗擧行候條志願ノ者ハ左ノ條項相心得來ル八月十五日マテニ履歴書相添ヘ願出ツ可シ但右日限後ハ願書ヲ受理セス

試驗出願人心得

第一條　試驗科目ハ試驗二ケ月前之ヲ告示スヘシ
第二條　試驗ノ方法ハ筆記口述ノ二樣トス但筆記試驗ニ不合格ナル者ハ口述試驗ヲ爲サス
第三條　試驗合格ノ者ニハ及第證書ヲ附與スヘシ

第四條　試驗及第者ヲ登用スルニハ先ツ判事試補ヲ命シ一ヶ年以上始審裁判所ニ試用シ判事定員ノ缺アルニ隨ヒ其本官ニ任セラルヘシ但時宜ニ因リ撿事ニ登用セサルヽヿアルヘシ
第五條　當期登用人員ハ三十名ヲ限トス
第六條　登用人員ニ定限アルヲ以テ試驗合格者ヲ悉ク登用スルヿ能ハサル場合ハ合格者中ニ就キ之ヲ選用ス
第七條　左ニ掲クル者ハ試驗ヲ許サス
一　丁年未滿ノ者
一　品行方正ナラサル者
一　身代限ノ處分ヲ受ケ負債ノ辨償ヲ終ヘサル者
一　重禁錮一年以上ノ刑ニ處セラレシ者
一　重禁錮一年未滿及ヒ輕禁錮一年以上ノ刑ニ處セラレ其刑期ノ終リシ日ヨリ五年ヲ經過セサル者
一　盜罪贓罪詐欺取財ノ罪ニ付キ刑ニ處セラレシ者
一　貨幣僞造ノ罪印章文書僞造ノ罪及ヒ僞證誣告ノ罪ニ付刑ニ處セラレシ者
一　賭博犯ニ付懲罰一年以上ニ處セラレシ者

一　懲戒ニ依テ免官ト爲リタル者

第八條　徴兵現役ニ該ルヘキ者ハ出願スルヿヲ得ス

第九條　一タヒ官廳ニ奉職シ免官ト爲リタル者ハ其辭令書ノ寫ヲ願書ニ添ヘ差出ス可シ

第十條　試験願書式履歴書式左ノ如シ

願書式

試験願書　料紙美濃紙

本籍（并ニ戸主嗣子又ハ二三男兄弟ノ別）
身分　氏名
年齢

私儀御省本年第一號告示ニ基キ試験相受ケ度此段奉願候也

現住所
年月日　氏名　印

司法省御中

前書ノ通族籍年齢等相違無之候也

本籍
年月日　戸長　某　印

履歴書式

履歴書　料紙美濃紙

本籍
身分　氏名
年齢

一何年何月ヨリ何年何月迄何某ニ就キ又ハ公私何學校何塾ニ於テ何學修業
一何年何月何々進退賞罰等ニ關スル一切ノ件
一御告示各項ニ相觸レ候儀ハ一切無之候

年月日　氏名印

前書ノ通相違無之候事

年月日　本籍
戸長　某印

○第二十節　現任判事補檢事補及書記試驗出願心得　明治十九年五月司法省第三號訓

明治十七年太政官第百貳號達ニ基キ判事登用ノ爲メ當省ニ於テ來ル十一月一日ヨリ試驗擧行候旨本年五月第一號ヲ以テ告示候ニ付テハ現任判事補檢事補及書記ニシテ志願ノ者ハ左ノ心得書ニ據リ在官ノ

儘本省所轄控訴院若クハ始審裁判所ニ於テ筆記試驗ヲ受ルコトヲ得
但口述試驗ハ本省ニ於テ之ヲ行フ
右訓令ス

現任判事補檢事補及書記試驗出願心得

第一條　現任判事補檢事補及書記ニシテ試驗ヲ出願セントスル者ハ先ツ所轄裁判所長檢事長書記官若クハ始審裁判所長上席檢事ノ允許ヲ受クヘシ

第二條　試驗願書ハ所轄裁判所ヲ經由シテ本省ニ差出スヘシ

但戸長ノ奥書ヲ要セス

第三條　試驗願書ニハ履歴書ヲ添フルヲ要セス

第四條　登用人員ハ第一號告示第五條ノ限外ナリトス

第五條　此心得書ニ記載セサル廉ハ本年五月司法省第一號告示ニ依ル儀ト心得ヘシ

○明治十九年五月二十一日司法省訓令第四號

東京ヲ除ク裁判所長　檢事長　上席檢事

今般司法省訓令第三號ニ依リ試驗ヲ出願スル者ノ筆記試驗施行ヲ委任ス但試驗問題ハ本省ヨリ下付シ答案ハ取纒メ本省ニ送致スル儀ト

心得ヘシ

○第廿一節

府縣事務受渡規則　明治六年七月太政官第二百五十一號達

從前府縣分合廢置或ハ長官轉免等ノ際事務請渡ノ規則無之ヨリ往々諸事錯亂シ施政上多少ノ障碍ヲ爲スモノ不少候ニ付別紙ノ通規則被相設候條自今渾テ右ニ照準シ請渡候樣平常注意可致此段相達候事

府縣事務受渡規則

第一章　廢府縣又ハ長官轉任免職等ノ節ハ奉職中ノ事務幷取懸リノ事件後來ノ見込ヲ詳記セル演說書ヲ作リ先前ヨリ繼送ノ書幷現今取扱ノ諸簿冊等目錄ヲ添ヘ土地人民引渡新任舊官互ニ受渡ノ證書ヲ交付スヘキ事

但長官轉任免職ノ節ハ其次官ヘ引渡シ追テ新官赴任ノ上其次官ヨリ更ニ新官ヘ可引渡事

（明治八年九月百六十二號達ヲ以但書ヲ改正ス）

第二章　管轄ノ一方分割合併ノ節モ右ニ準シ引渡ス可キ事

第三章　租稅金穀何年ハ皆納何年ハ未納ノ譯幷何年分ハ何々ノ帳簿大藏省ヘ差出置勘定（既濟未濟）何年分何帳ハ既ニ差出何々帳ハ未

タ差出サス等明了ニ演說書ヲ記載スヘキ事
第四章　租稅金穀上納既濟未濟ノ區別ヲ明ニシ別紙書式ニ倣ヒ仕譯書ヲ以テ引渡ス可キ事
第五章　出納課ニ屬スル金穀勘定帳ノ類大藏省撿査既濟未濟其外年賦返納等ノ譯詳細演說書ニ記載ス可キ事
第六章　本年ノ出納ニ屬スル勘定ハ大藏省ヨリ請取元高及ヒ口々仕拂高別紙書式ニ倣ヒ仕譯書ヲ以引渡スヘキ事
第七章（府縣）廳限取扱ノ金穀（譬ハ馬車人力車等增稅ノ增分ヲ以テ道路橋梁修繕費等ニ宛テ候類又ハ縣廳造立費三分一同修繕費管內公帖差出賃等民費課出ノ類ヲモ云）モ總テ前章ニ照準シ元拂ヲ明ニシ仕譯書ヲ添ヘ引渡スヘキ事
第八章　聽訟斷獄未決ノ分ハ一件每ニ是迄吟味ノ手續ヲ詳記シ司法省ヘ窺中ノ分ハ右寫書ヲ以テ引渡スヘシ尤裁判所アル縣ハ此例ニアラス
第九章　溝河ヲ疏通シ堤防ヲ修築シ新道ヲ開キ工藝ヲ興シ勸業ノ方法ヲ設クル等ノ類許可ヲ得又ハ手限リ施行シ未タ竣功ニ至ラサルモノハ最前稟議ノ旨趣利害得失ノ計算費用ノ出納及將來踐行ノ考

案ヲ演說書ニ詳記ス可キ事
第十章　受渡相濟次第其段新任ヨリ正院幷大藏省ヘ屆出ヘキ事
第十一章　先官ノ成蹟國家ニ鴻益アルモノハ勿論引渡條件ノ內其處分成規例格ニ乖戾スルカ或ハ後來ノ弊害トナリ引受難キ件々ハ其事情ヲ詳ニシ主務ノ省ヘ稟議ス可キ事
第十二章　租稅出納共現在金穀ノ仕譯書ト右ニ關スル諸帳簿ノ結末トヲ照合シ差違ナキヲ詳知シテ後請取ヘキ事
但受取濟屆ノ節米金仕譯書寫大藏省ヘ差出スヘキ事
第十三章　置金幷堤防營繕等ノ費用臨時請取金其外請取立金（取立濟ニテ未タ大藏省ヘ納サル分ヲ云）等ハ爲替方ヨリ取置候不動產ヲ記載スル證書並兼テ爲取替候約定證書又ハ其簿記計算ノ方法爲替納拂ノ順序等ニ至ル迄無遺漏請渡スヘキ事
第十四章　右ノ規則ニ隨ヒ一旦受渡證書交付ノ上ハ總テ新官引受調理スヘキ事
（帳簿目錄並ニ書目略ス）

▲參看　明治六年十二月第四百二號
府縣分合廢置又ハ長官轉免ノ節事務請渡規則本年第二百五十一

號相達置候處長官他縣ヘ轉任ノ節新舊二縣事務ノ緩急見計舊縣事務ハ次官ヘ引繼置迅速新縣ヘ赴任不致候テハ差支候等ノ節ハ其旨大藏省ヘ申出指圖次第直ニ赴任可致候事

○第廿四節　府縣往復規程

明治八年一月第十六號達

府縣東京出張所ノ儀來ル二月一日ヨリ相廢候ニ付諸事左ノ府縣往復規程ニ照準可取計此旨相達候事

府縣往復規程

第一條　府縣ヨリ進達スル諸願伺届等ハ總テ郵便ヲ以直チニ院省ヘ送達シ院省ノ指令及ヒ達等ノ文書モ亦郵便ニ附スヘキ事

第二條　府縣ヨリ當府下ヘ寄留ノ華士族平民ノ身分取扱ノ儀ハ總テ東京府ニ於テ管掌スヘキ事

但院省ニテ華士族平民呼出ノ節ハ直ニ本人ヘ相達スヘキ事

第三條　府縣ヨリ當府下ヘ寄留ノ者ヘ家祿奉還金公債證書等交付ノ如キハ内務省ヲ經由シ東京府ニ於テ下ケ渡スヘキ事

第四條　府縣ヘ諸布告布達等ノ類ハ各其院省ヨリ郵送スヘキ事

第五條　處刑濟及脫籍ノ者ハ警視局ヨリ從前ノ手續ヲ以テ送還スヘ

キ事

（明治十年二月第十八號達改正）

第六條　府縣ヘ可下渡金穀是迄郵送ヲ以取扱來候分ハ總テ內務省ヨリ其府縣ヘ郵送方可取扱事

但府縣ヨリ租稅其他上納ノ金穀ハ直ニ其主務ノ省ヘ郵送スヘキ事

（明治八年三月第三十二號達改正）

第七條　家祿奉還公債證書モ亦前條ノ手續タルヘキ事

第八條　院省ヨリ府縣ヘ郵送セシ諸公文其外到着ノ上速ニ領受ノ證書ヲ其院省ヘ郵致スヘシ府縣ヨリ院省ヘ郵送セシモノモ亦同樣可取扱事

（明治八年四月第六十號達改正）

第九條　書面ニテ辨理シ難キ事件アリテ府縣主務ノ判任官出京セシ時ハ着京歸縣トモ遲滯ナク內務省ヘ可屆出事

第十條　府縣ヨリ郵送スル文書ノ上包ニハ其省名ヲ書記シ若シ其事機密ニ涉ル者ハ長官又ハ次官ノ名ヲ書シ傍ラニ親展等ノ文字ヲ記スヘキ事

第十一條　府縣ヨリ郵達セシ書類ニ若シ主管違ヒノ申牒等アル時ハ成丈ケ送還ノ手數ヲ省キ直ニ其主務ノ省ヘ回送スヘキ事
但名宛違ヒノ申牒ヘ指令スル時ハ添書ヲ以テ其旨可申達事
（明治八年四月第六十號ヲ以テ但書ヲ追加ス）
第十二條　院省ニ於テ若シ指令淹滯等ノ事アル時ハ直ニ郵便ヲ以其主務ノ長次官ヘ督促スヘキ事
第十三條　第九條ノ事件ニ付府縣判任官出京ノ節其長官ヨリ何々事件ニ付何ノ誰ヘ出京ヲ命シ候旨主務ノ院省ヘ屆出有之分ハ其事ニ屬スル指令及ヒ金額共直ニ其者ヘ下渡シ候儀モ可有之事
第十四條　第六條ノ金穀ハ主務ノ省寮ニ於テ內務省ノ假證書ヲ以テ交附シ追テ其府縣長官押印ノ證書ト交換スヘシ
但官下金穀納受ノ儀ハ從前成規ノ通リタルヘシ
第十五條　前條ノ金穀內務省ヨリ其府縣ヘ郵送到達ノ上ハ從前書式ノ通其主務長官宛名ノ證書同省ヘ可差出事
（明治八年四月第六十號達ヲ以テ第十三號以下追加）

○第廿三節　警察官吏禮式

十九年八月內務省令第十八號

警察官吏禮式

第一條　警察官吏制裝ヲ爲シタルトキハ以下各條ニ從ヒ禮式ヲ行フヘシ

第二條　凡ソ禮式ヲ行フニハ姿勢ヲ正シ禮式ヲ受クヘキ人ニ注目スヘシ

第三條　禮式ヲ別ツコト左ノ如シ

一　最敬禮

二　敬禮

第四條　最敬禮ハ五歩前ニ於テ正面ノ方向ヲ取リテ直立シ両足ヲ整ヘ両手ヲ垂下シ首ヲ禮式ヲ受クヘキ人ニ對向シ其人ノ通過シ了ルノ間之ニ注目スヘシ

警部補以上ニ在テハ前項ノ外仍ホ禮式ヲ受クヘキ人ノ正面ニ來リタルトキ右手ヲ擧テ帽ニ當ツヘシ

第五條　敬禮ハ禮式ヲ受クヘキ人ニ對シ五歩前ニ於テ左手ヲ垂下シ右手ヲ擧ケ五指ヲ齊閉シ其第一關節ヲ帽ノ下端ニ當テ之ニ注目スヘシ

第六條　警部補以上ハ　天皇三后皇太子及皇族ニ對シテ最敬禮ヲ行

フヘシ
馬上ニ在ルモノハ正面ノ方向ヲ取リ馬ヲ駐メ禮式ヲ行フヘシ道路狹隘ニシテ之ヲ爲シ得ヘカラサルトキハ韁ヲ縮メテ馬首ヲ擧ケ通過ノ際右手ヲ擧ケ帽ニ當ツヘシ
內閣總理大臣各省大臣正式勅使及東京ニ在リテハ警視總監東京府知事其他ノ府縣ニテハ所屬ノ知事並ニ上班ノ警察官ニ對シテ敬禮ヲ行フヘシ

第七條　巡査ハ　天皇三后皇太子皇族內閣總理大臣各省大臣正式勅使及東京ニ在テハ警視總監東京府知事其他ノ府縣ニ在テハ所屬ノ知事ニ對シ最敬禮ヲ行ヒ其他上班ノ警察官ニハ敬禮ヲ行フヘシ

第八條　本邦駐在ノ各國公使タルコトヲ認知シタルトキハ警部補以上ニ在テハ敬禮ヲ行ヒ巡査ハ最敬禮ヲ行フヘシ

第九條　物品ヲ携帶シ相當ノ禮ヲ行フ能ハサルトキハ禮式ヲ受クヘキ人ニ行逢ヒタル際之ニ注目シ若シ一手ニ携帶スルトキハ他ノ一手ハ之ヲ垂下スヘシ
帽ヲ冠セサルトキハ亦之ニ注目シ兩手ヲ垂下スヘシ

第十條　駐立スル際禮式ヲ受クヘキ人ノ通過スルトキハ正面ノ方向

ヲ取リ其儘兩手ヲ垂下シ直立スヘシ若シ椅子ニ倚リタルトキハ起立シテ本文ノ禮式ヲ行フヘシ

第十一條　整列シタルトキ又ハ隊伍ヲ爲シテ行進スルトキハ其指揮ヲ掌ル者ノミ相當ノ禮式ヲ行ヒ其他ノ者ハ禮式ヲ受クヘキ人ニ注目スヘシ

第十二條　同班警察官吏ハ互ニ敬禮ヲ行フヘシ

第十三條　警衛消防囚徒護送其他特別ノ注意ヲ要スヘキ職務ニ從事スルトキハ禮式ヲ行フノ限ニアラス

○第廿四節　警察官吏禮式心得

十九年九月內務省訓令第十九號

警察官吏禮式心得左ノ通之ヲ定ム

警察官吏禮式心得

第一　警察官吏タル者ハ其上官ニ對シ從順ナルヘキハ勿論之ニ對シ禮讓ヲ盡サヽル可ラス上官タル者亦言語ハ勿論擧動ニ於テモ決シテ下班ノ者ヲ凌侮シ又ハ之ト狎暱スヘカラス

第二　一般ノ官吏ニシテ公務ヲ帶ヒ其管內ヲ巡廻スル等ノコトアルトキハ場合ニヨリ適宜之ニ對シ禮式ヲ行フコトアルヘシ

第三　禮式ヲ行フニハ如何ナル場合ト雖トモ其禮式ヲ受クヘキ人ヲシテ其體ヲ轉回スル等ノ勞ナカラシメ之ニ對シ常ニ便利ノ道ヲ讓ルハ下班ノ者ノ上官ニ對シ從順ナル義務ナルヲ以テ途上上官ニ出會シタルトキハ其宜シキニ應シ右又ハ左ニ避クヘシ殊ニ狹隘ノ道路及ヒ橋梁廊下階子段等ニ於テハ立止マリ上官ノ通行ヲ待ツヘシ若シ如此場所ニ於テ下班ノ者既ニ進行中ナルトキハ立戻リ上官ヲシテ已レノ通過ヲ待タシメサル樣注意スヘシ

第四　禮式ヲ行フ際ハ決シテ喫煙又ハ談笑等ヲ爲ス可ラス

第五　城門橋梁及ヒ狹隘ノ道路ニ於テ最敬禮ヲ行ハントスルニ方リ通行人ノ妨トナルノ恐アルトキハ敬禮ヲ行ヒ最敬禮ヲ行フニ及ハス其他禮式ヲ受クヘキ人合圖ヲ爲シ又ハ其他ノ擧作ニ由リ最敬禮ヲ停メタルトキ亦同樣タルヘシ

第六　下班ノ者上官ト同行スルトキハ常ニ二三歩ノ後ニ從フヘシ上官ヲシテ若シ已レニ對シ談話セルトキハ其左側ニ副ヒ上官ト足並ノ違ハサル樣注意スヘシ但左側ニ副フトキハ上官ヲシテ不便利ナラシメ又ハ危險ナラシムルノ恐レアルトキハ其宜キニ應シ右側ニ副フヘキモノトス

第七　下班ノ者途上ニ於テ上官ニ出會シ申告ヲ爲サントスルトキハ凡ソ其三歩前ニ進ミ直立シテ申告スヘシ上官若シ歩ヲ止メスシテ進行スルコトヲ示シタルトキハ下班ノ者ハ上官ノ左側ニ副ヒ同歩シテ其申告ヲ爲スヘシ但左側ニ副ヒ上官ヲシテ不便利又ハ危險ナラシムルノ恐レアルトキハ前項但書ノ例ニ同シ

第八　上官他人ト談話スルトキハ成ルヘク之ヲ妨ケサル樣注意シ此際自ラ申告セント欲スルコトアルモ先ツ暫ク差扣ヘ談話ノ終ルヲ待テ申告スヘシ

第九　上官ト同歩スル際家屋若クハ室内ニ入ラントスルトキハ下班ノ者其戸ヲ開キ先ツ上官ヲシテ之ニ入ラシムルハ勿論ナリトス

第十　警部補以上ニ在テ官署室内ニ入ルトキハ帽ヲ脫スヘシ但下班ノ者ノ室内ニ入ルトキハ脫帽セサルモ妨ナシ

第十一　巡査帶劍シテ官署室內ニ入ルトキハ帽ヲ脫スヘカラス其劍ヲ帶セサルトキハ脫帽スヘシ

第十二　下班ノ者上官ノ室内ニ入ルトキハ其入口ニ直立シ來意ヲ告ケ指揮ヲ待ツヘシ

第十三　室內ニ於テ上官ニ申告ヲ爲ストキハ其三歩前ニ進ミ警部補

以上ニ在テハ劍ヲ左手ニ握シ帽ヲ右手ニ持チ帽ノ裏面ヲ體ニ着ケ徽章ヲ前面ニ向ケ直立スヘシ巡査ニ在テハ劍ヲ左手ニ握シ右手ハ垂下スヘシ其劍ヲ帶セサルトキハ帽ヲ左手ニ持チ右手ハ垂下スヘシ申告ヲ終リタルトキハ徐ニ左回シテ舊席ニ復スヘシ上官ノ召呼ニ應シタルトキ亦同シ

第十四　室內ニ於テ公務ヲ談スルトキ下班ノ者上官ノ許可ヲ得ルトキハ着席スルヲ得ヘシ

第十五　上官物品ヲ下班ノ者ニ交付スルニ際シテハ其二歩前ニ進ミ右手ヲ以テ之ヲ受クヘシ下班ノ者上官ニ物品ヲ呈スルトキ亦同シ

第十六　途上ニ於テ上官ノ答禮ハ擧手スヘキモノトス下班ノ者ハ假令上官ノ答禮ナシト雖モ決シテ己レヲ輕侮シタリトノ念ヲ懷クヘカラス

第十七　凡ソ禮式ニ上班ト稱スルハ巡査ノ警部警部補以上ニ於ケル警部警部補ノ警視以上若クハ警部長ニ於ケルカ如シ但署員ノ其署長ニ於ケル亦同シ

第十八　職務上人民ヨリ正當ニ禮ヲ受ケタルトキ之ニ答禮スルハ勿論ナリトス

●第六章　懲罰令

○第一節　海軍懲罰令

明治十八年一月
海軍省丙第一號達

海軍下士以下懲罰則相廢シ海軍懲罰令左ノ通相定メラレ候ニ付二月一日ヨリ施行ス此旨相達候事

海軍下士以下懲罰則相廢シ海軍懲罰令別冊ノ通相定候條此旨相達候事

海軍懲罰令

第一章　總則

第一條　此令ハ軍人ノ故意疎虞懈怠過失ノ輕犯ニシテ刑法ニ該ラサル者或ハ素行修マラス軍人ノ體面ヲ汚ス者ヲ懲戒スルノ罰典トス但他ノ法律規則ニ依テ論ス可キ者ハ各其法律規則ニ從フ

第二條　各所管長官ハ部下軍人ノ此令ヲ犯シタル者ヲ處分ス可シ

第三條　艦船營ニ於テハ左ノ權限ニ從テ處分スヘシ

一　艦船營長ハ部下ノ軍人三十日以內ノ謹愼監倉

但艦船營長欠員ノ時ハ副長其權ヲ有ス

二　艦船營副長ハ部下ノ准士官十日以内ノ謹愼下士二十日以内ノ監倉卒三十日以内ノ監倉

三　分隊長機關長番兵司令ハ部下ノ下士十日以内ノ監倉卒二十日以内ノ監倉

第四條　分隊長機關長番兵司令ハ部下軍人ノ犯行權限外ノ日數ニ該ルト認ムル片ハ意見ヲ附シテ副長ニ具申シ副長其權限外ノ日數ニ該ルト認ムル片ハ亦意見ヲ附シテ艦船營長ニ具申シ其處分ヲ請フ可シ

第五條　所管長官ニ屬スル所轄長ハ部下ノ准士官十日以内ノ謹愼下士二十日以内ノ監倉卒三十日以内ノ監倉ニ該ル者ヲ處分ス可シ所轄長部下軍人ノ犯行權限外ノ日數ニ該ルト認ムル片ハ意見ヲ附シテ所管長官ニ具申シ其處分ヲ請フ可シ

第六條　所管長官ハ部下准士官以上ノ懲罰ニ處セラレタル者アル片ハ之ヲ海軍卿ニ報告ス可シ

艦船營長及ヒ所轄長ハ部下軍人ノ懲罰ニ處セラレタル者アル片ハ之ヲ所管長官ニ報告ス可シ

第七條　艦船營ニ於テハ此令ニ依テ罰シタル者ヲ截罪服務ノ例ニ從

ヒ其勤務ニ服セシムルヿヲ得

第八條　軍屬此令ヲ犯シタルヰハ軍人ト同シク處分ス海軍所屬ノ生徒乘艦中此令ヲ犯シタルヰ亦同シ但九等以上ノ軍屬ハ將校ニ十等ノ軍屬ハ准士官ニ十一等以下ノ軍屬及ヒ生徒ハ下士ニ等外其他ノ軍屬ハ卒ニ準シ處分ス可シ

第二章　罰例

第九條　准士官以上ニ科ス可キ罰目

一　重謹愼

二　輕謹愼

第十條　下士以下ニ科ス可キ罰目

一　重監倉

二　輕監倉

第十一條　謹愼ハ勤務ヲ停メ他出及ヒ外人ト接見通信スルヿヲ禁ス其日數ハ一日以上三十日以下トナス

第十二條　謹愼ハ自宅若クハ艦船營內ニ於テス重謹愼ハ俸給ノ半額ヲ減シ輕謹愼ハ其四分ノ一ヲ減シ加俸ハ總テ之ヲ給セス

第十三條　謹愼限內疾病アレハ醫ヲ延クヿヲ許シ水火等ノ災害アル

ドハ防救遷徙スルコヲ許ス

第十四條　監倉ハ海軍監獄内ノ監倉或ハ艦船營ノ檻牢又ハ一室内若クハ帆布圍内ニ錮ス其日數ハ一日以上三十日以下トス

第十五條　艦船營内ニ於テ三日以外ノ監倉ニ處スル者アルドハ指定シタル場所ニ於テ毎日午前一時午後一時間運動ヲ爲サシム可シ

第十六條　重監倉ハ勤務及ヒ演習ヲ停メ輕監倉ハ勤務ヲ停メ演習ハ之ヲ爲サシム

第十七條　重監倉ハ下士卒ニ在テハ俸給十分ノ八ヲ減シ其他ノ者ニ在テハ半額ヲ減シ輕監倉ハ下士卒ニ在テハ其十分ノ六ヲ減シ其他ノ者ニ在テハ四分ノ一ヲ減シ加俸ハ總テ之ヲ給セス

第十八條　第三章ニ掲クル所ノ犯行疎虞懈怠若クハ過失ニ係ル者ハ輕謹愼輕監倉ニ處シ其故意ニ係ル者ハ重謹愼重監倉ニ處ス

第十九條　監倉ニ處ス可キ者艦船營外若クハ已ムヲ得サル場合ニ在テハ下士ハ禁足ニ卒ハ科役ニ換フルコヲ得

第二十條　禁足科役ニ處スル時其日數ハ重監倉ノ一日ヲ三日ニ輕監倉ノ一日ヲ二日ニ計算ス禁足科役ハ俸給十分ノ二ヲ減ス

第二十一條　禁足ハ勤務及ヒ演習ノ外他出スルコトヲ禁ス但水火災

疾病アル時ハ此限ニ在ラス
第二十二條　科役ハ勤務及ヒ演習ノ外他出スルコヲ禁シ雜役ヲ執ラシム
第二十三條　此令ノ犯行數箇倶ニ發シ若クハ海軍省ニ於テ定メタル他ノ懲罰則等ニ觸ルヽトキハ一ノ重キモノニ從テ處分ス
第二十四條　此令ノ犯行違警罪ニ觸レ既ニ處斷ヲ受ケタルトキハ其罰ヲ科セス
第二十五條　此令ニ依リ處分シタル軍屬ノ犯行ハ官吏服務規律ニ觸ルヽモ懲戒處分ヲ爲スヿナシ
第二十六條　海軍部內甲所ニ於テ此令ヲ犯シ未タ處分ヲ經スシテ乙所ニ轉シタル者ハ甲乙互ニ通議シ乙所ニ於テ之ヲ處分ス可シ
第二十七條　此令ヲ犯シタル者未タ處分ヲ經スシテ左項ノ一ニ該ルトキハ其罰ヲ科セス
一　退職罷役ト爲リ若クハ海軍ノ名籍ヲ除カレタル時
二　滿六ケ月ヲ經過シタル時

第三章　犯行

第二十八條　犯行ノ款目左ノ如シ

一　過誤失錯ニ因テ艦船若クハ其他ノ物件ヲ毀損シタル者
二　職務ノ權限ヲ誤リタル者
三　命令ヲ誤リ若クハ之ヲ誤リ傳ヘタル者
四　官ノ機密ヲ漏洩シタル者
五　上申下達其他定期アル時日ヲ稽緩シタル者
六　抗言恃頑從順ノ道ヲ失ヒタル者
七　擅ニ本隊若クハ職役ヲ離レタル者
八　演習集合ノ期ニ後レ若クハ之ヲ缺キ或ハ之ヲ懈リタル者
九　徵召ノ命ヲ受ケ故ナク到着ノ期限ニ後レタル者
十　允許ヲ得テ他方ニ赴キ故ナク歸着ノ期限ニ後レタル者
十一　言語所爲詐僞ニ渉ル者
十二　暴行脅迫シタル者
十三　軍人濫リニ銃砲ヲ發シ又ハ劍ヲ拔キタル者
十四　罵詈侮慢若クハ鬪爭シタル者
十五　犯罪アルヲ知テ之ヲ曲庇シタル者
十六　人ヲ懲罰ニ陷ルタメ申告ヲ爲シタル者
十七　人ヲ毆打シテ創傷疾病ニ至ラサル者

十八　疎虞懈怠ニ因テ官ノ文書若クハ器具ヲ毀損遺失若クハ汚シタル者
十九　文書計算ヲ誤リタル者
二十　物件ノ調製貯藏運搬若クハ支給ヲ誤リタル者
廿一　官金ヲ借用シ又ハ貸付シタル者
廿二　故ラニ糧食分配ノ不平均ヲ致シタル者
廿三　官物ヲ擅用若クハ浪費シタル者
廿四　酩酊シテ事ヲ省セサル者
廿五　兵器其他物件ノ配置法ニ違ヒタル者
廿六　法則命令ヲ誹謗シ若クハ之ニ違ヒタル者
廿七　軍人禮式ヲ失シタル者
廿八　軍人其態度ヲ失シタル者
廿九　軍人服裝式ニ違ヒ又ハ制規外ノ着服ヲ爲シタル者
三十　下士以下故ナク定數ノ被服ヲ所持セサル者
卅一　受寄ノ財物若クハ借用物ヲ典却シタル者
卅二　允許ヲ得スシテ官給其他渡付ノ物品ヲ他人ニ貸與シ又ハ他人ヨリ借用シタル者

卅三　濫リニ他人ノ物品ヲ使用シタル者
卅四　濫リニ爆發物ヲ携帶シタル者
卅五　濫リニ大聲疾呼又ハ放歌シタル者
卅六　守兵ニ對シ談話ヲ挑ミ又ハ之ニ戲レタル者
第二十九條　前條ノ外尚ホ艦船營內ニ於ケル犯行ノ款目左ノ如シ
一　擅ニ艦船屯營ヲ離レ若クハ勤務ヲ缺キ或ハ之ヲ懈リタル者
二　艦船營內等ニ於テ醜行ヲ爲シタル者
三　允許ヲ得スシテ艦船營內ニ酒類ヲ携ヘ歸リ又ハ賣買シタル者
四　艦船營若クハ屯集所內ニ於テ擅ニ鳥獸類ヲ蓄フ者
五　許可ナキ物品ヲ艦船ニ積載シタル者
六　濫リニ定所外ニ睡眠シタル者
七　巡檢後故ナク寐所ヲ離レタル者
八　下士以下濫リニ士官以上ノ室ニ入リ若クハ甲板上ノ定所外ニ運動シタル者
九　濫リニ砲門ヨリ出入シタル者
十　濫リニ庖厨ニ入リタル者
十一　定所外ニテ飲食シタル者

十二　定時限ノ外又ハ禁制ノ場所ニ於テ燈火其他ノ火ヲ用ヒ若クハ吸烟シタル者
十三　砲具其他凭ルヘカラサル場所ニ凭リ伏憩シタル者
十四　守所又ハ整列中ニ在テ喧噪若クハ雜話シタル者
十五　定所外ヨリ物品ヲ投棄シタル者
第三十條　前二條ニ記載シタル犯目ノ外素行修マラサル者或ハ海軍ノ規則若クハ艦船營等ノ規則ニ背キタル者ハ此令ニ依テ處分スルヿヲ得

○第二節　海軍懲罰處分法

明治十八年五月海軍省丙第卅一號達

海軍懲罰處分法左ノ通相定メ來ル七月一日ヨリ施行ス此旨相達候事

海軍懲罰處分法

第一條　本條ハ海軍懲罰令ニ依リ犯行者ヲ處分スル爲メ其取扱手續ヲ定ムルモノナリ
第二條　上長官士官及ヒ各課長以上其部下ノ軍人軍屬ニ犯行者アルヲ知リタル時ハ之ヲ處分スルノ權アル者ハ之ヲ處分シ其權ナキ者ハ速ニ所屬長ニ申告ス可シ

警吏警吏補監護其職務ヲ行フニ當リ犯行者アルヲ知リタル時ハ速ニ所屬長ニ申告ス可シ

第三條　處罰ノ權ヲ有スル諸官申告ヲ受ケ或ハ自ラ犯則者アルヲ知リタル時ハ速ニ日時ヲ定メ之ヲ召喚シテ審問ス可シ

第四條　前條ノ諸官ハ其審問ニ先チ部下ノ官吏ニ命シテ取調ヲ爲サシムルヿヲ得但犯行者ト同等以下ノ者ニ命スルヿヲ得ス

其命ヲ受ケタル者ハ犯行者ヲ尋問スルヿヲ得

第五條　審問ヲ爲スニハ各其公室又ハ特選ノ場所ニ申告者ヲ會シ自ラ審問ス可シ若シ警吏警吏補或ハ監護申告ヲ爲シタル時若クハ申告者ナキ時ハ部下ノ士官或ハ課長若クハ先任官ヲシテ會同セシム可シ但其警吏警吏補或ハ監護ハ事實證明ノ爲メ之ヲ呼出スヿヲ得

第六條　審問ノ時ハ傍聽ヲ禁ス其處罰宣告ノ時ハ軍人軍屬ニ限リ之ヲ許ス

第七條　審問ヲ終リ犯行者タルヿヲ確認シタル時ハ審問ニ會同シタル者ヲ參席セシメ自ラ宣告ヲ爲ス可シ

第八條　各所管長官艦船營長ハ海軍懲罰令第四條第五條ニ依リ所轄

長或ハ艦船營副長ヨリ具申ヲ受ケタル時ハ直ニ其犯行者ヲ處罰シ又ハ更ニ之ヲ審問スルコヲ得艦船營副長ハ分隊長等ヨリ具申ヲ受ケ其權内ニ屬スル時亦同シ

第九條　各所管長官事故アル時ハ副長或ハ次長ヲシテ審問及ヒ宣告ヲ爲サシムルコヲ得

第十條　下士以下懲罰令ニ依リ處分セラレタル者アル時ハ其犯目罰名ヲ其管轄廳或ハ艦船營ノ履歴簿ニ記載スヘシ

○第三節　陸軍々人軍屬懲罰

明治九年五月陸軍省第九十號達

先般太政官第三十四號ヲ以テ官吏懲戒例御達相成候所陸軍軍人軍屬ノ儀ハ右例ニ不該儀ト可相心得此旨相達候事

○第四節　陸軍懲罰令

明治十四年十二月陸軍省達乙第七十三號

陸軍懲罰令別冊之通被相定候條此旨相達候事

但來明治十五年一月一日ヨリ施行可致儀ト可相心得事

陸軍懲罰令別冊之通相定候條此旨相達候事

陸軍懲罰令

第一章 法例

第一條 此令ハ軍人ノ故意疎虞懈怠過失ノ輕犯ニシテ刑法ニ該ラサル者及ヒ素行修マラス軍人ノ體面ヲ汚ス者アル時上官之ヲ懲戒スルノ罰典トス但他ノ法律規則ニ依テ論ス可キ者ハ各其法律規則ニ從フ

第二條 各所管ノ長官ハ部下ノ軍人此令ヲ犯ス者アル時之ヲ罰ス可シ

第三條 各軍隊ノ隊長ハ左ノ區別ニ從テ處分ス可シ

一 聯隊長ハ部下ノ軍人三十日以内ノ謹愼營倉

二 大隊長ハ部下ノ士官十日以内ノ謹愼下士二十日以内ノ營倉兵卒三十日以内ノ營倉

三 中隊長ハ部下ノ下士十日以内ノ營倉兵卒二十日以内ノ營倉

獨立若クハ分遣ノ大隊長ハ聯隊長ト同一ノ權ヲ有シ獨立若クハ分遣ノ中隊其他ノ隊長ハ大隊長ト同一ノ權ヲ有シ軍樂隊長ハ中隊長ト同一ノ權ヲ有ス

第四條 衞戍司令官生徒司令官憲兵隊長ハ聯隊長ト同一ノ權ヲ有シ

調馬廐長憲兵分隊長ハ大隊長ト同一ノ權ヲ有シ幼年生徒附及ヒ砲兵工廠生徒掛大尉憲兵分屯所ノ中小尉ハ中隊長ト同一ノ權ヲ有ス

第五條　懲罰ノ處分ヲ爲シタル時中隊長ハ大隊長ニ大隊長ハ聯隊長ニ分遣隊長ハ本屬隊長ニ幼年生徒附大尉ハ生徒司令官ニ憲兵中小尉ハ憲兵分隊長ニ憲兵分隊長ハ憲兵隊長ニ聯隊長獨立隊長軍樂隊長衞戍司令官生徒司令官調馬廐長砲兵工廠生徒掛大尉ハ所管長官ニ申報ス可シ若シ其犯行權限外ノ日數ニ該ル者ト認ル時ト雖モ先ツ其權限ニ從テ之ヲ處分シ意見ヲ附シテ申報ス可シ申報ヲ受ケタル隊長々官ハ各權限ニ從ヒ其罰ヲ變更シ若クハ日數ヲ增加スルヿヲ得

第六條　軍中若クハ合圍ノ地ニ在テハ此令ニ依テ罰シタル者ヲ戴罪服務ノ例ニ從ヒ其勤務ニ服セシム可シ

第七條　甲所ニ於テ此令ニ掲クル犯行アル者未タ處分ヲ經スシテ乙所ニ轉スル時ハ甲乙互ニ通議シ乙所ニ於テ處分ス可シ

第八條　此令ニ掲クル所ノ犯行二箇以上倶ニ發スル時ハ各其罪ヲ科ス但一所爲二箇以上ノ犯行ニ觸ルヽ時ハ其一ヲ科ス

第九條　軍屬及ヒ陸軍所屬ノ諸生徒此令ヲ犯ス者アル時ハ軍人ト同

ク處分ス可シ但十等以上ノ軍屬ハ將校ニ十一等以下ノ軍屬ハ下士ニ諸生徒及ヒ等外以下ノ軍屬ハ諸卒ニ準シテ處分ス可シ

第二章　罰令

第十條　將校及ヒ同等官ニ科ス可キ罰目

一　重謹愼

二　輕謹愼

第十一條　下士ニ科ス可キ罰目

一　重營倉

二　輕營倉

第十二條　諸卒ニ科ス可キ罰目

一　重營倉

二　輕營倉

第十三條　謹愼ハ勤務ヲ停メ他出及ヒ外人ト接見通信スルヿヲ禁ス其日數ハ一日以上三十日以下ト爲ス

重謹愼ハ俸給ノ半額ヲ減シ輕謹愼ハ其四分ノ一ヲ減ス

第十四條　謹愼限內疾病アレハ醫ヲ延クヿヲ許シ水火等ノ災害アル時ハ防救遷徙スルヿヲ許ス

第十五條　謹愼閲滿ル時ハ其罰ヲ命シタル上官ニ將來悛改ス可キノ旨ヲ陳ス可シ之ヲ陳スル時ハ同等以上ノ者一名ヲ伴フ可シ

第十六條　重營倉ハ勤務演習ヲ停メ營倉ニ錮シ寢具ヲ貸與スルコナク唯飯及ヒ水鹽ヲ給ス其日數ハ一日以上三十日以下ト爲ス但七十二時ノ內ニ二十四時間ハ輕營倉ニ移ス可シ

第十七條　輕營倉ハ演習ノ外勤務ヲ停メ營倉ニ錮ス其日數ハ一日以上三十日以下ト爲ス

第十八條　營外居住ノ者ヲ營倉ニ處スル時ハ四獄ノ監倉ニ於テ之ヲ行フ

第十九條　重營倉ニ處スル時營內居住ノ者ハ俸給十分ノ八ヲ減シ營外居住ノ者ハ其半額ヲ給ス

輕營倉ニ處スル時營內居住ノ者ハ俸給十分ノ六ヲ減シ營外居住ノ者ハ其四分ノ一ヲ減ス

第二十條　第二十五條ニ揭クル所ノ犯行踈虞懈怠若クハ過失ニ係ル者ハ輕謹愼輕營倉ニ處シ其故意ニ係ル者ハ重謹愼重營倉ニ處ス

第二十一條　營倉ニ處ス可キ者下士上等卒諸生徒及ヒ營外居住ノ者ナル時ハ禁足ニ在營兵卒ナル時ハ苦役ニ換フルコヲ得

禁足苦役ニ處スル時其日數ハ重營倉ノ一日ヲ三日ニ輕營倉ノ一日ヲ二日ニ折算ス禁足苦役ニ處スル時營內居住ノ者ハ其俸給十分ノ二ヲ減ス

第二十二條　禁足ハ勤務演習ノ外營外ニ出ルヿヲ禁ス營外居住ノ者ハ勤務演習ノ外他出ヲ禁ス但水火災疾病等アル時ハ此限ニ在ラス

第二十三條　苦役ハ勤務演習ノ外營外ニ出ルヿヲ禁シ雜役ヲ執ラシム

第二十四條　諸卒ハ犯行ノ情狀ニ因リ罰限滿ルノ後三十日以內仍ホ其佩劍ヲ禁スルコトヲ得

第三章　犯行

第二十五條　犯行ノ款目左ノ如シ

一　職務ノ權限ヲ誤ル者
二　訓導ノ道ヲ失フ者
三　上申下達其他定期アル時日ヲ稽緩スル者
四　文書計算ヲ誤ル者
五　命令ヲ誤リ若クハ之ヲ誤リ傳フル者

六　物件ノ調製貯藏運搬支給ヲ誤ル者
七　職役若クハ屯營本隊ヲ離ルヽ者
八　他方ニ趣キ歸着ノ期ニ後ルヽ者
九　行軍ニ際シ發程及ヒ乘艦ノ期ニ後ルヽ者
十　召集ノ期ニ後ルヽ者
十一　受寄ノ財物若クハ借用物ヲ典却スル者
十二　官物ヲ擅用スル者
十三　法則命令ヲ遵奉セス若クハ之ヲ誹謗スル者
十四　罵詈侮慢若クハ鬪爭スル者
十五　暴行脅迫スル者
十六　猥リニ劍ヲ拔ク者
十七　酩酊シテ事ヲ省セサル者
十八　言語所爲詐僞ニ涉ル者
十九　疾病事故ニ託シ勤務演習ヲ免レントスル者
二十　抗言特頑從順ノ道ヲ失フ者
二十一　犯罪アルヲ知テ之ヲ曲庇スル者
二十二　勤務演習集合ノ期ニ後レ若クハ之ヲ缺キ若クハ之ヲ懈ル

者
二十三　服装法ニ違フ者
二十四　禮節式ニ違フ者
二十五　官給ノ物件措置拭拂法ニ違フ者
二十六　物件ヲ誤毀遺失若クハ汚損スル者
二十七　失言過語若クハ應答ノ事理ヲ誤ル者
二十八　軍人ノ態度ヲ失フ者
二十九　上ニ掲クル犯目ノ外素行修マラサル者

○第五節　長官懲戒處分心得　明治九年四月十四日番外公達

一各長官ハ平生其所屬官ヲ監督シ若シ過失アレハ懲戒例ニヨリ處分スヘシ
一過失トハ過誤失錯不注意ニ出ル者ヲ云フ其怠惰ニ出ル者亦過失トス其素行脩ラスシテ官吏ノ體面ヲ汚ス者亦過失ニ准シテ懲戒ヲ加フヘシ
一過失ノ事ニ害アル者ハ重キニ從テ論ス其事ニ害アリト云ヘ圧猶改正スヘキ者及ヒ事ニ害ナキ者ハ輕キニ從テ論ス

但其情狀ニ從ヒ輕重ヲ酌量スルハ專ラ本屬長官ノ所見ニ任ス
一同僚ノ官吏共同シテ過失ヲ犯ス者ハ主任ノ上官（省務ハ長官寮司官廳務ハ廳官一科一局一掛ノ事務ハ各々其主任長）其責ニ任スヘシ而シテ次官以下遞ニ從ヲ以テ論ス下官其意ヲ以テ所行シ猶上官ノ許可ヲ得タル者ハ上下官共ニ均ク其責ニ任スヘシ下官職權内ノ事ヲ以テ所行シタル者ニハ上官其責ニ任セス若シ下官其職權ヲ越ヘ專斷所行シタル者ハ重ニ從テ論ス
一所屬官自ラ過失ヲ覺擧シ進退伺ヲ捧クル片ハ本屬長官之ヲ推糺シ其過失ニ止ル者ハ例ニ依リ處分ス其有心故造ニ涉リ司法官ニ付スヘシトスル者ハ懲戒例第十條ニ依リ長官ヨリ之ヲ司法官ニ移ス（司法卿若クハ檢事其檢事ヲ置カサル地方ニ於テハ判事）若シ司法官其有心故造ニ非ス又律ニ觸レサル事ヲ判スルトキハ之ヲ本屬長官ニ還付シ長官ハ仍ホ懲戒例ニ依リ處分スル事ヲ得
一懲戒ニ依リ免職スル者ハ二ケ年以上ヲ經ルノ後ニ非レハ再ヒ收用スル事ヲ許サス
一懲戒ニ依ルト否トヲ論セス凡ソ免職スル者ヲ他ノ官廳ヨリ收用セントスル片ハ必ス舊本屬長官ニ通牒シテ其意見ヲ問ヒ答復ヲ得ヘ

明治八年十二月廿二日内務省乙百六十八號達巡査懲罰例ヲ定ム
九年内務省乙九十二號達ヲ以テ改正ス

シ
一過失ニ由ラスシテ免職スル者ハ長官ヨリ旨ヲ諭シ辭表ヲ捧ケシム
其旨ニ違ヒ辭表ヲ捧ケサル者ハ直ニ免職スル事ヲ得
一舊任中過失アル者轉任ノ後發覺若クハ自ラ覺擧スル者ハ舊任本屬
長官ト通牒シテ新任本屬長官ヨリ之ヲ懲戒スヘシ

○第六節　巡査懲罰例　明治九年八月内務省第九十二號達

巡査懲罰例別紙之通改正候條此旨相達候事

巡査懲罰例

第一條　凡職務ノ規則ニ違背シ及ヒ怠慢失誤アルモノハ其情狀ヲ審案シ俸給一ケ月百分ノ一ヨリ少ナカラス一月ヨリ多カラサル罰金ヲ科シ輕キモノハ呵責ニ止ム
第二條　凡犯狀ノ職務ヲ耻カシムルニ係ルモノハ免職ス
第三條　凡罰金未タ完納セサル中免職死亡等ニ係ルモノハ追徵スルヿヲ免ス
第四條　凡罰金ハ毎月ノ俸給ヲ控除シテ完納セシム
但シ月俸ノ三分一ヲ過クルヿヲ得ス

明治五年三月十二日陸軍省廻達諸鎭臺條例上木ニ付頒布ス
明治六年七月十九日二百五十五號布告鎭臺條例ヲ

六年二百五十五號ニ依テ消ル
ト二年三十六號布告ヲ以テ廢ス

第五條　凡官物ヲ遺失及ヒ毀損スルモノハ相當ノ罰金ヲ科シ尙ホ其代價ヲ賠償セシム

○第七節　看守懲罰

明治十六年四月內務省乙第十七號達

看守懲罰ノ儀ハ自今巡査懲罰例ニ準據スヘシ此旨相達候事

●第七章　雜

○第一節　鎭臺條例

明治十八年五月太政官第廿一號達

明治十二年九月第三十三號達鎭臺條例左ノ通改正候條此旨相達候事

第一章　總則

第一條　日本皇國陸軍疆域ノ區畫ハ地勢ニ依リ人口ヲ量リ全國ヲ分テ七軍管トナシ一軍管ヲ分テ二師管トナシ各軍管ニ鎭臺ヲ置キ各師管ニ營所ヲ置キ以テ府縣ト相對峙シ其管內ノ靜謐ヲ保護シ併テ守備ノ計畫軍隊ノ管轄壯丁ノ徵募ヲ掌トラシム

第二條　各軍管ニ常備後備ノ二軍ヲ置キ其常備兵ヲシテ鎭臺營所分營及ヒ要塞ニ屯駐セシム

第三條　凡ソ鎭臺ニハ司令官即チ師團長一名ヲ置キ中少將ヲ以テ之

鼇頭改癈沿革索引伺指令内訓　現行類聚改正大日本六法類編　行政法　上巻〔第一分冊〕　別巻 1247

2019(令和元)年12月20日　　復刻版第１刷発行

編纂者　矢　代　　　操

発行者　今　井　　　貴
　　　　渡　辺　左　近

発行所　信　山　社　出　版

〒113-0033　東京都文京区本郷６－２－９－102
モンテベルデ第２東大正門前
電　話　03（3818）1019
ＦＡＸ　03（3818）0344
郵便振替　00140-2-367777(信山社販売)

Printed in Japan.

制作／(株)信山社，印刷・製本／松澤印刷・日進堂

ISBN 978-4-7972-7366-3 C3332

別巻　巻数順一覧【950～981巻】

巻数	書　名	編・著者	ISBN	本体価格
950	実地応用町村制質疑録	野田藤吉郎、國吉拓郎	ISBN978-4-7972-6656-6	22,000円
951	市町村議員必携	川瀬周次、田中迪三	ISBN978-4-7972-6657-3	40,000円
952	増補 町村制執務備考 全	増澤鐵、飯島篤雄	ISBN978-4-7972-6658-0	46,000円
953	郡区町村編制法 府県会規則 地方税規則 三法綱論	小笠原美治	ISBN978-4-7972-6659-7	28,000円
954	郡区町村編制 府県会規則 地方税規則 新法例纂 追加地方諸要則	柳澤武運三	ISBN978-4-7972-6660-3	21,000円
955	地方革新講話	西内天行	ISBN978-4-7972-6921-5	40,000円
956	市町村名辞典	杉野耕三郎	ISBN978-4-7972-6922-2	38,000円
957	市町村吏員提要〔第三版〕	田邊好一	ISBN978-4-7972-6923-9	60,000円
958	帝国市町村便覧	大西林五郎	ISBN978-4-7972-6924-6	57,000円
959	最近検定 市町村名鑑 附 官国幣社 及 諸学校所在地一覧	藤澤衛彦、伊東順彦、増田穆、関惣右衛門	ISBN978-4-7972-6925-3	64,000円
960	鼇頭対照 市町村制解釈 附 理由書 及 参考諸布達	伊藤寿	ISBN978-4-7972-6926-0	40,000円
961	市町村制釈義 完　附 市町村制理由	水越成章	ISBN978-4-7972-6927-7	36,000円
962	府県郡市町村 模範治績　附 耕地整理法 産業組合法 附属法令	荻野千之助	ISBN978-4-7972-6928-4	74,000円
963	市町村大字読方名彙〔大正十四年度版〕	小川琢治	ISBN978-4-7972-6929-1	60,000円
964	町村会議員選挙要覧	津田東璋	ISBN978-4-7972-6930-7	34,000円
965	市制町村制 及 府県制　附 普通選挙法	法律研究会	ISBN978-4-7972-6931-4	30,000円
966	市制町村制註釈 完　附 市制町村制理由〔明治21年初版〕	角田真平、山田正賢	ISBN978-4-7972-6932-1	46,000円
967	市町村制詳解 全　附 市町村制理由	元田肇、加藤政之助、日鼻豊作	ISBN978-4-7972-6933-8	47,000円
968	区町村会議要覧 全	阪田辨之助	ISBN978-4-7972-6934-5	28,000円
969	実用 町村制市制事務提要	河邨貞山、島村文耕	ISBN978-4-7972-6935-2	46,000円
970	新旧対照 市制町村制正文〔第三版〕	自治館編輯局	ISBN978-4-7972-6936-9	28,000円
971	細密調査 市町村便覧(三府四十三県 北海道 樺太 台湾 朝鮮 関東州)　附 分類官公衙公私学校銀行所在地一覧表	白山榮一郎、森田公美	ISBN978-4-7972-6937-6	88,000円
972	正文 市制町村制 並 附属法規	法曹閣	ISBN978-4-7972-6938-3	21,000円
973	台湾朝鮮関東州 全国市町村便覧 各学校所在地〔第一分冊〕	長谷川好太郎	ISBN978-4-7972-6939-0	58,000円
974	台湾朝鮮関東州 全国市町村便覧 各学校所在地〔第二分冊〕	長谷川好太郎	ISBN978-4-7972-6940-6	58,000円
975	合巻 佛蘭西邑法・和蘭邑法・皇国郡区町村編成法	箕作麟祥、大井憲太郎、神田孝平	ISBN978-4-7972-6941-3	28,000円
976	自治之模範	江木翼	ISBN978-4-7972-6942-0	60,000円
977	地方制度実例総覧〔明治36年初版〕	金田謙	ISBN978-4-7972-6943-7	48,000円
978	市町村民 自治読本	武藤榮治郎	ISBN978-4-7972-6944-4	22,000円
979	町村制詳解　附 市制及町村制理由	相澤富蔵	ISBN978-4-7972-6945-1	28,000円
980	改正 市町村制 並 附属法規	楠綾雄	ISBN978-4-7972-6946-8	28,000円
981	改正 市制 及 町村制〔訂正10版〕	山野金蔵	ISBN978-4-7972-6947-5	28,000円

別巻　巻数順一覧【915 ～ 949 巻】

巻数	書　名	編・著者	ISBN	本体価格
915	改正 新旧対照市町村一覧	鍾美堂	ISBN978-4-7972-6621-4	78,000 円
916	東京市会先例彙輯	後藤新平、桐島像一、八田五三	ISBN978-4-7972-6622-1	65,000 円
917	改正 地方制度解説〔第六版〕	狭間茂	ISBN978-4-7972-6623-8	67,000 円
918	改正 地方制度通義	荒川五郎	ISBN978-4-7972-6624-5	75,000 円
919	町村制市制全書 完	中嶋廣蔵	ISBN978-4-7972-6625-2	80,000 円
920	自治新制 市町村会法要談 全	田中重策	ISBN978-4-7972-6626-9	22,000 円
921	郡市町村吏員 収税実務要書	荻野千之助	ISBN978-4-7972-6627-6	21,000 円
922	町村至宝	桂虎次郎	ISBN978-4-7972-6628-3	36,000 円
923	地方制度通 全	上山満之進	ISBN978-4-7972-6629-0	60,000 円
924	帝国議会府県会郡会市町村会議員必携 附関係法規 第1分冊	太田峯三郎、林田亀太郎、小原新三	ISBN978-4-7972-6630-6	46,000 円
925	帝国議会府県会郡会市町村会議員必携 附関係法規 第2分冊	太田峯三郎、林田亀太郎、小原新三	ISBN978-4-7972-6631-3	62,000 円
926	市町村是	野田千太郎	ISBN978-4-7972-6632-0	21,000 円
927	市町村執務要覧 全 第1分冊	大成館編輯局	ISBN978-4-7972-6633-7	60,000 円
928	市町村執務要覧 全 第2分冊	大成館編輯局	ISBN978-4-7972-6634-4	58,000 円
929	府県会規則大全　附 裁定録	朝倉達三、若林友之	ISBN978-4-7972-6635-1	28,000 円
930	地方自治の手引	前田宇治郎	ISBN978-4-7972-6636-8	28,000 円
931	改正 市制町村制と衆議院議員選挙法	服部喜太郎	ISBN978-4-7972-6637-5	28,000 円
932	市町村国税事務取扱手続	広島財務研究会	ISBN978-4-7972-6638-2	34,000 円
933	地方自治制要義 全	末松偕一郎	ISBN978-4-7972-6639-9	57,000 円
934	市町村特別税之栞	三邊長治、水谷平吉	ISBN978-4-7972-6640-5	24,000 円
935	英国地方制度 及 税法	良保両氏、水野遵	ISBN978-4-7972-6641-2	34,000 円
936	英国地方制度 及 税法	髙橋達	ISBN978-4-7972-6642-9	20,000 円
937	日本法典全書 第一編 府県制郡制註釈	上條慎蔵、坪谷善四郎	ISBN978-4-7972-6643-6	58,000 円
938	判例挿入 自治法規全集 全	池田繁太郎	ISBN978-4-7972-6644-3	82,000 円
939	比較研究 自治之精髄	水野錬太郎	ISBN978-4-7972-6645-0	22,000 円
940	傍訓註釈 市制町村制 並ニ 理由書〔第三版〕	筒井時治	ISBN978-4-7972-6646-7	46,000 円
941	以呂波引町村便覧	田山宗堯	ISBN978-4-7972-6647-4	37,000 円
942	町村制執務要録 全	鷹巣清二郎	ISBN978-4-7972-6648-1	46,000 円
943	地方自治 及 振興策	床次竹二郎	ISBN978-4-7972-6649-8	30,000 円
944	地方自治講話	田中四郎左衛門	ISBN978-4-7972-6650-4	36,000 円
945	地方施設改良 訓諭演説集〔第六版〕	鹽川玉江	ISBN978-4-7972-6651-1	40,000 円
946	帝国地方自治団体発達史〔第三版〕	佐藤亀齢	ISBN978-4-7972-6652-8	48,000 円
947	農村自治	小橋一太	ISBN978-4-7972-6653-5	34,000 円
948	国税 地方税 市町村税 滞納処分法問答	竹尾高堅	ISBN978-4-7972-6654-2	28,000 円
949	市町村役場実用 完	福井淳	ISBN978-4-7972-6655-9	40,000 円

別巻　巻数順一覧【878 ～ 914 巻】

巻数	書　名	編・著者	ISBN	本体価格
878	明治史第六編 政黨史	博文館編輯局	ISBN978-4-7972-7180-5	42,000 円
879	日本政黨發達史 全〔第一分冊〕	上野熊藏	ISBN978-4-7972-7181-2	50,000 円
880	日本政黨發達史 全〔第二分冊〕	上野熊藏	ISBN978-4-7972-7182-9	50,000 円
881	政党論	梶原保人	ISBN978-4-7972-7184-3	30,000 円
882	獨逸新民法商法正文	古川五郎、山口弘一	ISBN978-4-7972-7185-0	90,000 円
883	日本民法鼇頭對比獨逸民法	荒波正隆	ISBN978-4-7972-7186-7	40,000 円
884	泰西立憲國政治攬要	荒井泰治	ISBN978-4-7972-7187-4	30,000 円
885	改正衆議院議員選舉法釋義 全	福岡伯、横田左仲	ISBN978-4-7972-7188-1	42,000 円
886	改正衆議院議員選舉法釋義 附 改正貴族院令,治安維持法	犀川長作、犀川久平	ISBN978-4-7972-7189-8	33,000 円
887	公民必携 選舉法規ト判決例	大浦兼武、平沼騏一郎、木下友三郎、清水澄、三浦數平	ISBN978-4-7972-7190-4	96,000 円
888	衆議院議員選擧法輯覽	司法省刑事局	ISBN978-4-7972-7191-1	53,000 円
889	行政司法選擧判例總覽―行政救濟と其手續―	澤田竹治郎・川崎秀男	ISBN978-4-7972-7192-8	72,000 円
890	日本親族相續法義解 全	髙橋捨六・堀田馬三	ISBN978-4-7972-7193-5	45,000 円
891	普通選擧文書集成	山中秀男・岩本溫良	ISBN978-4-7972-7194-2	85,000 円
892	普選の勝者 代議士月旦	大石末吉	ISBN978-4-7972-7195-9	60,000 円
893	刑法註釋 卷一～卷四(上卷)	村田保	ISBN978-4-7972-7196-6	58,000 円
894	刑法註釋 卷五～卷八(下卷)	村田保	ISBN978-4-7972-7197-3	50,000 円
895	治罪法註釋 卷一～卷四(上卷)	村田保	ISBN978-4-7972-7198-0	50,000 円
896	治罪法註釋 卷五～卷八(下卷)	村田保	ISBN978-4-7972-7198-0	50,000 円
897	議會選擧法	カール・ブラウニアス、國政研究科會	ISBN978-4-7972-7201-7	42,000 円
901	鼇頭註釈 町村制　附 理由 全	八乙女盛次、片野続	ISBN978-4-7972-6607-8	28,000 円
902	改正 市制町村制　附 改正要義	田山宗堯	ISBN978-4-7972-6608-5	28,000 円
903	増補訂正 町村制詳解〔第十五版〕	長峰安三郎、三浦通太、野田千太郎	ISBN978-4-7972-6609-2	52,000 円
904	市制町村制 並 理由書　附 直接間接税類別及実施手続	高崎修助	ISBN978-4-7972-6610-8	20,000 円
905	町村制要義	河野正義	ISBN978-4-7972-6611-5	28,000 円
906	改正 市制町村制義解〔帝國地方行政学会〕	川村芳次	ISBN978-4-7972-6612-2	60,000 円
907	市制町村制 及 関係法令〔第三版〕	野田千太郎	ISBN978-4-7972-6613-9	35,000 円
908	市町村新旧対照一覧	中村芳松	ISBN978-4-7972-6614-6	38,000 円
909	改正 府県郡制問答講義	木内英雄	ISBN978-4-7972-6615-3	28,000 円
910	地方自治提要 全　附 諸届願書式 日用規則抄録	木村時義、吉武則久	ISBN978-4-7972-6616-0	56,000 円
911	訂正増補 市町村制問答詳解　附 理由及追輯	福井淳	ISBN978-4-7972-6617-7	70,000 円
912	改正 府県制郡制註釈〔第三版〕	福井淳	ISBN978-4-7972-6618-4	34,000 円
913	地方制度実例総覧〔第七版〕	自治館編輯局	ISBN978-4-7972-6619-1	78,000 円
914	英国地方政治論	ジョージ・チャールズ・ブロドリック、久米金彌	ISBN978-4-7972-6620-7	30,000 円

別巻　巻数順一覧【843 ～ 877 巻】

巻数	書　名	編・著者	ISBN	本体価格
843	法律汎論	熊谷直太	ISBN978-4-7972-7141-6	40,000 円
844	英國國會選擧訴願判決例 全	オマリー、ハードカッスル、サンタース	ISBN978-4-7972-7142-3	80,000 円
845	衆議院議員選擧法改正理由書 完	内務省	ISBN978-4-7972-7143-0	40,000 円
846	戇齋法律論文集	森作太郎	ISBN978-4-7972-7144-7	45,000 円
847	雨山遺稾	渡邉輝之助	ISBN978-4-7972-7145-4	70,000 円
848	法曹紙屑籠	鷺城逸史	ISBN978-4-7972-7146-1	54,000 円
849	法例彙纂 民法之部 第一篇	史官	ISBN978-4-7972-7147-8	66,000 円
850	法例彙纂 民法之部 第二篇〔第一分冊〕	史官	ISBN978-4-7972-7148-5	55,000 円
851	法例彙纂 民法之部 第二篇〔第二分冊〕	史官	ISBN978-4-7972-7149-2	75,000 円
852	法例彙纂 商法之部〔第一分冊〕	史官	ISBN978-4-7972-7150-8	70,000 円
853	法例彙纂 商法之部〔第二分冊〕	史官	ISBN978-4-7972-7151-5	75,000 円
854	法例彙纂 訴訟法之部〔第一分冊〕	史官	ISBN978-4-7972-7152-2	60,000 円
855	法例彙纂 訴訟法之部〔第二分冊〕	史官	ISBN978-4-7972-7153-9	48,000 円
856	法例彙纂 懲罰則之部	史官	ISBN978-4-7972-7154-6	58,000 円
857	法例彙纂 第二版 民法之部〔第一分冊〕	史官	ISBN978-4-7972-7155-3	70,000 円
858	法例彙纂 第二版 民法之部〔第二分冊〕	史官	ISBN978-4-7972-7156-0	70,000 円
859	法例彙纂 第二版 商法之部・訴訟法之部〔第一分冊〕	太政官記録掛	ISBN978-4-7972-7157-7	72,000 円
860	法例彙纂 第二版 商法之部・訴訟法之部〔第二分冊〕	太政官記録掛	ISBN978-4-7972-7158-4	40,000 円
861	法令彙纂 第三版 民法之部〔第一分冊〕	太政官記録掛	ISBN978-4-7972-7159-1	54,000 円
862	法令彙纂 第三版 民法之部〔第ニ分冊〕	太政官記録掛	ISBN978-4-7972-7160-7	54,000 円
863	現行法律規則全書（上）	小笠原美治、井田鐘次郎	ISBN978-4-7972-7162-1	50,000 円
864	現行法律規則全書（下）	小笠原美治、井田鐘次郎	ISBN978-4-7972-7163-8	53,000 円
865	國民法制通論 上卷・下卷	仁保龜松	ISBN978-4-7972-7165-2	56,000 円
866	刑法註釋	磯部四郎、小笠原美治	ISBN978-4-7972-7166-9	85,000 円
867	治罪法註釋	磯部四郎、小笠原美治	ISBN978-4-7972-7167-6	70,000 円
868	政法哲學 前編	ハーバート・スペンサー、濱野定四郎、渡邊治	ISBN978-4-7972-7168-3	45,000 円
869	政法哲學 後編	ハーバート・スペンサー、濱野定四郎、渡邊治	ISBN978-4-7972-7169-0	45,000 円
870	佛國商法復説 第壹篇自第壹卷至第七卷	リウヒエール、商法編纂局	ISBN978-4-7972-7171-3	75,000 円
871	佛國商法復説 第壹篇第八卷	リウヒエール、商法編纂局	ISBN978-4-7972-7172-0	45,000 円
872	佛國商法復説 自第二篇至第四篇	リウヒエール、商法編纂局	ISBN978-4-7972-7173-7	70,000 円
873	佛國商法復説 書式之部	リウヒエール、商法編纂局	ISBN978-4-7972-7174-4	40,000 円
874	代言試驗問題擬判録 全 附録明治法律學校民刑問題及答案	熊野敏三、宮城浩蔵 河野和三郎、岡義男	ISBN978-4-7972-7176-8	35,000 円
875	各國官吏試驗法類集 上・下	内閣	ISBN978-4-7972-7177-5	54,000 円
876	商業規篇	矢野亨	ISBN978-4-7972-7178-2	53,000 円
877	民法実用法典 全	福田一覺	ISBN978-4-7972-7179-9	45,000 円

別巻　巻数順一覧【810～842巻】

巻数	書　名	編・著者	ISBN	本体価格
810	訓點法國律例 民律 上卷	鄭永寧	ISBN978-4-7972-7105-8	50,000円
811	訓點法國律例 民律 中卷	鄭永寧	ISBN978-4-7972-7106-5	50,000円
812	訓點法國律例 民律 下卷	鄭永寧	ISBN978-4-7972-7107-2	60,000円
813	訓點法國律例 民律指掌	鄭永寧	ISBN978-4-7972-7108-9	58,000円
814	訓點法國律例 貿易定律・園林則律	鄭永寧	ISBN978-4-7972-7109-6	60,000円
815	民事訴訟法 完	本多康直	ISBN978-4-7972-7111-9	65,000円
816	物權法(第一部)完	西川一男	ISBN978-4-7972-7112-6	45,000円
817	物權法(第二部)完	馬場愿治	ISBN978-4-7972-7113-3	35,000円
818	商法五十課 全	アーサー・B・クラーク、本多孫四郎	ISBN978-4-7972-7115-7	38,000円
819	英米商法律原論 契約之部及流通券之部	岡山兼吉、淺井勝	ISBN978-4-7972-7116-4	38,000円
820	英國組合法 完	サー・フレデリック・ポロック、榊原幾久若	ISBN978-4-7972-7117-1	30,000円
821	自治論 一名人民ノ自由 卷之上・卷之下	リーバー、林董	ISBN978-4-7972-7118-8	55,000円
822	自治論纂 全一册	獨逸學協會	ISBN978-4-7972-7119-5	50,000円
823	憲法彙纂	古屋宗作、鹿島秀麿	ISBN978-4-7972-7120-1	35,000円
824	國會汎論	ブルンチュリー、石津可輔、讃井逸三	ISBN978-4-7972-7121-8	30,000円
825	威氏法學通論	エスクバック、渡邊輝之助、神山亨太郎	ISBN978-4-7972-7122-5	35,000円
826	萬國憲法 全	高田早苗、坪谷善四郎	ISBN978-4-7972-7123-2	50,000円
827	綱目代議政體	J・S・ミル、上田充	ISBN978-4-7972-7124-9	40,000円
828	法學通論	山田喜之助	ISBN978-4-7972-7125-6	30,000円
829	法學通論 完	島田俊雄、溝上與三郎	ISBN978-4-7972-7126-3	35,000円
830	自由之權利 一名自由之理 全	J・S・ミル、高橋正次郎	ISBN978-4-7972-7127-0	38,000円
831	歐洲代議政體起原史 第一册・第二册／代議政體原論 完	ギゾー、漆間眞學、藤田四郎、アンドリー、山口松五郎	ISBN978-4-7972-7128-7	100,000円
832	代議政體 全	J・S・ミル、前橋孝義	ISBN978-4-7972-7129-4	55,000円
833	民約論	J・J・ルソー、田中弘義、服部德	ISBN978-4-7972-7130-0	40,000円
834	歐米政黨沿革史總論	藤田四郎	ISBN978-4-7972-7131-7	30,000円
835	内外政黨事情・日本政黨事情 完	中村義三、大久保常吉	ISBN978-4-7972-7132-4	35,000円
836	議會及政黨論	菊池學而	ISBN978-4-7972-7133-1	35,000円
837	各國之政黨 全〔第1分册〕	外務省政務局	ISBN978-4-7972-7134-8	70,000円
838	各國之政黨 全〔第2分册〕	外務省政務局	ISBN978-4-7972-7135-5	60,000円
839	大日本政黨史 全	若林淸、尾崎行雄、箕浦勝人、加藤恒忠	ISBN978-4-7972-7137-9	63,000円
840	民約論	ルソー、藤田浪人	ISBN978-4-7972-7138-6	30,000円
841	人權宣告辯妄・政治眞論一名主權辯妄	ベンサム、草野宣隆、藤田四郎	ISBN978-4-7972-7139-3	40,000円
842	法制講義 全	赤司鷹一郎	ISBN978-4-7972-7140-9	30,000円